# ARTHUR BISPO DO ROSÁRIO

Marta Dantas

# ARTHUR BISPO DO ROSÁRIO
## a poética do delírio

editora
unesp

Direitos de publicação reservados à:
Fundação Editora da Unesp (FEU)

Praça da Sé, 108
01001-900 – São Paulo – SP
Tel.: (0xx11) 3242-7171
Fax: (0xx11) 3242-7172
www.editoraunesp.com.br
www.livrariaunesp.com.br
atendimento.editora@unesp.br

Cip-Brasil. Catalogação na fonte
Sindicato Nacional dos Editores de Livros, RJ

---

D214a

Dantas, Marta
Arthur Bispo do Rosário: a poética do delírio / Marta Dantas. São Paulo: Editora UNESP, 2009.
224p.

Inclui bibliografia
ISBN 978-85-7139-990-7

1. Bispo do Rosário, Arthur, 1909-1989. 2. Arte brasileira Século XX. 3. Arte e doença mental Brasil. 4. Artistas com deficiências mentais Brasil. I. Título.

09-5604. CDD: 709.81
CDU: 7.036(81)

---

Editora afiliada:

Asociación de Editoriales Universitarias de América Latina y el Caribe

Associação Brasileira de Editoras Universitárias

# SUMÁRIO

# PREFÁCIO

## A Escuta Poética do Delírio

Este livro de Marta Dantas sobre a vida e a obra de Arthur Bispo do Rosário fará o leitor pensar, sobretudo aquele que estiver habituado às tradicionais monografias sobre artistas cultos que têm lugar indiscutível na história da arte. Respeitando a particularidade da poética bruta a ser estudada, a autora analisa os objetos, as miniaturas, os escritos, as vestimentas, os bordados e o principal trabalho do artista, o *Manto da apresentação*, que é a "síntese da mitopoética do artista, de uma vida transformada em ilusão"; e articula Ciências Humanas, Estética e História da Arte, numa perspectiva refinada que transcende o convencional.

Os estudos sobre arte bruta, conforme o conceito formulado por Jean Dubuffet e legitimado especialmente pelos escritos de Michel Thévoz, quase sempre esbarram na perspectiva histórico-biográfica, na temática da articulação entre obra e vida do criador. Nesse sentido, este livro principia com a narração de uma história de vida baseada em "trilhas nebulosas, em direção aos rastros biográficos de Arthur Bispo do Rosário", isto é, vestígios passíveis de múltiplas interpretações com origem no imaginário coletivo, na imaginação do artista e na própria percepção dos espectadores e críticos. Assim, logo no começo do livro, a autora explicita a sua posição e anuncia a complexa singularidade do campo que sua pesquisa deverá percorrer. Escreve: "O que se tem aqui é a história de um homem que se situa entre o mito e a realidade". Por que complexa singularidade?

Cabe lembrar que para desenvolver um estudo biográfico, em geral o biógrafo costuma arrolar uma série de fatos da vida do biografado, desenvolvendo-os pelo confronto com documentos de ordem cultural e histórica, para contextualizar o individual e o pessoal mais amplamente. Nessa direção, documentos privados e públicos tornam possível cumprir razoavelmente bem aquilo que, segundo Virgínia Woolf, se constitui no "primeiro dever de um biógrafo, que é caminhar sem olhar nem para a direita nem para a esquerda, sobre os rastros indeléveis da verdade; sem se deixar seduzir por flores; sem fazer caso da sombra; sempre para diante, metodicamente, até cair em cheio na sepultura, e escrever *finis* na lápide sobre nossas cabeças". No entanto, eis que chega um momento nesse percurso conservador em que um episódio surge, algo inevitável, dependendo do biografado, e, entretanto, "sombrio, misterioso e indocumentado; de modo que também não é possível esclarecê-lo. Volumes inteiros poderiam ser escritos para interpretá-lo, e sistemas religiosos completos poderiam ser edificados sobre ele". Nessas ocasiões, o simples dever de um biógrafo, conclui Virgínia Woolf, "é expor os fatos até onde são conhecidos e depois deixar o leitor fazer com eles o que puder".

Ora, não me parece ter sido a intenção de Marta Dantas fazer a biografia de Bispo do Rosário. Em primeiro lugar, porque não é uma tarefa fácil biografar artistas, especialmente quando se trata de um sujeito como Bispo, cuja obra é tecida com elementos maravilhosos referidos a uma origem extraordinária. Em segundo lugar, porque, em se tratando de um artista bruto, o enigma é algo que não pode ser ignorado. Tratá-lo como ficção, pela chave da fantasia, em oposição à chamada "realidade dos fatos", é escamotear a complexidade surreal dessa mesma realidade, desrespeitando a seriedade da própria arte bruta, ou mesmo da poética surrealista. Ou seja, um pressuposto deste livro é a ideia de que a escrita sobre um artista — bruto, surrealista ou vinculado a qualquer outra poética — sempre deveria levar em conta a dinâmica interna de sua obra. Seus temas, materiais, técnicas, suas tendências estilísticas e seus compromissos críticos e estéticos deveriam assumir a posição de fio condutor. Em suma, deve ser a obra o principal fundamento para se pensar o artista, e não o contrário. Devem ser as suas criações, suas invenções plásticas, os instrumentos privilegiados para se compreender a singularidade do criador. E isto porque o sentido singular de uma obra de arte não é explicável pela vida do artista. Como escreveu Merleau-Ponty, ao considerar a pintura de Cézanne, "é certo que a vida não explica a obra, porém certo é também que se comunicam. A verdade é que essa obra a fazer exigia esta vida. Desde o início, a vida de Cézanne só encontrava equilíbrio apoiando-se na obra ainda futura, era seu projeto e a obra se anunciava por signos premonitórios que erraríamos se considerássemos causas, mas que fazem da obra e da vida uma única aventura". Isto significa que a vida do artista exprime sua obra, não entendendo esta como causa, mas como motivo, nem entendendo o intercâmbio vida-obra como uma relação do tipo função-variáveis, mas como uma articulação de natureza expressiva. Nessa medida, se nos parece que a vida de um artista é a antecipação de sua obra é porque conhecemos sua obra antes e vemos através dela as circunstâncias da vida. Quer dizer, para falar de um artista, delinear sua identidade artística, compreender seu processo criativo ou escrever sua biografia, é da obra que o comentador necessariamente parte para chegar às questões relativas ao próprio criador ou ao sentido da vida na qual esta obra se encrava, por mais fantasioso e ficcional que esse sentido possa parecer.

O estudo que Marta faz de Arthur Bispo do Rosário aproxima-se desse conjunto de princípios. E, ao terminar de ler o livro, o leitor ficará com a impressão de que não é mesmo a vida de Bispo que explica sua obra, mas, ao contrário, foi uma certa obra a fazer que exigiu uma certa vida por viver. Como a autora escreve: "Muitas vezes, a experiência artística nasce da interrogação da vida pela perspectiva da morte". E, pouco depois, conclui: "para recuperar a história desse artista é preciso falar da morte, ou melhor, analisar a sua atitude perante a finitude da vida nos dará a dimensão da relação que sua obra tem com a vida, pois ela nada mais é do que a finitude desta se abrindo para a infinitude da arte". Quer dizer, a vida de Bispo é pensada pela morte, o começo pelo fim, de sorte que não é a loucura que vai tornar intelegível sua obra, mas, ao contrário, é essa obra que exigiu a loucura de uma vida para que ela própria, enquanto obra, pudesse vir a ser. "Para Bispo" — observa a autora — "sua missão não era arte, mas obrigação ordenada pelos seus superiores que nada tinha a ver com questões estéticas, com a busca de reconhecimento, sucesso ou glória, comum aos artistas profissionais; tampouco visava os olhares de críticos e *marchands* com a expectativa de expor e/ou vender suas obras". Nesse sentido, cabe a pergunta: a obra de Bispo é arte para quem? Este livro deixa evidente que, bem mais do que a arte culta, a arte bruta torna-se significante ao encontrar lugar no campo da recepção. "Mais do que à imaginação de Bispo, é à nossa que o seu trabalho faz apelo", diz Marta. Afinal, ela é arte apenas para o espectador que a qualifica bruta tendo por referência a própria história da arte. Quanto a isso, a autora é contundente: "Artur Bispo do Rosário não é o nosso Duchamp, tampouco o nosso Van Gogh". E pergunta: "por que somos incapazes de pensar a produção marginal e singular de artistas como Bispo sem referendar a 'grande arte'?". A questão é complexa. Como escreveu Frederico Morais, a obra de Bispo "transita [...] com absoluta naturalidade e competência, no território da arte mais contemporânea". Ora, considerando a dependência que esta obra estabelece com o espectador, o crítico de arte, isto é, um representante da racionalidade artística, é o caso de indagar se a arte de Bispo, para vir a ser vista, conhecida e pensada como arte bruta, não se torna ela própria uma construção da crítica culta, construção que necessariamente aliena o autor da sua loucura para consagrá-lo artista, ainda que bruto. E, nesse caso, é a tese de Michel Foucault sobre a relação entre loucura e cultura que relembramos aqui: "lá onde há obra não há loucura". Com tudo isso em vista, o livro de Marta Dantas suscita mais interrogações.

Com efeito, não é curioso que, no contexto das décadas de 1980 e1990, a obra bruta de Bispo *transite com absoluta naturalidade e competência no território da arte mais contemporânea*, e que, no contexto das décadas de 1940 e 1950, as obras de Fernando Diniz, Adelina Gomes, Emygdio, Raphael, Otávio Inácio, Carlos Pertius e os demais artistas que fizeram o acervo do Museu de Imagens do Inconsciente, pela ótica de Mario Pedrosa, articulem-se com igual naturalidade ao campo da arte moderna? Não é curioso que, na década de 1980, Bispo seja comparado a Duchamp e a Arman, e que, na de 1950, Fernando Diniz seja comparado a Matisse, que Raphael dialogue com Paul Klee? Em 2002, Marta Dantas apresentou sua tese de doutorado sobre um artista que representou o Brasil na Bienal de Veneza, em 1995, cujo tema foi "O outro". Em 2002, o tema da Bienal de Veneza, muito oportunamente, foi "A ditadura do espectador". Alteridade e recepção são temas que na arte contemporânea estão intrinsecamente ligados. Nesse caso, não é possível esquecer a célebre frase de Duchamp: "São os espectadores que realizam as obras". De fato, sejam eles cultos ou brutos, pouco importa, a arte contemporânea, ao inaugurar as "poéticas do processo", garante essa possibilidade participativa do público no processo artístico.

No entanto, diante da obra de um indivíduo como Bispo, que passou boa parte de sua vida no manicômio, consagrando-se a "transfigurar o terrível em aparência", o receptor poderá se ver às voltas com o visível no campo da criação. Afinal, diante dessa obra, fica aberta a pergunta: quem cria? E a resposta pode ser encontrada nas palavras do próprio Bispo: "Eu escuto uma voz e é essa voz que me obriga a fazer tudo isso". Resposta simples, direta e imediata, segundo o artista, que configura uma questão enigmática e de altíssima complexidade aos olhos do espectador. Como interpretá-la?

Por um lado, apontando para a psicose, a alucinação e o delírio, a obra de Bispo suscita a presença da Psicanálise, mas não de qualquer teoria psicanalítica. Trata-se de uma obra que perturba a aproximação psicoestética da arte realizada por Melanie Klein e por Hanna Segal, por exemplo, que concebem psicanaliticamente a criação artística mediante os processos psíquicos de integração, de reconhecimento da falta e da alteridade, contrários a qualquer possibilidade de cisão entre eu e não-eu como acontece na paranoia. Por outro, considerando que, durante o processo artístico de Bispo, a invenção dos rituais, a fundação do templo e a fatura dos objetos ocorreram simultaneamente, que elas são artifícios cujo propósito era encantar a vida, fazer a escuta poética do mundo desse artista pode ser um passo fundamental, anterior a qualquer teoria. É preciso ter em mente que a beleza convulsiva instaurada pela obra de Bispo é de ordem poética e que uma interpretação apenas psicológica corre o risco do reducionismo. No entanto, se no tocante à Psicanálise, "a palavra provém daquilo que a excede", como tão bem resumiu Christian David, vale dizer o mesmo para o visível, uma vez que há sempre um resto, sempre algo de não dito ou de não figurado, sempre algo de não pensado, sempre um horizonte de irrepresentável nas bordas da representação. Assim, diante do novo, diante de uma obra em processo ou em exposição, isto é, sempre em vias de se fazer e um enigma a nos interrogar, não são a "escuta clandestina" e o "olhar oblíquo" os meios psicanalíticos privilegiados para referenciar nas margens ou no bastidor, nas lacunas ou no silêncio, a "potência do irrepresentável"? Deixando à margem qualquer pretensão a psicanalisar a obra de Bispo, Marta Dantas encaminha a sua sensibilidade e o seu pensamento na direção da escuta da mitopoética desse artista, uma *poética do delírio*. E, nesse caso, a palavra delírio sugere não o significado estrito fixado pela psicopatologia, e sim o sentido amplo que recebe ao ter por contexto o campo da arte: derivando de "lira" ou "sulco", delírio significa afastar-se do sulco, isto é, do caminho reto da razão, no caso, da racionalidade artística. Portanto, muito apropriadamente a meu ver, a autora considera o processo criativo de Arthur Bispo do Rosário em suas passagens pela transgressão, pelo excesso de desejo, pela dimensão trágica e pela nova forma de comunicação que instaura: arte bruta. Da lenda da origem à sacralização da vida, passando pela viagem ao mundo dos mortos, Bispo devota-se a reencantar o mundo com suas criações. E, nesse sentido, a escuta poética que a autora realiza não é incompatível com a Psicanálise. Entretanto, por que poética e, não, estética?

Como observa o grande pensador italiano Luigi Pareyson, a distinção entre estética e poética é bastante importante e representa, entre outras coisas, uma precaução metodológica cuja negligência conduz a resultados discutíveis, às vezes equivocados. Se nos lembrarmos que a estética tem caráter filosófico e especulativo, ao passo que a poética, pelo contrário, tem caráter programático e operativo, "não deveremos tomar como estética uma doutrina que é, essencialmente, uma poética, isto é, tomar como conceito de arte aquilo que não quer ou não pode ser senão um determinado programa de arte". Apresentar ou tomar por universal aquilo que é particular significa confundir os planos: estética e poética, a esfera da filosofia e a esfera do gosto. Do ponto de vista estético, todas as poéticas são equivalentes, não importa que a arte seja realista ou idealista, naturalista ou lírica, figurativa ou abstrata, culta ou bruta. O fato é que uma poética, um determinado gosto convertido em programa de arte, pode expressar uma coletividade, como o que se formula num manifesto, por exemplo, ou uma individualidade, como é o caso dos artistas brutos. Aliás, a noção de poética é especialmente significativa no caso da arte bruta, uma vez que nem mesmo a comparação entre os artistas brutos torna possível articular genealogias, o que problematiza a construção rigorosa de uma história da arte bruta e, consequentemente, de uma estética do delírio

Em suma, mediante o tipo de escuta realizada e pelas muitas questões que suscita, este livro, que desde o título é bastante preciso, certamente já pode ser considerado uma referência importante no campo específico dos estudos dedicados aos artistas brutos e, por extensão, à marginalidade artística.

*João A. Frayze-Pereira*
Psicanalista, professor de Psicologia Social da Arte e
Psicanálise e Estética do Instituto de Psicologia da USP

# INTRODUÇÃO

## O Interesse pela Margem

No final do século XIX e início do XX surgiram, sobretudo no meio psiquiátrico, os primeiros estudos sobre a produção artística de alienados que, na sua grande maioria, tomavam o impulso criador como sintoma de degeneração psíquica. Um dos primeiros estudos relevantes foi realizado por Marcel Réja (pseudônimo do médico Paul Meunier). Em seu livro *L'art chez les fous [A arte dos loucos]*, publicado em 1907, Réja subtraiu a arte dos loucos à redução clínica, a transportou para o terreno da estética comparada e admitiu que a produção dos loucos é uma forma embrionária de arte. Em 1921, o médico suíço Walter Morgenthaler inovou ao publicar uma monografia sobre um dos seus pacientes, Adolf Wölfli, e ao examinar a doença mental não como déficit, mas como estrutura mental rica que teria estimulado e feito emergir a capacidade artística de Wölfli. Sua tese transparece já no título do trabalho: *Ein Geisteskranker als künstler: Adolf Wölfli [Um doente mental considerado artista: Adolf Wölfli]*. Morgenthaler afirmava que o que tornava seu paciente diferente de outras pessoas, doentes ou saudáveis, era certa singularidade que o fazia artista. Mas a contribuição mais importante da primeira metade do século XX foi a do psiquiatra alemão Hans Prinzhorn, autor de *Bildnerei der Geisteskranken [Expressões da loucura]*, publicada em 1922. Sua reflexão se apoiava na fenomenologia de Jaspers e na Psicanálise de Freud e Pfister, e, na busca de elementos que dessem conta da heterogeneidade das obras dos pacientes, submeteu-as a uma teoria geral da criação e atribuiu à noção de *Gestalt* papel central. No Brasil, o médico Osório Cesar, sintonizado com o debate europeu, publicou vários artigos e, em 1929, *A expressão artística dos alienados*. Todavia, todos esses estudos nos faziam crer na existência de uma "arte de loucos" ao tentar definir uma fronteira entre a arte de alienados e de artistas normais. *Arthur Bispo do Rosário: a poética do delírio*, embora se aproxime da "tradição" de estudos sobre produção artística asilar, se distancia desta por não compactuar com a ideia de arte psicopatológica. Afinal, como pergunta Dubuffet (1986, p.222),

> [...] quem é normal? Onde está o homem normal? Mostre-nos! O ato da arte, com a extrema tensão que ela implica, a alta inquietação que a acompanha, pode ele ser normal? [...] não há arte de loucos mais que a daqueles que sofrem de disfunção digestiva ou dos que sofrem do joelho.

Entendo, como muitos outros, que só existe uma arte, arrebatadora, de beleza convulsiva, capaz de ampliar nossa estreita noção de realidade, capaz de colocar em jogo nossa relação com o mundo.

Meu interesse pelas manifestações artísticas marginais e a escolha do objeto deste estudo (a vida e a obra de Arthur Bispo do Rosário) deram-se a partir de algumas experiências que colocaram em crise a minha concepção de arte e as questões que esta engendra: o processo de criação, a relação entre criador e obra e entre arte e sociedade.

O ano de 1989 marca minha iniciação na criação marginal, quando tive contato com a obra do pintor Ranchinho (1923-2003) — um universo a meio caminho entre a pintura *naïve* e a arte bruta —, o que resultou na minha dissertação de mestrado. Em 1991, tomei conhecimento da obra de Arthur Bispo do Rosário e, em 1994, visitei, pela primeira vez, a Coleção de Arte Bruta de Lausanne, na Suíça. Essas experiências e o incentivo de Michel Thévoz, então professor da Universidade de Lausanne e ex-conservador geral da Coleção de Arte Bruta — que co-orientou este trabalho durante a vigência da bolsa sanduíche concedida pela Capes —, levaram-me à reflexão sobre Bispo e sua poética do delírio.

*Arthur Bispo do Rosário: a poética do delírio* é uma versão modificada da minha tese de doutorado, *Arthur Bispo do Rosário: a estética do delírio*, desenvolvida no Programa de Pós-Graduação em Sociologia da Faculdade de Ciências e Letras, UNESP, campus de Araraquara, em maio de 2003, sob orientação de Raul Fiker. Bispo nasceu em 1909, na cidade de Japaratuba, estado de Sergipe. Filho de negros católicos, foi educado em meio a uma cultura caracterizada pela mistura de elementos afro-brasileiros. Quando estava com 29 anos, um acontecimento mudou sua vida: sete anjos lhe anunciaram que havia sido escolhido por Deus para julgar os bons e os maus e para recriar o mundo para o Dia do Juízo Final — experiência marcante que resultou no diagnóstico de esquizofrenia-paranóide, no seu internamento em instituições psiquiátricas por 51 anos e num trabalho de criação que só teve fim com o fim de sua vida. Bispo dizia criar porque "vozes sagradas" lhe ordenavam — "você já fez isso, já fez aquilo? Amanhã eu quero que você faça isso e aquilo" —, e, marginal a toda e qualquer formação em artes, ele fez muitas coisas. Sua obra — um conjunto de mais de 800 peças — é de uma contemporaneidade incontestável, está em sintonia com o que há de mais radical e criativo em algumas das vanguardas da segunda metade do século XX.

Essa produção artística marginal, que não atende às exigências da ideologia do sujeito, é considerada por muitos discursos como arte psicopatológica, expressão malsã de um déficit de seu criador; por outros, como a mais genuína criação porque está em contato com as camadas mais profundas do inconsciente e distante dos condicionamentos sociais. O fato é que depois de mais de um século de debate sobre a relação entre arte e loucura, obras como a de Bispo continuam colocando mais questões do que as respostas que podemos extrair delas. Por isso, o que pretendi fazer foi uma "escuta poética" do mundo de Arthur Bispo do Rosário e, para tanto, me aventurei em diversas áreas do conhecimento e tomei como principal fonte documental o curta-metragem *Prisioneiro da passagem* (1982), de Hugo Denizart.

Aqui, apresento, na primeira parte, a história de vida de Bispo a partir da articulação das informações biográficas relatadas por Luciana Hidalgo e Jorge Anthonio Silva com a análise do arquétipo do aventureiro e com a simbologia da água, tal como ela se apresenta nos estudos sobre a psicologia da matéria de Gaston Bachelard.

Na segunda, investigo a experiência de Bispo com a morte, uma experiência trágica que resultou na transformação da sua vida, na criação de sua mitopoética, na transfiguração do horror da morte em ilusão, uma experiência paradoxal de afirmação da vida através de sua negação. Analiso como, na experiência de afirmação da vida pela sua negação, Bispo criou, com fragmentos da sua história pessoal e com resíduos materiais da nossa sociedade, um mundo encantado: miniaturas, vitrines *(assemblages)*, embarcações, estandartes bordados, vestimentas e objetos diversos.

Na terceira parte eu abordo a criação desse mundo, ou seja, as obras propriamente ditas, como estrutura simbólica complexa em que a imaginação delirante participa num esforço de transformar o caos em um cosmo. Por fim, apresento o *Manto da apresentação* como obra de liberdade carnavalesca e inventividade tropical barroca, síntese da mitopoética do artista e da cultura brasileira, e símbolo maior da mágica aglutinadora da obra de Arthur Bispo do Rosário.

Não poderia deixar de agradecer à Capes, que viabilizou o desenvolvimento da minha pesquisa na Suíça; aos professores Raul Fiker, Michel Thévoz, João Frayze-Pereira e Eliane Robert Moraes, que me apoiaram nesta aventura; a Ricardo Aquino, diretor do Museu Bispo do Rosário; e a todos que colaboraram na realização deste livro, especialmente Maurício Dantas.

Parte I

# UM DIA E A ETERNIDADE

## *A LENDA DA ORIGEM*

No princípio era o Verbo [...]. Todas as cousas foram feitas por intermédio dele, e, sem ele, nada do que foi feito se fez.
**O Evangelho segundo S. João**

É no Brasil, país que não preserva os suportes de sua memória coletiva, tampouco da individual, que esta história começa, por trilhas nebulosas, em direção aos rastros biográficos de Arthur Bispo do Rosário[1]. Pobre e negro, Bispo poderia ter sido apenas mais uma pessoa que passou pela vida sem deixar rastros. Todavia, algo o diferenciava dos anônimos mortais "sem lenço sem documento": sua arte.

Na primeira parte deste livro, os fatos históricos narrados podem ter sido, por vezes, deformados pela imaginação coletiva ou transformados pela imaginação poética do artista — e foram por mim interpretados. O que se tem aqui é a história de um homem que se situa entre o mito e a realidade.

*
* *

Como toda narração fantástica, a história da origem de Bispo apresenta fatos difíceis de comprovar. Apelando para a imaginação, poderíamos começar assim: "Um dia eu simplesmente apareci no mundo" (Rosário apud Hidalgo, 1996, p.8). Essa era a sua resposta a quem lhe perguntasse sobre sua origem. Ele se recusava a falar sobre sua família, suas raízes, sua cultura. Na *sua* história, ele era filho de Deus; havia sido adotado pela Virgem Maria e "aparecido" no mundo em seus braços.

Bispo nasceu em Japaratuba, no estado de Sergipe, na primeira semana de julho de 1909, e não foi registrado em cartório. Foi batizado três meses depois, em 5 de outubro, na Igreja Nossa Senhora da Saúde daquela cidade — seu nascimento foi reconhecido pelo Pai, pelo Filho e pelo Espírito Santo, mas, legalmente, ele não existia.

Segundo o registro do livro de batismo da igreja, seu pai se chamava Claudino Bispo do Rosário e sua mãe, Blandina Francisca de Jesus. Todavia, no boletim oficial de sua passagem pela Marinha brasileira, o nome de seu pai consta como Adriano Bispo do Rosário e a sua data de nascimento, 14 de junho de 1909. Segundo o documento de sua admissão como lavador de bondes na Viação Excelsior, subsidiária da Light (The Rio de Janeiro Tramway, Light & Power Company Limited), no Rio de Janeiro, ele teria nascido em 16 de março de 1911; e, na sua ficha de internação da Colônia Juliano Moreira, hospital psiquiátrico do qual foi paciente, o item filiação foi preenchido com a anotação "desconhecida".

1 Os dois autores com os quais trabalhei para resgatar a história de vida de Arthur Bispo do Rosário trazem dados divergentes sobre a escrita do nome Rosário: Hidalgo (1996, p.34) transcreve sua certidão de batismo, na qual está sem acento; no livro de Silva (1998, p.35), a transcrição dessa certidão traz o nome acentuado. Hidalgo (op. cit., p.35) chega a dizer que não tem acento, enquanto Silva (op. cit., p.39-40) chama atenção para o fato de que, na assinatura de Bispo, na guia de sua primeira internação na Colônia Juliano Moreira, no Rio de Janeiro, está acentuado. Diante dessas divergências, optei pela utilização do acento.

As informações são contraditórias e, provavelmente, as contidas no livro de batismo são as mais fidedignas. Entretanto, essas lacunas e imprecisões sobre a data de seu nascimento e sobre a sua filiação — elementos importantes na construção daquilo que a nossa sociedade chama de identidade — permitem compreender a resposta de Bispo aos que lhe perguntavam sobre sua origem. Ela parece delirante só à primeira vista, pois, na verdade, é a forma que ele encontrou para responder à questão com base nos pressupostos da nossa sociedade. Sua origem seria, então, divina. Como escreveu Hidalgo (op. cit., p.34): "Tanto espaço em branco camuflou as raízes de Arthur Bispo do Rosario. Protegido pela insanidade [...], ele plantou provas do [seu] *aparecimento* no planeta como bem entendeu. O antepassado pouco importava"[2]. Mas as lendas não param aí.

Como a história de Bispo, a da sua cidade natal é cheia de mistério. Japaratuba, pequena cidade localizada a cinquenta e quatro quilômetros de Aracaju, nasceu na foz do rio que lhe dá nome. Conta Silva (1998) que, no século XVI, a região onde ela se localiza era povoada por seis tribos indígenas, uma delas comandada pelo cacique Yaparatuba. Esse nome, como explica o autor, é composto pela junção das palavras tupi *y* (rio), *apara* (volta) e *tuba* (frequência, repetição), e remete à ideia de "rio de muitas voltas", o Japaratuba que, devido à topografia local, chega ao mar já sem a força das corredeiras, formando meandros, sinuosidades — o nome da cidade, como veremos adiante, carrega uma simbologia recorrente na vida de Bispo. Outra versão sustenta que um dia, num passado bastante longínquo, os fenícios, exploradores do mar, teriam atravessado o Atlântico e, através do rio, tido acesso àquela região, onde desembarcaram e deram origem às cidades de Piaçaba e Japaratuba. Inscrições, que muitos dizem ser cuneiformes, foram encontradas na área rural desta última cidade, e são elas que alimentam o imaginário dos partidários dessa versão.

A população indígena local teve destino triste. No século XVIII, um surto de varíola fez com que muitos índios abandonassem suas tabas, o que abriu espaço para os missionários. Surgiu, então, a Missão Japaratuba — e o termo "missão", muitos anos mais tarde, "apareceria num panô bordado por Arthur Bispo do Rosario", quando "exilado num hospício de Jacarepaguá às vésperas do século XXI, obcecado por outro tipo de missão" (Hidalgo, op. cit., p.36). Com a presença do movimento missionário — muito conhecido pela eficiente maneira como doutrinava os pagãos —, a Igreja Católica implantou sua marca na cidade. Índios e negros escravos foram convertidos à fé cristã.

Como tantas outras cidades do Nordeste do Brasil, Japaratuba se desenvolveu à sombra dos engenhos de cana-de-açúcar. Patriarcalismo, senhores de extensas propriedades de terra, monocultura e mão de obra escrava trazida do Congo e da Guiné resumem as relações sociais, econômicas e culturais existentes, ali, à época. A presença da população negra na região foi e é significativa ainda hoje. Inclusive, Patioba, um povoado que fica nas proximidades de Japaratuba, teve, no passado, o nome

2 Neste livro, salvo indicação em contrário, os grifos constantes das citações fazem parte do texto original.

de Quilombo devido à grande concentração de negros no local (Silva, op. cit.).

Apesar de Japaratuba ser muito conhecida pelo seu arraigado catolicismo, nela a cultura negra nunca desapareceu; nas festas de origem cristã (como o reisado), que por muito tempo fizeram a sua fama, estavam presentes danças e ritmos oriundos da cultura africana. Fiéis à tradição católica, os japaratubenses respeitavam a Quaresma: quarenta dias de jejum, nada de canto, dança ou alegria. Mas, quando das datas festivas, não mediam esforços: trajes, mantos e enfeites nasciam das mãos das bordadeiras e costureiras da cidade. Nas procissões, suas agulhas "abriam caminho em pontos de cruz e redendês para compor desenhos e salpicar brilho nas fantasias" (idem, p.38).

Entre os festejos do nascimento de Cristo, o Dia de Reis, comemorado em 6 de janeiro, era a festa mais esperada. Nela, o grande momento era o coroamento de um rei e uma rainha negros, que se apresentavam vestidos em mantos majestosamente bordados e com toda a exuberância que caracteriza tais personagens. Eram, ainda, apresentados folguedos populares: o cucumbi, que homenageava Nossa Senhora do Rosário e São Benedito, e a chegança, que representava barcos e naus de guerra, marujos, grumetes e toda a hierarquia da Marinha com o fim de contar as batalhas travadas entre cristãos e mouros.

Também o mês de maio era especial: os japaratubenses passavam trinta dias e trinta noites rezando para a Virgem Maria, que era homenageada com procissões, rezas de terço e oferenda de flores. Assim, numa cidade na qual uma variedade de raças, crenças e costumes constituía o imaginário coletivo, em uma família de negros descendentes de escravos convertidos ao catolicismo e 21 anos após a abolição da escravatura veio ao mundo Arthur Bispo do Rosário. Ele cresceu em meio a todo esse folclore, a toda essa tradição, que, junto com o cerimonial da coroação e sua significação — a glória, a distinção, o poder, a dignidade —, se apresentam como elementos residuais que foram recriados em sua obra. Conforme Hidalgo (op. cit., p.39),

> Nascido nessa vila cravada por sentenças seculares, ele gravaria de alguma forma a diversidade dos bordados, fardões e tecidos das datas festivas. Um dia, designado 'rei dos reis' por seres luminosos, ele teceria o próprio manto, vermelho, salpicado de bordados, se faria coroar e protagonizaria a própria via sacra.

Ainda de acordo Hidalgo (idem, p.35), Bispo "nasceu sob a pressão dessa cultura, herdando o sobrenome do pai, composto por substantivos que remetem à história cristã. Bispo é o padre que recebeu a plenitude do sacramento da ordem da Igreja Católica e dirige uma diocese". Rosário é uma corrente de 165 contas "correspondentes ao número de 15 dezenas de ave-marias e 15 padre-nossos, para serem rezados como prática religiosa" (Ferreira, s/p), e é composto de três mistérios:

> Os primeiros, os gozosos, estão ligados ao nascimento e à infância de Jesus: a fase ingênua da existência, quando a inconsequência é justificada pela imaturidade do ser. Os dolorosos reverenciam a agonia do homem, o martírio e a crucificação. Finalmente, os gloriosos são a metáfora da ressurreição do filho de Deus e a assunção de Nossa Senhora ao signo da eternidade. Como objeto de devoção, o rosário tem as qualidades mântricas da repetição. [...] a finalidade da repetição é a contemplação do mistério. Acredita-se que por ela se chegue a um estado de simbiose com o que é contemplado. (Silva, op. cit., p.24-5)

Arthur, nome de origem céltica, foi popularizado pela lendária figura do rei Arthur, de Gales, que teria vivido na passagem do século V para o VI e "liderado a resistência céltica contra as invasões anglo-saxônicas" (idem, p.23) — mítica que contribuiu para a construção de um imaginário em torno da ideia de nacionalismo e deu origem a um ciclo de narrativas que conta as façanhas daquele rei e dos cavaleiros da Távola Redonda à procura do Santo Graal, cálice que Jesus teria usado na Santa Ceia. E, lembremos, o sobrenome da mãe de Bispo era "de Jesus":

> Arthur Bispo do Rosario cresceu cercado por beatas, rituais, rosários, mandamentos, pecados, culpas e confessionários. Muitos anos mais tarde, ele se faria adotar por Maria, emagreceria em repetidos jejuns para virar santo, juraria que uma cruz lhe marcava as costas, confeccionaria um novo mundo para apresentar ao Todo-Poderoso na audiência final. Era essa a sua missão. A missão de Arthur. Arthur Jesus, assinaria ele em certas obras. O filho de Maria e de Blandina Francisca de Jesus. (Hidalgo, op. cit., p.37)

É espantosa a coincidência entre o nome desse artista e a sua mitopoética[3]. De acordo com Silva (op. cit., p.23), um "exercício imaginativo" em torno das palavras Arthur, Bispo e Rosário, mesmo que efetuado apenas com o objetivo de ocupar lacunas biográficas, mostra que "as três são reveladoras do mito e da religiosidade ancestral e constituem símbolos constantes na verdade psicológica do artista". A lenda da origem de Bispo poderia, então, começar assim: "No princípio era o Verbo...". Se no início era o Verbo, se a palavra cria, ela carrega em si toda magia[4].

3 A obra de Arthur Bispo do Rosário apresenta caráter mitopoético. De acordo com Wunenburger (1994, p.39), "A mitopoética se origina, [...] em uma espécie de *noûs poiétikos*, ou de imaginação transcendental". Logo, a mitopoética consiste na elaboração de um conjunto a partir de resíduos e fragmentos de acontecimentos, testemunhas fósseis da história de um indivíduo ou de uma sociedade; é uma espécie de bricolagem intelectual, e a bricolagem é o *modus operandi* da mitopoética (Lévi-Strauss, 1970a, p.37-43). Assim, "mitopoética", aqui, designa o conjunto da narrativa e da obra plástica criada por Arthur Bispo do Rosário, porque ambas nasceram da organização de resíduos míticos e materiais em busca de descobrir o sentido (ou de denunciar a falta deste) de um conteúdo que não encontra no pensamento racional o seu meio de expressão adequado.

4 Segundo Paz (1982, p.35), a primeira atitude do homem perante a linguagem foi de confiança: o signo e o objeto representado eram a mesma coisa. Falar era recriar o objeto a que se aludia. Para que haja a magia é necessária a crença na identidade entre o objeto e seu signo.

## *O MARINHEIRO: O GUARDIÃO DO MISTÉRIO*

Ó morte, velho capitão, é tempo!
levantemos a âncora!
**Baudelaire**

O "rio de muitas voltas", com suas corredeiras e meandros, levou Bispo em direção ao mar. E não poderia ser diferente, pois o Japaratuba, em suas sinuosidades, vai se alargando, sempre descendente, crescendo irresistivelmente até alcançar o ilimitável, pois as águas correntes não podem ter outro destino que não a indeterminação e a diluição na infinidade do elemento talássico. Assim, em 23 de fevereiro de 1925, com 15 anos de idade e acompanhado pelo pai, ele alistou-se na Escola de Aprendizes de Marinheiros de Sergipe, em Aracaju. Começou como grumete: sua tarefa era a manutenção da limpeza a bordo e o aprendizado de serviços gerais. Em 21 de janeiro de 1926, foi transferido para o Quartel Central do Corpo de Marinheiros Nacionaes de Villegagnon, no Rio de Janeiro, e parece que nunca retornou ao Nordeste (Silva, op. cit.).

Bispo se deixou levar pelas águas profundas do mar em vários navios: no Dom Floriano, no destróier Pará, no tender Belmonte, nos caça-torpedeiros Piauí e Rio Grande do Norte e no encouraçado São Paulo — embarcações que mais tarde mereceram registros iconográficos por parte do artista. Ele morava nos navios em que trabalhava, "jamais ancorava na cidade" e conheceu "a reclusão do cárcere e do alto-mar" (Hidalgo, op. cit., p.76):

> Solteiro, fez do navio o seu lar, mareado lar. Talvez por isso um dos seus ícones em tributo aos velhos tempos em mar aberto era um enorme álbum de retalhos: papéis azuis costurados num papelão branco listam os nomes e as funções dos marinheiros a bordo do destróier Pará. (idem, p.78)

Em 1930, trabalhando no navio Belmonte, subiu na hierarquia da Marinha: foi promovido a sinaleiro-chefe-B, função que exerceria até o seu desligamento, três anos depois. De acordo com Silva (op. cit., p.29), "um sinaleiro era um comunicador de situações a grande distância (valendo-se de Código Morse) ou a distância visual (utilizando bandeiras com desenhos geométricos bem definidos e geralmente bicolores ou lanternas), para viabilizar a entrada e saída de navios nos portos"; era sua tarefa, também, a comunicação "entre duas embarcações que se aproximavam em trânsito". Nas poéticas palavras de Hidalgo (op. cit., p.76-7): "Os mesmos braços talhados à força por exercícios brutos ensaiavam um ágil balé de bandeiras vermelhas e azuis. [...] O maestro Arthur Bispo do Rosario dirigia o espetáculo [...]".

No Abecedário Semaphorico Usado na Marinha do Brasil, utilizado por Bispo, constavam 25 sinais, "indicativos lexicais que um dia se tornariam lembrança resgatada em muitos segmentos da obra de Rosário, principalmente nos bordados" (Silva, op. cit., p.29).

Seu tempo de permanência na Marinha foi marcado pela alternância entre o comportamento tido como "exemplar" e o "faltar às leis". Os documentos da instituição mostram que, constantemente, ele era punido por insubordinação, e chegou a ser preso em solitária durante oito dias, em julho de 1929. Nesse mesmo mês, foi submetido a exames médicos, e em outubro foi "considerado, naquele momento, inabilitado para promoção" (Silva, op. cit., p.28). Entre os meses de abril e maio de 1930, foi internado no Hospital Central da Marinha, mas os documentos não fazem menção à doença que o acometeu. Apesar das imprecisões, os registros da passagem do artista pela Marinha são os que mais apresentam detalhes sobre sua vida, constituindo-se no

> [...] melhor e mais precioso memorial sobre a vida de Bispo. Sem detalhes que esclareçam sobre uma possível gênese da futura dissociação mental, o documento revela alternância entre comportamento 'exemplar' e faltas ao trabalho, e uma prisão em solitária por oito dias, [...]. É razoável pensar, ainda que com base no frágil histórico disponível, que Arthur viveu à margem dos processos reguladores do comportamento ou que era de índole difícil. Isso são elucubrações sem rigor científico, uma vez que o prontuário não fornece detalhes que esclareçam o motivo das prisões e punições e justifiquem a recusa de promoção funcional. (idem, ibid.)

Em 1931, a bordo do encouraçado São Paulo[5], obteve sua última promoção, por antiguidade. No dia 15 de julho de 1933, foi excluído da Marinha, de acordo com o "artigo 41 do regulamento Disciplinar para a Armada" (idem, p.29)[6].

No período em que serviu à Marinha, o seu caráter de insubordinação já se manifestava. Bispo contava que havia sido boxeador na categoria peso-leve, e que chegou a conquistar o título sul-americano da categoria. Coisas referentes ao boxe foram registradas em seus bordados: neles, encontramos nomes de lutadores contemporâneos seus — ("ANTÔNIO RODRIGUES — PUGILISTA PORTUGU S; ANTÔNIO MISQUITA — PUGILISTA MARUJO; AGENOR GURGEL — MARUJO PUGILISTA; [...]", entre outros, e palavras (também bordadas em caixa alta) como: "Rinc", "sacco de arreia, cabo de pular, mesa de puche [...]" (idem, p.35). Entre os objetos que confeccionou estão um ringue e um saco de dar socos.

No decorrer de sua vida, ele não se cansava de contar seus feitos: dizia que tinha tido muito sucesso, que fora muito respeitado como lutador, mas que a Marinha não aprovava essa prática e, por isso, alguém o acobertava. É sabido que a Marinha brasileira incentivava a prática esportiva entre seus

5 Esse encouraçado entrou para a história dos navios de guerra brasileiros porque afundou. Ele foi encomendado pela Marinha brasileira à Inglaterra em 1910, e, em 1951, ao ser considerado obsoleto, foi vendido a esse país. Na viagem de volta, desapareceu próximo aos Açores (Silva, op. cit., p.29).

6 Segundo os registros da Marinha, Bispo viajou apenas pelo litoral brasileiro, embora ele contasse, na Colônia Juliano Moreira, suas "várias" aventuras pelo mundo. Sem dúvida, o "diário de bordo da imaginação era mais interessante que a rotina militar" (Hidalgo, op. cit., p.77).

membros, em diversas modalidades, contudo nem o material encontrado por Silva no arquivo fotográfico dos esportistas dessa instituição, nem a documentação referente ao tempo em que fez parte dela confirmam a sua versão. Nenhuma fotografia, nenhuma matéria de jornal, nenhum registro, nenhuma pista sobre a sua atividade de boxeador. Mas o testemunho de um lutador, ex-combatente da Marinha de Guerra, confirma, de certa forma, a sua história: "não o conheceu pessoalmente, mas 'ouvia falar muito dele'", afirma Silva (op. cit., p.35), que conclui: "Ao que tudo indica, tratava-se, mais que de um lutador, de um homem de briga, um 'guerreiro'".

Fica subentendido que o seu comportamento, marcado por breves mas frequentes insubordinações, não correspondia ao regulamento disciplinar da Marinha. Sobre sua exclusão dessa instituição, anos mais tarde Bispo diria:

> Quando eu era da Marinha, eu era pugilista, levei muita pancada. Hoje eu me sinto. Resolvi cair fora porque os oficiais não gostavam de marinheiro no jornal. Me prendiam quando eu tinha lutas marcadas com empresário. Aí eu caí fora. (apud Hidalgo, op. cit., p.79)

Mas se não encontramos, nos documentos da Marinha, elementos que possam esclarecer sobre o futuro comportamento de Bispo — seu discurso delirante e sua produção artística —, o estudo do arquétipo do aventureiro e o da simbologia que a água representa na imaginação da matéria, embora não ofereçam uma explicação científica para os fatos que se sucederam em sua vida, trazem à tona elementos que contribuem para o entendimento da construção de sua mitopoética.

*

* *

O aventureiro é aquele que toma a vida como um processo do qual não se conhece o fim e cujo transcurso é submetido ao acaso e ao perigo. A aventura, embora pareça um corpo estranho à nossa existência, é, na verdade, muito mais próxima da vida do que podemos imaginar. O ser aventureiro expressa a convicção de que a vida é uma aventura. Esse arquétipo se manifesta na figura do peregrino, do errante. Logo, esse sentimento da vida como aventura pode ser vivido de múltiplas maneiras: na figura do vagabundo, do nômade, do caroneiro e, por que não, na do marinheiro.

No ser marinheiro está a convicção de que a continuidade da existência é constituída por múltiplos desvios e por momentos que escapam à lógica determinante. O arquétipo do aventureiro encontra-se intimamente ligado ao "sentimento trágico da vida": "Lá onde o milagre do acaso projetou o homem e a vida, começa o trágico" (Lukács apud Maffesoli, 1984, p.94)[7]. O marinheiro é um aventureiro, um errante profissional. Sua forma de vida expressa inconformismo, relacionado tanto ao ser quanto ao pensar.

7 Embora não devamos, neste momento, nos deter na questão do "trágico", posso adiantar que esse sentimento se encontra na percepção da fragilidade das coisas e da vida, no drama existencial do homem, nos momentos da vida que nos escapam e que se encontram em estreita conexão com o acaso.

Segundo Maffesoli (1997, p.19), esse tipo de arquétipo constitui o vetor de uma verdadeira espiritualidade (que pode ser estendida ao marinheiro):

> Espiritualidade que não devemos compreender num sentido estrito, mas sim como o que coloca em jogo a totalidade de uma existência, seja esta individual ou coletiva. Em resumo, alguma coisa acentuando o fato de que a liberdade exterior somente pode existir se for embasada sobre uma sólida liberdade interior.

Esse tipo de comportamento é comandado por uma sensibilidade guiada pela inquietude, por um equilíbrio que repousa sobre a tensão de elementos heterogêneos, ou seja, uma harmonia em conflito. E esses aspectos (particularmente o inconformismo) se encontram, por sua vez, na criação, seja ela poética, filosófica ou artística:

> Ora, a criação, em seu momento instituinte, é sempre anomia. Ela favorece, tomando uma expressão que S. Zweig aplicava à Nietzsche, Kleist e Hölderlin, as 'naturezas nômades'. É certo que esta 'natureza' é a condição de possibilidade de suas criações. (Maffesoli, 1997, p.19)

E, assim, encontramos uma relação entre o ser marinheiro e o ser criador, entre o Bispo lobo-do-mar e o Bispo artista.

Mas, por que o homem, um dia, teria desafiado as águas, o mar, e no que isso implica?

Em seu ensaio sobre a imaginação de uma das matérias, a água, Bachelard (1997) pergunta se não teria sido a morte o primeiro navegador; lembra que antes mesmo de os vivos confiarem-se às águas, teriam colocado o ataúde no mar — o ataúde seria, então, a primeira barca e a morte, a primeira viagem. Na opinião de Bachelard, nenhuma utilidade proveniente da navegação poderia ter sido importante o bastante para levar o homem pré-histórico a fazer uma canoa:

> Nenhuma utilidade pode legitimar o risco imenso de partir sobre as ondas. Para enfrentar a navegação, é preciso que haja interesses poderosos. Ora, os verdadeiros interesses poderosos são os interesses quiméricos. São os interesses que sonhamos, e não os que calculamos. São os interesses fabulosos. O herói do mar é o herói da morte. O primeiro marujo é o primeiro homem vivo que foi tão corajoso como um morto. (Bachelard, op. cit., p.76)

Assim, o enfrentamento das águas está intimamente ligado ao devaneio, ao sonho e, também, à morte.

O sentido mítico que as crianças maléficas tinham na cultura da Antiguidade Clássica pode auxiliar na nossa compreensão. Quando uma dessas crianças nascia, evitava-se que ela tocasse a terra, para que não

propagasse a sua "peste" e para não afetar a fertilidade daquela; a criança logo deveria ser levada para o mar ou para o rio e colocada na água (ou seja, devolvida à morte). Se conseguisse se salvar, tornava-se um ser miraculoso, pois tendo atravessado as águas, tinha atravessado a morte (Bachelard, op. cit., p.76-7).

Ser marinheiro é viajar sobre as águas. Mas a morte é uma viagem e a viagem é uma morte, porque partir "é morrer um pouco" e morrer "é verdadeiramente partir", como diz Bachelard (op. cit., p.77). Conta Foucault (1997) que, na passagem do século XV para o XVI, período de fermentação da dominação da loucura pela razão, um novo objeto teria surgido na paisagem imaginária da Renascença: a Nau dos Loucos e outras naus, "cuja equipagem e heróis imaginários, modelos éticos ou tipos sociais, embarcam para uma grande viagem simbólica que lhes traz, senão a fortuna, pelo menos a figura de seus destinos ou suas verdades" (Foucault, op. cit., p.9). As naus se tornariam temas recorrentes tanto na literatura como na iconografia[8].

*Das Narrenschiff [A nave dos loucos]* (1947), de Sébastian Brant, de todas as obras literárias que abarcam esse tema é a mais conhecida. Mas *Narrenschiff* teve existência real — no final da Idade Média, início do Renascimento, existiam naus, particularmente na Alemanha, que levavam insanos de uma cidade para outra. Eram os marinheiros os encarregados de livrar as cidades dos loucos e de dar a eles existência errante. Além de sua utilidade social ou de ser uma medida de segurança visando proteger os cidadãos, esse costume comportava mais do que uma medida geral de expurgo dos loucos da cidade. Ele carregava outros significados, mais próximos do rito. É possível que essas naus de loucos tenham sido naus de peregrinação, navios que simbolizavam os insanos em busca da razão, como explica Foucault. Confiar os loucos aos marinheiros era ter a certeza de que eles iriam para longe, era torná-los prisioneiros de sua própria partida: "É para o outro mundo que parte o louco em sua barca louca; é do outro mundo que ele chega quando desembarca. Esta navegação do louco é simultaneamente a divisão rigorosa e a Passagem absoluta" (idem, p.12). Esse ritual assegurava a situação simbólica da loucura no imaginário dos homens da baixa Idade Média: o louco é aquele que não tem outra prisão senão o seu próprio limiar, a sua própria passagem.

> A água e a navegação têm realmente esse papel. Fechado no navio, de onde não se escapa, o louco é entregue ao rio de mil braços, ao mar de mil caminhos, a essa grande incerteza exterior a tudo. É um prisioneiro no meio da mais livre, da mais aberta das estradas: solidamente acorrentado à infinita encruzilhada. É o Passageiro por excelência, isto é, o prisioneiro da passagem. [...] Sua única verdade e sua única pátria são essa extensão estéril entre duas terras que não lhe podem pertencer. (idem, ibid.)

8 Foucault (op. cit., p.9) afirma: "É assim que Symphorien Champier compõe sucessivamente uma *Nau dos Príncipes e das Batalhas da Nobreza* em 1502, depois uma *Nau das Damas Virtuosas* em 1503. Existe também uma *Nau da Saúde*, ao lado de *Blauwe Schute* de Jacob van Oestvoren em 1413, da *Narrenschiff* de Brant (1497) e da obra de Josse Bade: *Stultiferae naviculae scaphae fatuarum mulierum* (1498). O quadro *[Nef des fous]* de Bosch, evidentemente, pertence a essa onda onírica".

O marinheiro, que levava e trazia o louco, não portaria ele a loucura? Homens que não vêm da terra sólida, mas da incessante inquietude do mar, "dessa planície fantástica, avesso do mundo" (idem, p.13). A loucura é filha do mar, acreditavam os homens do século XVI:

> [...] o sulco incerto dos navios, a confiança apenas nos astros, os segredos transmitidos, o afastamento das mulheres, a imagem enfim dessa grande planície perturbada fazem com que o homem perca a fé em Deus bem como todas as ligações sólidas com a pátria; ele se entrega ao Diabo e ao oceano de suas manhas. (idem, ibid.)

A água, a morte e a loucura estão, há muito tempo, ligadas no imaginário do homem ocidental. Logo, a figura do marinheiro amalgama a simbologia desses três elementos. Além da nau dos loucos, habitam o nosso imaginário e a nossa linguagem onírica as barcas fúnebres. São várias as culturas que contam a "lenda da barca dos mortos", ou barca de Caronte — o barqueiro que transportava os mortos para o Hades, na mitologia grega —, particularmente aquelas que se encontram próximas ao mar e cujos homens enfrentam a inquietude dessa imensa planície. Esse tema pode apresentar variações: navios-fantasmas, navios-infernos, navios naufragados. Sua presença constante na expressão literária demonstra que ele "tem garantida sua consistência porque possui a mais sólida das unidades: a *unidade onírica*" (Bachelard, op. cit., p.79). Todos esses barcos misteriosos participam da "barca dos mortos"; são embarcações que formam um todo com as almas daqueles que nelas estão depositados (almas que, muitas vezes, retornam à costa e amedrontam os homens); são barcos nos quais o mar, a morte, o marinheiro e sua alma estão fundidos num mesmo objeto, num mesmo símbolo: o navio, a embarcação. "É positivo que existe um mar onde o próprio navio cresce como o corpo vivo do marinheiro" (Poe apud Bachelard, op. cit., p.80).

Na expressão literária, o barqueiro ou o marinheiro são, quase sempre, tocados por esse simbolismo. Assim, todo barqueiro que atravessa um rio, todo marinheiro que atravessa o mar, trazem, sempre, o símbolo de um além — são guardiões de um *mistério*: "Seus velhos olhos alucinados/ Viam os longes iluminados/ Donde lhe vinha sempre a voz/ Lamentosa, sob os céus frios" (Verhaeren apud Bachelard, op. cit., p.81).

O grande *in-finito* que se estende no horizonte, com suas ondas borbulhantes, sua inconstância, sua profundeza e sua brisa marítima, é sempre água viva, cujo destino é entorpecer-se, tonar-se pesada. Toda água viva é uma água que está a ponto de morrer, e contemplar a água é dissolver-se, escoar-se; é morrer. O homem que devaneia à beira d'água, reencontra os mortos e morre também, como um universo submerso. A água é o verdadeiro suporte material da morte[9]. Na imaginação da matéria, ela reúne os esquemas da vida atraída pela morte, da vida que quer morrer; ela é um convite à morte. Esse elemento fornece o símbolo de uma vida especial

9 Porém, seria abuso de linguagem e impostura tomar a água como símbolo da morte. Nem a água se reduz a um campo semântico unívoco nem a morte se deixa circunscrever em algum significante.

atraída por uma morte especial. A água corrente nos leva para longe, com a corrente, como uma corrente; ela passa como os dias e, ao contemplá-la, nela nos dissolvemos, dispersamos nosso ser, perdemos nosso Eu. A vida que é por ela atraída busca a morte do *princípio de individuação* (expressão nietzschiana), busca a sua diluição, a sua aniquilação.

Segundo Libis (1993), todo devaneio prolongado diante de uma grande quantidade de água induz a um entorpecimento do ser, a uma espécie de hipnose que a razão humana não consegue dominar. Ainda de acordo com o autor, a água é muito mais do que uma condição vital por excelência, é um princípio, uma *arché* (lembremos que a maioria das cosmogonias e das cosmologias se funda sobre a existência das águas primordiais, do caos aquático, do caos original). A água foi pensada como totalidade submergente, desordem, magma informal de onde brota a vida, mas também como abismo silencioso, de colorações mortíferas. Dela participam princípios contraditórios: o ser e o não-ser; a ordem e o caos; "tramada nas profundezas da substância aquática original, a Vida ali encontra, também, a lei de seu destino, o termo de seu fim, a abolição na direção de seu contrário" (Libis, op. cit., p.37).

A água, com seu poder de dissolução, tende a abolir a existência individual. Ao se aproximar dessa grande matéria, o indivíduo é arrastado para longe de sua sociabilidade, é despossuído de sua individualidade, conduzido a uma identificação com o elemento aquático. Entre os quatro elementos (fogo, ar, terra, água), devido ao seu poder de imersão, de penetrabilidade, de dissolução, a água é, por excelência, o meio pelo qual o ser sonha o desmoronamento, a desintegração e a desconexão daquilo que comumente chamamos de vida:

> Na água tudo se dissolve, toda forma é desintegrada, toda história é abolida: nada do que existiu antes subsiste depois de uma imersão na água, nenhum perfil, nenhum indício, nenhum acontecimento. A imersão equivale, no plano humano, à morte, e no plano cósmico, à catástrofe que dissolve periodicamente o mundo no oceano primordial. (Eliade apud Libis, op. cit., p.51)

Mas essa capacidade da água de deformar, desintegrar e suprimir as formas não é a morte de fato, é uma modalidade de morte: aquela em que é abolido o princípio da individuação.

O mar é constituído de águas profundas. Mas o que é o profundo senão aquilo que é afastado da superfície, que é muito penetrante, de grande intensidade, que parece vir do íntimo, aquilo que é difícil de compreender, que é relativo ao inconsciente? O adjetivo "profundo" designa o atributo transcendental do meio aquático:

> Tão logo o fundo não seja mais visível, ele é jogado para baixo, sempre mais baixo, e a imersão se apresenta como uma lenta catástrofe, de uma deriva descendente que nunca acaba de descer.

> Na sua pura verticalidade, a profundeza da água é insondável. (Libis, op. cit., p.64)

O sentimento de ilimitação espacial e essa tendência natural de descer cada vez mais, até o fundo da água, de repousar nas profundezas, conduzem, em última instância, à transgressão dos limites. E "não seria o fundo mesmo que se dissimula?", pergunta Libis (op. cit., p.65). A ausência de fundo ou o seu recuo ilimitado convocam a imaginação a uma prova maior. Mas, abismos marinhos, teriam eles um fundo? "O mar carrega em si uma verticalidade inesgotável, ele conduz a imaginação aos limites de sua extensibilidade [...]. Insondável, o mar é também aquele que não pode ser limitado" (Libis, op. cit., p.70-1). A água corrente, que induz o indivíduo a se deixar carregar por ela, representa o desejo de peregrinação, de uma viagem interminável e sem bússola, de se deixar levar à deriva na doce inquietude das águas. Na literatura, esse desejo é representado pelo *bateau ivre*[10].

Podemos, então, dizer que o navio comporta e carrega muito mais desejos que mercadorias. Ele revela o desejo de quem nele navega: o desejo de transgredir o espaço, de ultrapassar os limites geográficos, de pôr à prova os limites do homem. O marinheiro é aquele ser transportado por uma obsessão telúrica: a busca de novas terras, de continentes virtualmente originais, de lugares não inventariados. Embarcar num navio pode ser uma viagem sem retorno ou uma reintegração à ordem cósmica. O Bispo marinheiro é o guardião de seu próprio mistério.

## *A MISSÃO*

> Os loucos são como beija-flores: nunca pousam, ficam a dois metros do chão.
> **Arthur Bispo do Rosário**

Entre a data em que saiu da Marinha até 28 de dezembro de 1933, quando foi admitido no Departamento de Trações de Bondes da Viação Excelsior[11] como lavador de bondes, não há registros que informem sobre a vida de Bispo. Silva (op. cit., p.35-6) encontrou nos documentos da Light o nome de seu pai acompanhado da anotação "fallecido". O autor infere que ele teria perdido o pai entre a adolescência e o início da idade adulta, ou que pelo menos achava que o pai estava morto.

Durante o período em que trabalhou na Light, Bispo foi promovido três vezes: em 1934, foi elevado a ajudante de vulcanizador e depois a vulcanizador 3º, e em 1936 foi elevado a meio-oficial, o "que prova que fez carreira funcional e que, ainda que trabalhando como braçal, pôde ascen-

**10** Barco desgovernado, sem direção.

**11** Sobre essa informação, ver Hidalgo (op. cit., p.55).

der na estrutura funcional hierárquica da empresa, tanto na condição de profissional qualificado como na de assalariado" (Silva, op. cit, p.37). Naquela época, morava na Praça XV de Novembro, no coração do Rio (então a capital federal), cenário urbano frequentado por marinheiros, prostitutas, artistas boêmios e malandros. Era solteiro e vivia completamente sozinho.

Em 1935, sofreu um acidente de trabalho, uma contusão na perna esquerda. No ano seguinte, foi vítima de outro acidente: ao pular de um ônibus em movimento, caiu e teve parte do pé direito esmagada pela roda da frente. No documento da empresa sobre o acidente, a explicação, transcrita por Hidalgo (op. cit., p.56), é esta:

> O accidentado ia em pé consertando, digo na porta dianteira do omnibus 162, o qual seguia em direcção da officina, dirigido pelo manobreiro 181 e, ao tentar saltar do mesmo em movimento cahiu, ficando com um pé debaixo de uma roda dianteira, machucando-o.

O documento afirma que, em relação ao acidente, Bispo "admittiu casualidade" (Hidalgo, op. cit., p.56)[12]. Em 23 de fevereiro de 1937, foi despedido porque se recusou a cumprir ordens de um encarregado e ainda o ameaçou (idem, ibid.)[13]. Em agosto desse mesmo ano, conheceu Humberto Leone, advogado que, representando Bispo, moveu uma ação contra a Light e lhe conseguiu uma indenização[14]. Na sequência, Humberto Leone se tornaria seu patrão.

Bispo foi acolhido no casarão da família Leone, na rua São Clemente, em Botafogo. A mansão, de dois andares, era digna de uma família patriarcal de origem paraense e de hábitos baianos, cujo chefe era o advogado José Maria Leone, casado com Auta Leone. Como bom patriarca, José Leone acolhia, na sua casa, nove filhos, três agregados e uma leva de empregados domésticos. Bispo foi trabalhar para eles e se tornou um empregado fiel.

Uma edícula no quintal dos Leone era o seu refúgio, e ele era uma espécie de faz-tudo na casa: pintava os muros, consertava o encanamento, encerava o chão; quando era requisitado, dava conselhos — "e já construía brinquedos com tampas de garrafa e capachos, demonstrando uma habilidade manual admirável. Percebia-se já a capacidade para a articulação de objetos e a frequência com que essa atividade se manifestava" (Silva, op. cit., p.38). Mais do que empregado, era um servo que, em troca de abrigo, segurança, roupa lavada e comida, "jurou" fidelidade aos seus senhores.

Para ele, os Leone eram a "Sagrada Família", e não tardou para que encontrasse um lugar de destaque em meio aos patrões (José Leone e Humberto Leone, o primogênito). Os três formavam, segundo Bispo, a "Santíssima Trindade": Deus era representado por José Leone; Jesus, por Humberto; e Bispo, por São José — uma Santíssima Trindade peculiar, pois colocava São José no lugar do Espírito Santo. Tempos mais tarde, depois de ter escutado os chamados do além[15], seu papel não seria mais o de ator coadjuvante, mas o principal: Jesus Cristo, em carne e osso.

12 Sobre esse acidente, Silva (op. cit., p.38) escreve: "Consta ainda, que em 1936 caiu de um ônibus em movimento, vindo a fraturar seriamente o pé direito. Na consideração de Alexandre David de Oliveira Passos (s/d), na monografia *Arthur Bispo do Rosário — O artista, o delirante, o místico, o caso clínico da psiquiatria*, esse acidente tê-lo ia feito mancar pelo resto da vida. Nas imagens de Bispo, no vídeo produzido pelo psicanalista Hugo Denizart, não é possível comprovar nenhum defeito em seus membros inferiores. Vestido com o Manto, enfraquecido pela recusa constante em se alimentar, o homem é uma figura hirsuta e arqueada. Ainda que mancasse, isto poderia revelar o peso da velhice, mais que expressar um defeito físico".

13 Silva (op. cit., p.37) diz que Bispo foi demitido "sem justificativa aparente", mas informa que "no texto da exposição realizada em dezembro de 1992, no Museu de Arte Moderna, [o motivo da demissão] é dado como sendo 'não cumprir ordem da Chefia'".

14 Hidalgo (op. cit., p.56) afirma que o motivo por que Bispo requereu indenização foi o pé esmagado; Silva (op. cit., p.38) apenas informa que "o advogado teria representado Bispo na causa trabalhista contra a Light, na qual conseguiu indenização", sem especificar o motivo que o teria levado a processar a empresa.

15 Depois desse episódio, no decorrer de sua vida Bispo diria que desde a infância ouvia a voz de São José (o pai) e a da Virgem (a mãe). Alguns artistas brutos afirmavam produzir suas obras guiados por forças transcendentes e entrar em contato com o "mundo dos mortos" ou com outros mundos. Muitos deles foram objeto de especulação dos surrealistas, de parapsicólogos e de médicos. Théodore Flournoy (18541920), professor de Psicologia da Universidade de Genebra, estudou um dos casos mais famosos: Héléne Smith, pseudônimo de Catherine Élise Müller (18611929), uma moça que dizia comunicar-se com marcianos e escrever na língua deles, além de desenhar imagens que descrevia como sendo do planeta Marte (seu estudo foi publicado em 1900, sob o título *Da Índia ao planeta Marte*). Outros artistas brutos famosos, como Augustin Lesage (1876 1954), Joseph Crépin (18691961), Jeanne Tripier (18691939), Madge Gill (18821961), Raphaël Lonée (1910 1989) e Marie-Jeanne Gil (1942) diziam ter poderes mediúnicos; porém, diferente de Bispo, todos eles professavam o espi-

Bispo levava vida pacata no casarão dos Leone. Sempre pronto a atender aos patrões, seu excesso de humildade chamava a atenção e chegava ao exagero, como oferecer as mãos como cinzeiro para que Humberto Leone batesse as cinzas do cigarro, por exemplo. Aos olhos da família, era um homem comum, empregado fiel, dedicado à vida doméstica. Mas a semana do Natal de 1938 foi marcante para Bispo, pois um grupo de anjos lhe apareceu e lhe comunicou o que não deveria ser mais segredo: ele havia sido eleito pelo Todo-Poderoso, e sua missão na Terra consistia em julgar os vivos e os mortos e em recriar o mundo para o Dia do Juízo Final. Ele fora convocado pelos céus e, a partir de então, se pôs a realizar, com grande afinco, sua missão, pois ser "o escolhido" era mais do que um privilégio, era uma vocação. Na noite de 22 de dezembro, guiado por imagens e vozes, saiu em peregrinação mística pela cidade. Em sua via-crúcis, passou pela Igreja de São José e terminou no Mosteiro de São Bento. Afinal, era preciso comunicar aos sacerdotes sua missão. "Reconhecido" pelos monges, foi levado pela Polícia Civil para o manicômio da Praia Vermelha, o Hospital Nacional dos Alienados.

Bispo foi recebido no hospital como indigente e rotulado como esquizofrênico-paranóico[16]. Sua estadia na Praia Vermelha foi breve: em 25 de janeiro de 1939, foi transferido para a Colônia Juliano Moreira, em Jacarepaguá[17]. A Colônia, segundo Hidalgo (op. cit., p.20), era o fim da linha, um caminho em direção à periferia da sociedade, um lugar à margem de tudo, um lugar sem retorno:

> A Colônia ficava exatamente no final da rua [...]. Por um único portão entravam e saíam pacientes, visitas, médicos, funcionários. O jargão mais comum vaticinava: a Colônia é um caminho sem volta. Por essas e outras obscuras lendas do manicômio de Jacarepaguá, ter uma ficha preenchida na Juliano Moreira pontuava a trajetória de qualquer paciente. Um ponto final.

Em sua ficha na Colônia, carimbada com o número 01662, "a foto do paciente revelava um homem forte, de cabelo bem aparado, barba feita e olhar incisivo" (Hidalgo, op. cit., p.21). Bispo foi alojado no pavilhão 11 do Núcleo Ulisses Viana, "um engradado de doentes agressivos, onde eram trancafiados os *perigosos*" (idem, ibid.). Era tido como um deles, pois chegou agressivo — parecia não ter perdido a força física da juventude. Com o tempo, sua valentia lhe assegurou um espaço confortável entre os funcionários e, embora condenasse a violência fora dos ringues, começou a ser chamado, no pavilhão, de *xerife* ou *faxina*, e auxiliava no trato com os internos mais agitados, fosse ajudando os doentes ou "colocando ordem na casa". Assim ele "se impôs e criou um estilo próprio para deter os mais rebeldes. Em vez da luva de boxe, enrolava na mão um pano ou toalha molhada entrelaçada entre os dedos. Um soco-inglês improvisado" (idem, p.22).

ritismo. Entre as personalidades cultivadas, Victor Hugo merece destaque: em 1853, ele se iniciou no espiritismo, passou a se comunicar (segundo ele) com a filha morta, Léopoldine, com Dante Alighieri, William Shakespeare e Lord Byron, e começou a produzir uma série de desenhos extravagantes e insólitos. Sobre o assunto, consultar Lusardy (1999).

16 A concepção da loucura como doença mental é recente no mundo ocidental, datando do início do século XIX. Antes dessa época, a experiência da loucura era bastante polimorfa e não possuía suporte médico (ver Foucault, 1994, p.71-86). Por exemplo, no período pré-socrático (portanto, até o século V a.C.) não existia uma concepção estruturada de "natureza humana"; as bizarrices — perda do bom senso, descontrole emocional, insanidade — não eram tidas como inerentes aos seres humanos, mas sim como obra dos deuses, quer fosse de Zeus, das Erínias ou da *Atê*, a cegueira da razão. Assim, o comportamento insensato, irracional, era determinado por uma ordenação transcendente à consciência humana — sua origem era, portanto, mítica. Ele não acarretava qualquer estigma ou sentimento de culpa, tampouco necessitava de cura, já que não era visto como doença, e sim como desordem transitória. É importante lembrar que, nesse período, o teatro grego, ou a tragédia ática, como prefere Nietzsche, permitia uma catarse coletiva, pois o espectador grego deixava o mundo da cena atuar sobre ele, não de modo estético, mas sim corpóreo, empírico, chegando até mesmo a interferir na própria cena (sobre essa questão, ver, também, Pessotti, 1994; Nietzsche, 1992a, p.51-6). Na Idade Média e no Renascimento existiam hospitais com leitos reservados às formas da loucura tidas como curáveis, porém não havia, por trás disso, um discurso médico.

17 "Colônia" foi um conceito importado da Europa pelo médico Juliano Moreira (1873-1933), e posto em prática na década de 1920. A ideia era reunir, em colônias, os alienados, e oferecer-lhes trabalho no campo e em oficinas, bem como um ambiente familiar onde convivessem com os funcionários no dia a dia, trocando afeto e experiências.

Quando não estava pelos corredores do pavilhão ajudando os funcionários, ficava recolhido em sua cela-forte, cumprindo sua missão. De vez em quando se aproveitava da confiança que os funcionários da Colônia Juliano Moreira depositavam nele e escapava para a casa dos Leone. Entre as décadas de 1940 e 1960, transitou algumas vezes entre a casa daqueles (que sempre o receberam) e a Colônia, entre a sua primeira casa e a sua segunda casa — era assim que ele considerava o manicômio. Foi entre as suas idas e vindas que os Leone notaram que algo de misterioso se passava no quarto dos fundos, em Botafogo: em seu refúgio, Bispo havia começado a bordar um manto. Afinal, aquele que deveria recriar o mundo não era qualquer um, e o traje ordinário não era digno de quem assumiria o trono de Deus. Ele dizia que o manto era para ser usado no encontro com o Todo-Poderoso, no dia da "passagem" — passagem para o além-mundo. Bispo seguia fazendo todo tipo de objeto enquanto o manto era confeccionado; sua missão continuava:

> Ancorado na rotina doméstica, Bispo arrumava tempo para um ou outro delírio. No silêncio do quarto, lançava-se na arte de bordar, em que nem mesmo os empregados vizinhos reparavam. Bispo guardou o sigilo de sua arte até o tênue limite da 'loucura'. Depois, nervos expostos, acabariam transparecendo a inquietude e o talento. (idem, p.57)

Embora fosse muito sério e de pouca conversa, era sociável, mas só quando havia público certo, na casa dos Leone, para seus discursos místicos. Nas suas pregações, falava sobre Deus e o diabo, sobre o bem e o mal, o céu e o inferno e sobre a sua marca: a cruz luminosa que lhe "marcava" as costas, sinalizando seus poderes sagrados — e todos ali "confirmavam" esses poderes. Sua estadia no casarão chegou ao fim no dia em que os filhos de Humberto Leone estavam reunidos com primos e amigos e um dos primos resolveu contrariar o desejo de Bispo, negando-se a reconhecer a marca em suas costas — logo, a não aceitá-lo como enviado de Deus. As crianças começaram a rir — risos que "soaram como ecos de um pesadelo, agravando o estranhamento. Era o fim do reinado de Bispo no casarão" (idem, p.58).

Após esse episódio, o empregado exilou-se em uma das salas desativadas do escritório de Humberto, na avenida Rio Branco, no centro do Rio de Janeiro. Nesse novo refúgio, iniciou o seu processo de reclusão e a prática de ascese. Pouco falava, nunca saía, jejuava. Mas as mãos estavam sempre em movimento, ensaiando a recriação do mundo; de pedaços de madeira, nasciam brinquedos: navios, caminhões, carrinhos. Praticamente ninguém entrava ali, e ele sequer deixava entrar a luz do sol; o espaço foi sendo sacralizado e só aos eleitos mostrava o manto que estava criando.

Um dia, Humberto o encontrou diante da janela aberta do escritório e suspeitou de alguma coisa: Bispo pretendia suicidar-se? Temeu pela segurança do empregado e resolveu convencê-lo, através de uma história romanceada que inflava o seu ego, a internar-se novamente. Foi dessa maneira que ele foi parar no Hospital Pedro II, no Engenho de Dentro, também no Rio de Janeiro. Em 1948, foi transferido desse hospital para a Colônia Juliano Moreira. Conforme transcreveu Hidalgo (op. cit., p.60), no seu prontuário o médico justificou o pedido de transferência:

> Peço transferência para a Colônia Juliano Moreira. Trata-se de doente crônico, calmo, não rejustifica sua permanência na seção, em face de seus delírios de grandeza incentivarem conflitos com outros doentes. Outrossim, o paciente não suporta ver doentes agitados. (...) com uma certa liberdade, passa muito bem.[18]

De volta à Colônia, dava vazão, cor e forma aos fragmentos do seu Eu. A necessidade de cumprir sua missão falava mais alto que qualquer outra coisa. O impulso de criar não se intimidava com a falta de condições adequadas à produção artística:

> Não receberia o papel, a tinta e o carvão, mas desfiaria o próprio uniforme para conseguir a matéria bruta de sua arte. Não obteria estímulo de monitores e terapeutas, mas obedeceria ordens do além para construir o mundo em miniaturas. Se aquilo era delírio, expressão primitiva ou arte, o tempo se encarregaria de decifrar. (Hidalgo, op. cit., p.62)

É importante enfatizar que, antes da década de 1970, a política da Colônia Juliano Moreira não incentivava a expressão artística entre os alienados, embora essa prática fosse comum nos hospícios europeus desde o início do século XX e, no Brasil, desde a década de 1920 no Hospital Psiquiátrico do Juqueri, em São Paulo, e desde a segunda metade da de 1940 no Centro Psiquiátrico de Engenho de Dentro[19]. Quando a praxiterapia chegou à Colônia, na década de 1970, um galpão do Núcleo Ulisses Viana foi improvisado como ateliê, mas Bispo nunca colocou os pés lá.

O tempo passava, mas ele não se esquecia da casa dos Leone. Periodicamente, dava uma escapulida e ia pra lá. Todavia, com a morte do patriarca, em 1950, muita coisa havia mudado na estrutura familiar dos Leone. Entre as mudanças, Humberto, que ficara viúvo em 1952, casou-se novamente, com Belinha, e mudou para uma rua vizinha à da casa da mãe — e o artista foi no embalo, pronto a servir à nova família. Ele tinha afeição por Belinha, e trocava com ela conhecimentos sobre pontos de bordados. Criou-se entre eles certa cumplicidade; Bispo lhe mostrava o manto e obtinha, dela, linhas para bordá-lo.

Entre os artistas brutos[20], a comunicação com o além, com a vida pós-morte, é comum, embora não seja a regra; Bispo também dizia possuir poderes sobrenaturais. Quando a filha do casal nasceu, o empregado "viu", várias vezes, o espírito do pai de Belinha na casa, e o descreveu a ela em detalhes. Educada dentro do espiritismo kardecista, Belinha não agiu com

**18** Supressão de texto no original.

**19** No Brasil, o pioneiro no incentivo à expressão artística dos loucos foi o psiquiatra e crítico de arte Osório César, influenciado pela obra *Bildnerei der Geisteskranken*, de Hans Prinzhorn. Segundo Ferraz (1998, p.52), "por volta de 1923 já havia pacientes no Juqueri que se dedicavam cotidianamente a pintar, desenhar, etc., embora não existisse um espaço próprio para essas atividades"; nesse hospital foi criada, na década de 1930, a Seção de Artes Plásticas e, posteriormente, a Escola Livre de Artes Plásticas. A primeira exposição de arte do Hospital Juqueri ocorreu em 1948, sob a regência de Osório César. Em 1946, Nise da Silveira deu início a profundas mudanças na Seção de Terapêutica Ocupacional do Hospital Psiquiátrico Engenho de Dentro, no Rio de Janeiro. Seu método de trabalho não consistia em distrair os internos ou incentivar a produção de objetos artesanais que contribuíssem com a economia hospitalar, e sim em despertar a expressão não verbal com o objetivo de compreender o processo psicótico dos esquizofrênicos, particularmente os tipos que beiravam a catatonia, além de visar ao valor terapêutico da prática da pintura, da modelagem, etc. Em 1952, Nise fundou o Museu de Imagens do Inconsciente, que contava, no início da década de 1990, com um acervo de mais de 300 mil documentos plásticos (ver Silveira, 1992).

**20** O termo arte bruta foi criado pelo artista plástico francês Jean Dubuffet (19011985), em 1945. No texto-manifesto escrito em 1949, intitulado *L'art brut préféré aux arts culturels [A arte bruta preferida às artes culturais]*, Dubuffet afirma: "Nós entendemos por arte bruta as obras executadas por pessoas alheias à cultura artística, para as quais o mimetismo, contrariamente com o que se passa nas obras dos intelectuais, tem pouca ou nenhuma contribuição, pois seus autores tiram tudo (temas, materiais para colocar na obra, meios de transposição, ritmos, fragmentos de escrituras, etc.) de sua profundeza, e não dos cânones da arte clássica ou da arte que está na moda. Nós assistimos à operação artística pura, bruta, reinventada no interior de todas as suas fases por seu autor, a partir somente de seus próprios impulsos. Falamos da arte que se manifesta só em função da invenção" (Dubuffet, 1986a, p.201-2). Arte bruta não é um conceito, mas uma noção, que não deve ser com-

estranhamento, e depois de "comprovar" que era seu pai que ele havia "visto" (apresentou a ele fotos de vários homens e pediu que apontasse qual delas era a de seu pai, o que Bispo fez de forma certeira), acreditou que não se tratava de um delírio místico; ao contrário, acreditava que ele possuía um dom que lhe permitia a comunicação com o mundo dos mortos.

Zezé e Olinto, irmãos de Humberto, também acreditavam nos "poderes" de Bispo. Com a imposição das mãos e algumas orações, ele "fazia" as dores de cabeça de Zezé desaparecerem; quando algo incomodava Olinto, este pedia a Bispo que lhe transmitisse bons fluídos. E Chica, uma doméstica de origem mineira, parecia ser sua "discípula". Dizia reconhecê-lo como pastor — Jesus, é claro — e, quando Bispo descrevia como seria o mundo futuro, conforme o seu desejo, ela expressava vontade de fazer parte dele. Quando a discussão era comida, ele listava o que devia ou não existir no novo mundo: macieiras e pereiras, mas manga, não, basta olhar seu caroço para reconhecer que é uma fruta bruta — explicava à empregada. Desde a experiência da semana do Natal de 1938, seu regime alimentar era severo: nada de carne, arroz ou feijão, praticamente só comia legumes e, de tempos em tempos, se punha a jejuar, como num processo de purificação.

Além dos assuntos de ordem mística, ele gostava de contar, com orgulho, como fora sua vida de marinheiro. Quando conheceu o comandante José Domingues, sogro de Zezé, não perdeu a oportunidade de falar de seu passado, que parecia mais "glorioso" que sua vida presente. Numa festa de aniversário de Domingues, fez questão de cuidar da decoração, e surpreendeu o aniversariante e os convidados com um navio que fez em madeira. Todos os detalhes estavam lá: bote salva-vidas, boias, bandeirinhas, âncora...

Entre a estadia numa casa e outra, ia construindo um novo mundo e preenchendo seu manto com bordados: imagens, signos, símbolos e nomes de mulheres. Em cada casa que morava, cada cômodo que ocupava era transformado num lugar sagrado; para ver os tesouros que nele estavam guardados era preciso reconhecer os seus "poderes". Penetrar no seu quarto era entrar em um novo mundo, cujas leis os pobres mortais desconheciam. Quando esbarrava em um cético que não reconhecia seu dom espiritual, agia como se quisesse mostrar que era capaz de desafiar os próprios limites e, assim, provar sua superioridade. Hidalgo (op. cit., p.67) conta um fato que serve como exemplo: certa vez, Bispo foi a Teresópolis com o objetivo de pintar a casa de Zezé, mas logo que chegou deparou com uma caseira que disse não enxergar nele qualquer dom espiritual — e ele não hesitou em voltar imediatamente para o Rio. Detalhe: para voltar, caminhou cem quilômetros. Esse comportamento sacrificial, que lembra o comportamento dos santos na Idade Média, permaneceria até o fim de sua vida, e faz parte da construção de sua *auto-hieromitificação*[21].

Entre os seus estranhos hábitos, estava o de benzer. De vez em quando, vestia seu manto e saía benzendo a residência de um e outro Leone e até mesmo lugares públicos, como a capela do Colégio Zacarias, no Catete.

preendida como "arte psicopatológica". Para Dubuffet (op. cit.), "arte psicopatológica" não passa de um pleonasmo. Toda arte deve ser a expressão mais livre possível das interdições da moral, dos costumes e da razão; os mecanismos da criação artística extraem sua energia de funções inconscientes que, por sua vez, não são totalmente diferentes daquelas da loucura, o que torna impossível distinguir a obra dos loucos da de artistas tidos como normais. Os critérios que distinguem a arte bruta são aqueles ligados às condições e ao processo de criação, à capacidade do indivíduo de acordar as potencialidades psíquicas que se mantêm latentes dentro dele, e não ao diagnóstico do sujeito criador. Bispo é um artista bruto, e essa afirmação não compromete nem diminui o valor estético de sua obra.

**21** Neologismo construído pela junção da palavra grega *hieros* (sagrado) com o substantivo *mitificação*, para designar a autossacralização e a automitificação de Arthur Bispo do Rosário.

Necessidade de abençoar os lugares ou de exibir o manto? Provavelmente as duas coisas. Desde os primórdios da história da humanidade, a roupa tem como função a distinção social, e ainda mais antiga é sua função mágica: já na pré-história, vestir-se com trajes que representavam este ou aquele animal garantia a sua posse. Vestido em seu manto, talvez Bispo pensasse que não haveria dúvidas de que ele era representante de Deus. Mas nem sempre a estratégia funcionava e, às vezes, sua boa intenção acabava em confusão.

A década de 1950 passou com o vaivém de Bispo entre a Colônia Juliano Moreira e as casas da família Leone (em Botafogo e depois em Copacabana; no escritório da avenida Rio Branco; além de visitar dona Auta, no antigo casarão, e depois em nova residência, onde Bispo pegou um quartinho para si). Enquanto isso, ia garimpando todo tipo de sucata, material que daria origem a vários objetos que acabariam deixando de "boca aberta" críticos e "iniciados" nas artes plásticas. Na década de 1960, ele novamente se alojou no escritório de Humberto Leone, mas sua instabilidade emocional preocupava este último. Assim, em 1962, o advogado o indicou para trabalhar como vigia na Clínica Amiu, na qual um dos proprietários era seu cunhado, o médico Avany Bonfim. Um novo refúgio lhe era apresentado, e ele só sairia dali para retornar definitivamente à Colônia.

Mais uma vez Bispo trabalhou — como pedreiro, marceneiro, vigia — em troca de casa e comida, pois dizia que o dinheiro era fonte de perdição. Era a Virgem Maria, sua mãe, que o aconselhava a ficar longe do dinheiro, além de proibir-lhe o fumo e a bebida. A dieta alimentar continuava. A Virgem também o aconselhava a tratar bem as crianças e a se afastar das pessoas mundanas. Ele era um "empregado com físico de boxeador e hábito de monge" (Hidalgo, op. cit., p.71), e praticamente passava despercebido de todos.

Seu relacionamento com Avany era amistoso, pois este sabia como tratá-lo; entrava no jogo de Bispo dizendo, por exemplo, ver sua "aura". Sempre de olho no ex-interno, quando percebia que ele estava muito agitado, convencia-o a repousar, dizendo que sua aura estava brilhando demais. Aliás, já havia algum tempo, Bispo tinha criado uma senha: perguntava para as pessoas qual era a cor da sua aura (ou de seu "sembrante"). Se o inquirido tivesse a sorte de responder que era azul (ou prateada, como às vezes Avany preferia dizer), as portas do seu afeto se abriam e, com um pouco mais de sorte, a pessoa podia entrar em seu "templo".

Na clínica, ele se instalou no sótão, de cento e cinquenta metros quadrados, e rapidamente o espaço foi ocupado pela abundância das suas obras e por cacarecos. "O sótão transformara-se num ateliê desgovernado pela democracia de materiais" (idem, p.75). Bispo continuava seu trabalho de criação de um novo mundo, a princípio à luz de velas e depois com a ajuda da luz elétrica, adquirida numa ligação improvisada. Contudo, seus trabalhos não necessitavam dos olhos dos curiosos — afinal, aquilo, para ele, não era arte, mas uma missão divina. A discrição acerca de sua atividade criativa era tanta que nem mesmo Avany desconfiava que seu empregado fosse um artista. Foi a curiosidade que, num dia em que Bispo não estava, o levou a subir até o sótão. Lá, todo um mundo encantado se revelou a ele. Mas, ao examinar o material contido em diversas caixas, levou um susto: num fichário de metal havia — entre os dados de outras pessoas — seu nome, a data de seu nascimento e uma cruz, provavelmente indicando o dia da sua morte.

Alguns dias depois, ao receber a visita do médico, o próprio Bispo responderia à questão. Quando aquele lhe perguntou o que significavam os caixotes cheios de fichas de metal feitas com latas de leite — sucata da própria clínica —, o artista respondeu, sem hesitar, que ali estavam as datas de nascimento e morte dos médicos e funcionários daquele lugar. E como sabia? Confidências contadas ao pé do ouvido pela Virgem. Naquele dia Avany olhou mais atentamente aquele lugar apinhado de coisas; e as suas impressões o informavam que aqueles objetos eram mais do que um passatempo de um tipo tido como "meio louco":

> Numa segunda olhadela em volta, Dr. Bonfim discerniu naquele canteiro de obras um quadro peculiar. Reunidos sob rígida simetria, seringas, êmbolos e agulhas alinhavam-se numa inusitada *assemblage*. Até a sucata médica era reciclada por Bispo. O ex-interno, que chegara ali cerceado por diagnósticos psiquiátricos, sem nunca ter posto o pé numa galeria de arte, tinha a antena voltada para a vanguarda dos anos 60. A *pop art* espraiava-se pelo mundo e tinha uma sucursal no sótão de um pronto-socorro carioca, pilotada por um artista dado a viagens altamente psicodélicas. (idem, p.75)

Na Clínica Amiu, Bispo dava conta do recado: durante o dia se empenhava nos serviços gerais e, depois que o sol se punha, bordava seus ícones. A severidade dos seus valores morais desencadeava duras críticas às enfermeiras da clínica; como boa mãe castradora, a Virgem lhe dizia que elas eram pecadoras e impuras, valores *démodé* no final da década de 1960. Suas críticas não foram bem aceitas pelo patrão e, como a Grande Mãe vigiava seus passos e controlava seu comportamento, ele foi convidado a voltar para a Colônia Juliano Moreira. Voltou para lá sem questionar, porém não sem derramar lágrimas. Quanto à sua obra, dois caminhões foram necessários para fazer a mudança. Um novo templo seria fundado no hospício de Jacarepaguá, e o ex-marinheiro seria o seu único bispo, até o momento de sua "passagem" para o além-mundo.

## *SUPLÍCIO E DELÍRIO: O RETORNO À GRANDE MÃE*

Temo que me aconteça aquilo que aconteceu ao antigo *Tantale*,
ao qual os deuses impuseram mais do que ele poderia suportar [...].
**Hölderlin**

Perto dos seus 50 anos, Bispo estava de volta, e para sempre, à Colônia Juliano Moreira. Mais uma vez ele se alojou no pavilhão 11 do Núcleo Ulisses Viana. Apesar das marcas do tempo — cabelos um pouco grisalhos, corpo mais magro e menos robusto —, ele continuava a se impor. Funcionários e internos o chamavam de "seu Bispo".

Na década de 1960, o Núcleo Ulisses Viana sofreu algumas alterações; os pacientes do pavilhão 11 foram transferidos para o 10 (Fig. 1), e entre eles estava Bispo.

No dia a dia daquele inferno que abrigava loucos, abandonados e criminosos, Bispo vivia — utilizando a expressão de Hidalgo — como dublê de funcionário e de paciente. Quando estava na sua fase sociável, ou seja, quando era tomado pela lucidez, ajudava os funcionários na manutenção da ordem do pavilhão: pôr fim às brigas entre os internos, reprimir os mais violentos, levar comida com medicamento escondido aos resistentes ao tratamento quimioterápico. Seu comportamento ignorava a "contradição" entre disciplina e insurreição, lucidez e delírio.

Apesar do isolamento, o manicômio não estava fora das leis sociais, e as pequenas corrupções e malandragens que encontramos na sociedade também animavam o cotidiano do "exército da loucura". Um mercado negro permitia aos internos adquirirem os seus — nem tão obscuros — objetos de desejo, e era nele que Bispo trocava cigarros por frutas ou outro tipo de comida, ou por carretéis de linha, doses de pinga por sucata (cabos de vassoura, pregos, papelão, etc.). Era nesse escambo que, muitas vezes, ele adquiria os materiais necessários para a criação de sua obra. Na vasta área verde de sete milhões e quatrocentos mil metros quadrados[22] onde se encontrava a Colônia, com direito à paisagem bucólica da floresta de mata atlântica, estavam dispersos todos os tipos de objetos usados, dejetos, vestígios materiais da sociedade de consumo que eram recolhidos pelo artista e organizados por critérios que a "razão" desconhece. Este era o objetivo das andanças de Bispo pelo "quintal" da Colônia: a coleta da cultura material do hospício, que ele imortalizaria em sua obra.

Em determinados períodos, ele se recolhia em sua cela e se preparava para a "transformação". "Eu estou me transformando", avisava ao funcionário responsável pelo pavilhão. A porta do quarto-forte se fechava e ele ficava ali, muitas vezes durante meses, sem falar, sem receber a luz do sol, jejuando, num suplício imposto pelo Todo-Poderoso e pela Virgem. O quarto-forte era o navio, a embarcação que o levava a uma viagem ao avesso

**22** Segundo Hidalgo (op. cit.), é o mesmo tamanho do bairro de Copacabana.

**Figura 1**
Pavilhão 10 do Núcleo Ulisses Viana (Colônia Juliano Moreira, Rio de Janeiro), onde Arthur Bispo do Rosário passou os últimos anos de sua vida.

do mundo. Reminiscências de seu passado no convés? Um quarto-navio à deriva na infinitude da planície e um marinheiro a contemplar as águas profundas e a sentir o Eu escoando-se por elas?

Mas o que é o momento da "transformação" senão a necessidade incontrolável de retirar-se da vida, de desligar-se de todas as coisas terrestres, de todas as relações mundanas, um auto exílio imprescindível para a criação do novo mundo? A "transformação" de Bispo era a angústia e o sofrimento desencadeados pela espera do Dia do Juízo Final, que tomavam o seu corpo e a sua alma; nela o sentimento de horror à morte e a necessidade de acolhê-la deram origem ao ato criador. As divindades lhe impuseram um sacrifício, uma dor maior do que ele podia suportar, e a morte o levava ao delírio e, consequentemente, à ruptura do princípio de individuação. A explicação de Artaud (1993a, p.37) sobre a loucura de Van Gogh é esclarecedora: "Em todo demente há um génio incompreendido com uma ideia que lhe luzia na cabeça e meteu medo, e só no delírio pôde achar uma saída para os estrangulamentos que a vida lhe tinha preparado".

De simples mortal, Bispo se transformava, na solidão de sua "caverna", num demiurgo, numa criatura intermediária entre a natureza divina e a humana. Afinal, não é esse o significado de seu nome? *Bispo* é aquele que faz a ponte, o elo entre o mundo dos homens e o mundo celeste. Ele fez da "necessidade não virtude, mas delírio, delírio insensato, exaltante loucura" (Thévoz, 1993, p.7)[23]. Não produziu inúmeros objetos, miniaturas, vitrines *(assemblages)* e bordados como terapia ocupacional, mas para manter-se vivo:

> Miniaturas que permitem a minha transformação, isso tudo é material existente na terra dos homens. Minha missão é essa, conseguir isso que eu tenho, para no dia próximo eu representar a existência da Terra. É o significado da minha vida. (Rosário apud Hidalgo, op. cit., p.89)

Seu desafio era duplo: exteriorizar seu delírio e objetificar seu mundo fragmentado. Paradoxalmente, ele se preparava para a "passagem" para o além-mundo, e, enquanto esperava a morte, ia criando um mundo, reinventando a vida. Enquanto muitos pacientes não encontraram um desvio no caminho da morte (muitos se afogaram nas águas da região, outros desapareceram na floresta, alguns ingeriram veneno ou se enforcaram), a arte salvou a vida de Bispo, confirmando uma ideia de Nietzsche (1978, p.9): "Salva-o a arte, e pela arte salva-o para si... a vida". Embora navegasse em águas profundas, ele agia com lucidez, relacionava-se "normalmente" com a chamada "realidade", ou seja, com discernimento. Prova disso é que assistiu a uma fase significativa da "evolução" dos tratamentos psiquiátricos no Brasil, inclusive tendo sido vítima de alguns deles, mas soube se proteger dos mecanismos de abate.

**23** Assim Thévoz se referiu a Aloïse Corbaz (18861964), que, como Bispo do Rosário, viveu grande parte de sua vida internada no hospital psiquiátrico de Cery, perto de Lausanne (Suíça), diagnosticada como sofrendo de demência precoce (termo usado na época, equivalente a esquizofrenia) e tida como uma das grandes representantes da arte bruta. Sobre a vida e a obra de Aloïse, consultar Porret-Forel (1993).

Até a década de 1980 — na qual Bispo faleceu —, a ideia cartesiana de que o corpo é uma máquina complexa e que as doenças resultam de perturbações no funcionamento dos mecanismos dessa máquina ainda prevalecia na Psiquiatria brasileira[24]. O cérebro era considerado como a parte do corpo onde estava alojada a razão, e a loucura era tida como uma pane em alguma região desse órgão[25]. Cabia ao psiquiatra, "por bem ou por mal, consertar descarrilhamentos dessa máquina que saíra dos trilhos da Razão", como explica Silveira (1992, p.11). Isto significava interferir física ou quimicamente nessa parte do corpo do paciente (o cérebro), para consertar os enguiços mecânicos que desencadeavam as psicoses.

Foi em razão desse modelo médico que o eletrochoque, invenção de Ugo Cerletti datada de 1938, chegou rapidamente ao Brasil. Após visitar um matadouro de porcos, cujo abate era precedido por choques elétricos que provocavam crises convulsivas nos animais, o italiano concluiu que também seria possível provocar, em seres humanos, uma convulsão, por corrente transcerebral, sem matá-los. A regressão fisiológica e a psicológica eram algumas das consequências do tratamento, mas a sua "eficácia" residia na perda da memória, ou seja, no esquecimento dos acontecimentos que provocavam as psicoses.

Tal como Artaud, Bispo foi vítima de algumas seções de eletrochoque, conscientizando-se dos efeitos que esses causavam em seu corpo e em sua alma, pois, após as seções, a letargia o impossibilitava de trabalhar, pensar e sentir — como denunciava o poeta e teatrólogo francês (Artaud, op. cit.). Após as seções, sentia-se um ausente em busca de seu ser, o que o impedia de cumprir sua missão, e por isso aprendeu a se preservar, isolando-se quando sentia o momento da "transformação" chegar e dando provas de bom comportamento.

A lobotomia, outra das perversas invenções da Psiquiatria, foi criada pelo português Egas Moniz, em 1936[26]. Todavia, essa técnica — uma cirurgia que seccionava as fibras nervosas que ligam os lobos frontais às partes subjacentes do cérebro, com o objetivo de obter o alívio das desordens mentais — chegou à Colônia Juliano Moreira somente em 1952. Os estragos causados por tal prática eram irreversíveis; a vítima se tornava um autômato e tinha as capacidades de abstração e imaginação absolutamente comprometidas[27]. Muitos pacientes da Colônia morreram no seu centro cirúrgico, onde esse tipo de intervenção ocorria sem cerimônias. Em cada dez pessoas submetidas à cirurgia, uma morria; as demais passavam a vida vegetando. Bispo escapou.

Se não tivesse escapado da lobotomia, teria sido mais um entre a turba manicomial; seu nome teria sido apagado da memória daquela instituição psiquiátrica, tampouco seria citado na história da arte brasileira, porque não haveria o *Bispo artista*[28] — até Walter J. Freeman e James W. Watts, os dois maiores executores de psicocirurgia, afirmaram, sem qualquer pudor, que "de um modo geral a psicocirurgia reduz a criatividade e algumas vezes a elimina totalmente" (Freeman e Watts apud Silveira, op. cit., p.26).

**24** Sobre a história da psiquiatria no Brasil, consultar Silveira (op. cit., p.11-22) e Costa (1981).

**25** Há períodos em que a história da loucura se confunde com a história da noção de gênio e com a ideia de melancolia. Entre a bibliografia que trata dessa relação, destaco três: Wittkower (1988), Klibansky, Panofsky e Saxl (1991), e Brenot (1997). Vemos, nessas obras, que essa visão organicista, vigente ainda hoje, tem raízes antigas. No século IV a.C., Hipócrates (contemporâneo de Eurípedes e Sócrates) desenvolveu uma doutrina em que afirmava ser o comportamento humano determinado por quatro elementos existentes em nosso organismo (sangue, bílis amarela, bilis negra e fleuma) em correspondência com os quatro elementos cósmicos (água, terra, ar e fogo) e com as quatro estações do ano: nascia a teoria dos quatro humores, uma combinação entre o sistema da patologia do humor, já existente na época, com as especulações cósmicas de Empédocles. Logo, a saúde do organismo dependeria do equilíbrio entre as condições ambientais e as funções orgânicas; a predominância de alguma daquelas substâncias (sangue, bílis, etc.) determinava certos comportamentos — o excesso de bílis negra, por exemplo, era o responsável pela melancolia, tida, na época, como uma espécie de loucura típica dos homens geniais. A teoria hipocrática marca a origem dessa visão organicista e a substituição do modelo mítico-teológico acerca da loucura por uma visão mais racionalista. Mais do que isso, essa teoria minou o prestígio da medicina sacerdotal, invalidou as explicações mitológicas e também enfraqueceu a mudança de pensamento processada pela tragédia grega a partir de Eurípedes, autor que acenava para uma concepção psicológica e não organicista.

**26** Há controvérsias sobre o ano da invenção dessa prática. Segundo diz Szasz (1971, p.356), ela teria surgido em 1935, mas Silveira (op. cit., p.12) e Foucault (1994, p.99) citam o ano de 1936.

**27** Antes, vários cirurgiões já haviam experimentado intervir nos lobos temporal, parietal e occipital, sem obter sucesso. É importante lembrar que, em 1949, Egas Moniz ganhou o Prêmio Nobel de Medicina e Fisiologia (junto com o fisiólogo suíço Walter Hess) pela sua "iluminada" invenção.

**28** Silveira (op. cit., p.23-7) alertou para a diferença entre demência orgânica e "demência" esquizofrênica. A primeira

Enfim, em prol do que chamam de saúde mental, muitas atrocidades foram cometidas, e a criatividade — a mais alta forma de manifestação de que o homem é capaz — de muitos indivíduos, como colocou Silveira (op. cit.), foi colocada em risco.

Os "avanços" no tratamento psiquiátrico não pararam por aí: na década de 1950 surgiram os neurolépticos. Na Colônia, o tratamento químico acontecia paralelamente à prática da lobotomia. Várias substâncias químicas, verdadeiras drogas, foram experimentadas (Chlorpromazina, Clozapine, etc.), e todas tinham o mesmo objetivo: desencadear uma desconexão cerebral ou uma "hibernação artificial", ou seja, reduzir ou anular as manifestações delirantes e as expressões motoras que as acompanhavam. A paz passou a ser garantida, dentro dos hospitais, com essas "camisas de força" químicas; os sintomas eram controlados, porém a "doença" não era curada, sem falar nos efeitos colaterais. De acordo com Silveira (op. cit., p.26), os "sintomas de um distúrbio mental refletem a tentativa do organismo de curar-se e atingir um novo nível de integração" — logo, ao suprimir os sintomas, interfere-se na cura espontânea.

Era assim que, cada vez mais, os pacientes eram expropriados de seus sentidos, de sua consciência e de sua imaginação. Bispo caiu algumas vezes na teia do tratamento químico, porém rapidamente buscou se livrar dela, ao sentir o seu poder mortificador:

> Ele saiu de fininho ao perceber que as novas drogas lhe minavam a capacidade de trabalho. Afinal, não podia parar. A missão de reconstrução do mundo em miniaturas era maior que tudo. E, mais uma vez, o respeito adquirido como *xerife* de pavilhão lhe possibilitava exercer o papel do autêntico fora da lei. Segurava a onda alucinógena e recusava medicações sempre que podia. (Hidalgo, op. cit., p.49)

Além de se desviar das armadilhas dos métodos psiquiátricos, ele tinha sua própria opinião sobre a Psiquiatria:

> Bispo achava que os 'homens de capa branca' não entendiam nada. Mais tarde ele próprio se encarregaria do veredicto:
>
> Eu só me admiro aqui. É que quando eu vim para cá e houve uma Junta de Médicos, quando eu vim do Mosteiro de São Bento, o médico, Dr. Odilon, e outros psiquiatras, quando perceberam, disseram: 'O senhor é Deus!' E tem na minha ficha como esquizofrênico-paranóide. É erro! Erro médico porque, pela história do Sagrado Criador, médico-psiquiatra não existe. Médico, sim, psiquiatra, não. E o médico-psiquiatra me fazia isso, me dava remédio. O médico, quando é bom, quando percebe, não dá remédio a mim. (idem, p.21; citando Rosário)

é produzida pela neurocirurgia (a lobotomia), enquanto a (impropriamente chamada de) demência esquizofrênica mantém potencialmente viva a força criadora. A autora relata o caso de Lúcio, paciente diagnosticado como esquizofrênico. Antes de ser submetido à lobotomia, ele, espontaneamente, trabalhava na seção de modelagem do Serviço de Terapêutica Ocupacional do Hospital Psiquiátrico Engenho de Dentro. Lá, produziu obras de "notável qualidade artística", e algumas foram mostradas na exposição *9 Artistas de Engenho de Dentro*, realizada no Museu de Arte Moderna de São Paulo, em 1949. Depois da lobotomia, suas obras se tornaram inexpressivas e sem qualquer tensão afetiva, de "pobreza imaginativa" e "puerilidade de concepção". Conclusão: além de não apresentar melhora em seus contatos ou atividades sociais, ele teve sua capacidade criadora "arrasadoramente anulada".

Sua opinião se assemelha à de Artaud, que também vivenciou as agruras do dia a dia de um manicômio:

> A medicina nasceu do mal, se não nasceu da maleita e não foi ela, pelo contrário, que para dar a si própria uma razão de ser, provocou e peça a peça criou a doença; a psiquiatria, porém, nasceu da populacheira turba dos seres que quiseram conservar o mal na fonte da doença e assim, do seu próprio vazio, extirparam uma espécie de guarda suíça, para sacar à sua base o impulso de rebelião reivindicadora que está na origem do génio. (Artaud, op. cit., p.36)

Bispo não precisou ler Michel Foucault ou Nise da Silveira para emitir sua crítica sobre a Psiquiatria. Empiricamente, ele descobriu que essa ciência (ao menos durante os quase cinquenta anos de sua internação) não estava preocupada com o bem-estar do paciente, tampouco com a sua cura, mas sim com a exclusão do diferente e com a fabricação, em série, de dementes orgânicos. Tudo isso, não por acaso, pois a razão ocidental construiu sua estrutura em um processo de exclusão dos elementos heterogêneos. A história da modernidade traz consigo a da construção de discursos e práticas científicos cujo objetivo é a exclusão do diferente e, portanto, a imposição da normatização do comportamento humano[29]. Assim, o processo de construção da ideia de loucura, entendida como doença, ocorre simultaneamente à construção da ideia de razão. Por sua vez, a razão só pode existir em relação à loucura. Essa inferência permitiu a Foucault afirmar que todos os discursos científicos denotam um caráter camuflado de poder e de práticas do poder (Foucault, 1998).

Na década de 1970, Bispo foi submetido a novos exames médicos. O diagnóstico continuava o mesmo: esquizofrênico, mania de grandeza e ideias delirantes de conteúdo místico. Todavia, exposto à umidade e ao pó de seu quarto-forte, debilitado devido aos jejuns constantes, ele começava a apresentar astenia (debilidade orgânica), dispneia (dificuldade de respirar), arteriosclerose e efisema pulmonar. A prescrição médica indicava um comprimido de Haldol duas vezes por dia, para estancar os delírios, e uma cápsula de Filinasma, também duas vezes por dia, para as crises de dispneia. O Filinasma, "Bispo aceitou de bom grado e tomou sempre que a respiração difícil ameaçava sua vida. Haldol, neurolépticos, antidepressivos, remédios afins, ele recusou sempre que pôde" (Hidalgo, op. cit., p.116). Em 1976, a prescrição médica indicava o mesmo tratamento, com uma única alteração: acrescentaram a praxiterapia, que Bispo ignorou completamente.

Segundo Laing (1971), a esquizofrenia é um diagnóstico, uma etiqueta colada pelos psiquiatras em algumas pessoas, porque não existe um "estado" que possamos chamar de "esquizofrênico". Essa etiqueta não prova que a pessoa assim rotulada seja submissa a um processo essencialmente patológico, mas ela corre o risco de ser sempre considerada como tal. É difícil compreender a razão pela qual alguns embarcam num navio com

29 No século XIX aparecem as massas, e a modernidade necessita, mais do que nunca, simultaneamente à patologização da loucura, desenvolver saberes sobre o corpo, com o objetivo de controlar a vida social que, então, deve ser regulada pelo aspecto físico, pela aparência do corpo e pela sua atitude. Para controlar as massas, faz-se necessário mais do que a introdução dos hospitais e do discurso psiquiátrico: é preciso identificar aquele que é degenerado. Portanto, faz-se necessário criar uma taxionomia dos rostos, para assegurar a composição de um tipo ideal, de uma estética ideal do corpo humano. Foram várias as contribuições científicas, entre os séculos XVIII e XIX, para criar o padrão estético do homem moderno a partir da investigação de seu próprio corpo: 1) a fisiognomonia, de Lavater (arte de conhecer o caráter das pessoas através de seus traços fisionômicos); 2) a antropometria (conhecimento das diversas dimensões do corpo humano); 3) a frenologia, de Franz Gall (estudo do caráter das funções intelectuais tendo por base a conformação do crânio); 4) a antropologia criminal, de Cesare Lombroso; 5) os trabalhos de Charles Darwin sobre as expressões da emoção. Assim, constituiu-se, ao longo daqueles séculos, um complexo científico-jurídico através do desenvolvimento sucessivo de trabalhos de estatística, fisiologia, medicina e criminologia em que os gestos de observar, julgar, punir e curar o ser humano se confundem. Nos dias atuais, é a engenharia genética que acena com o pesadelo de criar o homem ideal, dessa vez com práticas mais sofisticadas e menos bárbaras que aquelas utilizadas pelos nazistas.

destino a uma viagem transcendental — e chamamos esses viajantes de esquizofrênicos. O problema está no fato de dividirmos nossa experiência em dois mundos distintos: o mundo exterior e o interior. A dissociação dessas duas experiências é consequência de um condicionamento que foi se constituindo ao longo da história. Chegamos, então, a um estágio em que o mundo interior foi privado de substância e o exterior, de sentido. Logo, "Somos muito mais perturbados pelas formas mais familiares de mergulho no infinito do espaço interior do que pelas viagens ao espaço exterior" (Laing, op. cit., p.87). Ainda de acordo com Laing, o processo que consiste em penetrar num outro mundo e, em seguida, retornar a este, é tão natural quanto a morte e o nascimento. O problema é que a nossa sociedade possui um imenso desejo de (bem como se empenha em) conhecer e controlar o mundo exterior, em detrimento, quase total, do mundo interior. Se julgarmos a evolução humana do ponto de vista do conhecimento do mundo exterior, talvez possamos aceitar a opinião vigente de que "progredimos muito". Entretanto, se julgarmos as coisas do ponto de vista do mundo interior e de sua unidade com o mundo exterior, dificilmente teremos a mesma opinião. É aí que reside a dificuldade em compreender a experiência transcendental de Arthur Bispo do Rosário.

Durante todo o tempo em que viveu na Colônia Juliano Moreira, Bispo manteve contato com o que chamamos de realidade — nem só de delírios vivia o artista. Se julgamos esse contato superficial, o que poderíamos esperar de alguém que foi colocado do lado de fora dos muros que "cercam" a sociedade? O contato superficial com a realidade é, no seu caso e no de tantos outros como ele, menos um sintoma psicótico do que uma situação imposta pela condição do internamento. Retirado da vida, privado das responsabilidades que qualquer cidadão tem, abafada sua voz, o que resta ao interno a não ser manter uma relação superficial e irresponsável com a realidade? Afinal, já que ele é considerado louco, nada do que fizer, nada do que disser será levado a sério, e talvez o melhor a fazer seja soltar as rédeas da imaginação. Quando as informações do mundo chegavam à Colônia, através de jornais e revistas, Bispo logo se punha a ler e, muitas vezes, reivindicava revistas a alguns dos funcionários, que conseguiam, ainda que com atraso, exemplares das revistas *O Cruzeiro* e *Manchete*.

A ditadura militar, os concursos de miss, os campeonatos de boxe, a repressão, a anistia, o início da abertura política em nosso país — ele tinha conhecimento de tudo isso. Personalidades que marcaram época como Martha Rocha (Miss Brasil), Éder Jofre (campeão de boxe) e Ieda Maria Vargas (Miss Universo) eram não só admiradas pelo artista como, também, homenageadas na construção do seu mundo: "Ele levava para a cela o que podia carregar e exibia a galeria de rostos prediletos nas paredes úmidas. Fotos de página inteira da *Manchete* coloriam o escuro quarto-forte. Restava reproduzir os ícones dessa época da inocência" (Hidalgo, op. cit., p.103).

Ele acompanhava, como podia, os acontecimentos mais importantes da nossa história, e fazia a sua interpretação: "Ele filtrava as notícias que lhe convinha e as editava no mundo recluso conforme ordens celestes. Um *fait-divers* documentado por Bispo e anjos" (idem, p.110). Em 1981, passou por uma nova avaliação médica, cujo resultado, transcrito por Hidalgo (op. cit., p.127), foi o seguinte:

> Profissão: artesão
> Remuneração: não
> Apresentação: razoável
> Desorientação: não
> Delírio, alucinação e alienação mental: sim
> Agressividade: não
> Necessidade de cuidados de enfermagem: não
> Capacidade de trabalho: sim
> Necessidade de hospitalização: sim
> Hospital ideal: hospital-noite
> Praxiterapia: paciente já tem intensa atividade.

Nessa avaliação, o médico responsável observou, também, que Bispo não tinha família nem recebia visitas; que tinha um dom artístico muito aguçado e dizia estar construindo os instrumentos para uma nova era. Sobre a possibilidade de alta, havia divergências: havia chance de alta psiquiátrica, clínica e jurídica, mas ela esbarraria no quesito alta social. Penso que ele poderia ter atravessado o portão da Colônia para nunca mais voltar. Sua relação com a "realidade", embora frágil, existia, pois sua história de vida no hospício, sua obra e a avaliação médica citada revelam isso, todavia preferiu o suplício e o êxtase da sua experiência limite ao sofrimento e às restrições que a vida em sociedade lhe causavam. Malgrado as condições de vida no hospício, encontrou ali, paradoxalmente, as condições favoráveis para realizar sua missão, para realizar seu sonho de grandeza e ser respeitado como o "escolhido". Bispo conquistou, no hospício, o *status* que não havia conquistado na sociedade. Lá, em grande medida, ele reinava, fazia suas próprias leis, ditava suas próprias regras; fundou sua própria religião, criou seu próprio mito. E, como rei e sacerdote, ignorava as festas mundanas que ocorriam no hospital, não se misturava aos pobres loucos mortais, não enfrentava a fila do refeitório junto com os vizinhos, não fazia sua higiene pessoal junto com os outros internos; vivia em seu aposento, ignorando a vida profana, sacralizando a sua e regendo o mundo com suas mãos.

Ele fez do hospício o seu lar e do seu quarto-forte o seu mundo. Ajudava bastante no dia a dia do pavilhão, mas não pensava duas vezes antes de reclamar quando não havia uniforme e roupa de cama limpos; reivindicava o concerto das infiltrações que se espalhavam pelas paredes do quarto, resistia às prescrições médicas e mantinha em dia sua crítica à Psiquiatria.

Na criação do seu mundo, trabalhava horas a fio: dez, dezesseis horas sem parar. O ritmo do trabalho só era interrompido quando o corpo pedia um copo d'água com açúcar ou uma maçã. Com o passar dos anos, seu mundo foi crescendo, a cela já não comportava seu inventário das coisas do mundo. Quantos uniformes e lençóis foram desfiados, quantos sacos de estopa foram bordados, quantos pequenos objetos talhados na madeira foram envolvidos nas linhas azuis — cor da "moda manicomial" —, quantas canecas de alumínio e quantos talheres provenientes do refeitório ganharam vida nova? Papéis, sacos plásticos, bibelôs e todo tipo de sucata e lixo industrial foram recolhidos e organizados na construção do novo mundo. Mas, quem poderia, naquele lugar, periferia do mundo, perceber que Bispo era mais do que um homem de hábitos estranhos, mais do que um louco entre os loucos, que era um artista?

Em 18 de maio de 1980, imagens da Colônia Juliano Moreira foram ao ar no programa *Fantástico*, da TV Globo, um dos programas de maior audiência do Brasil, e o país tomou conhecimento de que não era só nos porões do Departamento de Ordem Política e Social (Dops) que o horror estava instalado, de que o excesso de poder não se limitava aos militares, de que os direitos dos homens pareciam não incluir os loucos. Naquele dia, em meio à atroz paisagem do hospício, o universo encantado de Arthur Bispo do Rosário foi apresentado pela primeira vez aos brasileiros.

> Acesos, os holofotes da TV Globo revelaram o reino encantado de um senhor grisalho, circunspecto, que falava com respiração ofegante e poucas palavras. Um exílio no caos do asilo. Um atalho que o repórter explorou, revelando ao país, em primeira mão, estandartes, *assemblages*, veleiros, faixas de misses, objetos domésticos sujeitos a uma razão estética. Um flagrante onírico no purgatório de Jacarepaguá. (idem, p.122)

Nas declarações feitas ao repórter, Bispo demonstrou que mantinha suas antenas ligadas e, com elas, captava não só as mensagens do além, mas também as da Terra. Ao ser questionado por aquele, sobre uma faixa com a inscrição "MISS AFEGANISTÃO", deu provas de que, embora fosse considerado louco, não era alienado: "Leio jornal todo dia, anoto tudo, a ação dos países, separo em papéis e faço a faixa, escrevo os dizeres. Sei que a Rússia invadiu as fronteiras desse país. Eu também sinto da mesma forma" (Rosário apud Hidalgo, op. cit., p.122).

Depois da matéria veiculada, vieram as consequências. A lobotomia havia sido extinta algum tempo antes, mas só então o eletrochoque foi proibido e os quartos-fortes foram abertos. Enfim a teoria freudiana chegava à Colônia e, com ela, Rosângela Maria, uma estagiária do curso de Psicologia que abalaria o coração de Bispo.

*
* *

Durante dois anos Rosângela Maria manteve contato com Bispo. Tinha acesso às suas obras e terminou sendo motivo de inspiração para o artista. Ela deixava claro qual era o seu objetivo ali, qual era a sua função, mas ele projetava nela a mulher ideal, casta; na sua imaginação, ela era Rosângela Maria de Jesus. A terapeuta esforçava-se para trazê-lo à realidade e, com realismo, ele relatou a história daquela instituição psiquiátrica durante os anos em que lá viveu, história que conhecia bem. Sobre a sua história de vida, contava seus feitos na Marinha, no boxe, mas não se cansava de lembrá-la de que ele era representante de Deus e que tinha uma missão a cumprir — e começava o seu discurso mitopoético. Ao final de dois anos, o estágio acabou, Rosângela partiu e ele nunca permitiu que alguém a substituísse. Entre as obras que fez em homenagem a ela, está a nave-leito *(Cama de Romeu e Julieta)*, planejada para a encenação da obra shakespeareana *Romeu e Julieta* — Bispo no papel de Romeu, Rosângela no de Julieta. A ideia de representar a peça com Rosângela foi frustrada, mas a obra ficou para a posteridade e tem um significado importante na sua mitopoética.

Ainda na década de 1980, a Colônia Juliano Moreira sofreu transformações. As portas foram abertas e muitos internos partiram. Bispo ficou e aproveitou a sua saída para ocupar outras celas do pavilhão 10 do Núcleo Ulisses Viana. Dez também foi o número de quartos-fortes transformados em espaço sagrado, seu templo:

> Apesar dos pesares, Bispo colecionava privilégios. Nenhum interno da Colônia Juliano Moreira garantiu uma área daquele tamanho sem partilhá-la com ninguém. Nenhum interno acumulou tantos bens sem perdê-los na guerra diária. O seu mundo desafiava o limite da arquitetura local e virava uma galeria de arte reservada. Com os anos e a fama de Arthur Bispo do Rosário, o lar, épico lar, seria a maior atração do hospício retificado. (Hidalgo, op. cit., p.125)

As modificações que ocorreram na Colônia não alteraram os hábitos do artista, mas levaram até ele muita gente interessada em saber mais sobre o seu universo. Foi assim que em 1980 o psicanalista e fotógrafo Hugo Denizart chegou até Bispo e fez dele o protagonista do filme *Prisioneiro da passagem*. Ele já havia pedido a um funcionário da Colônia para fotografá-lo com o *Manto da apresentação*, mas, a pedido de Denizart, agora se deixava filmar enquanto respondia a perguntas e confirmava a sua origem divina: filho de Maria e de São José.

Em 1982, o Museu de Arte Moderna (MAM) do Rio de Janeiro expôs parte de sua obra, em uma mostra intitulada *À margem da vida*, que reuniu trabalhos de internos de outros hospitais, de presidiários, de menores infratores e de idosos. Expor em galerias, museus, isso nada significava para Bispo, e ele disse não várias vezes àqueles que insistiam em divulgar sua obra. Mas foi na exposição do MAM que ela foi descoberta pela crítica. Frederico Morais, na época coordenador de artes desse museu, ficou impressionado com o que viu. Aos olhos da crítica, ele era um artista e sua obra estava à altura das obras de vanguarda.

Era o fim do anonimato. Em 1985, Bispo foi assunto de uma matéria escrita por José Castello, publicada na revista *IstoÉ*, e posou para as lentes do fotógrafo Walter Firmo. Personalidades, artistas, muita gente passou a ir à Colônia na intenção de conhecer sua obra, mas sempre era preciso acertar a senha para que as portas do templo se abrissem: "De que cor é o meu sembrante?".

*

* *

O momento da "passagem" se aproximava. Seu corpo dava sinais de que o fim estava chegando. Havia muito tempo que ele se preparava para "ficar transparente" e subir aos céus guiado pelos mesmos anjos que apareceram na noite de 22 de dezembro de 1938. Bispo havia planejado tudo para o dia da transformação final — como os homens do medievo, que organizavam a "morte de si mesmo"[30]. Na sua cerimônia fúnebre, estaria vestindo seu manto e, ao escutar o chamado da Virgem, embarcaria em sua nave para retornar ao oceano primordial, à água-mãe, à vida uterina. A Mãe o devolveria ao mar, o mar o devolveria à Mãe. A nave-leito, objeto embalador, berço reconquistado, o faria adormecer; seria o repouso de seu último sono. Acompanhado das miniaturas de coisas deste mundo, desceria às águas, subiria aos céus e se apresentaria ao Todo-Poderoso para ser julgado pelo tribunal divino.

Sua "passagem" aconteceu em 5 de julho de 1989[31], devida a infarto do miocárdio e arteriosclerose. Mesmo sem o cerimonial que havia organizado, Bispo, na sua morte maternal[32], retornava aos braços da Grande Mãe — da Virgem, da Água, da Terra, da Natureza, do Cosmo —, a fim de renascer para a eternidade.

**30** Sobre a "morte de si mesmo", ver a Parte II deste livro.

**31** No dia 19 de julho desse mesmo ano foi fundada a Associação de Amigos dos Artistas da Colônia Juliano Moreira; e, em 11 de outubro, a escola de Artes Visuais do Parque Lage inaugurou a primeira mostra individual de Arthur Bispo do Rosário.

**32** Todo homem infantilizado pela morte, explica Morin (1951, p.103-12), tende a se agarrar à mãe; essa ideia traduz um desejo infantil de não querer deixar a mãe, de querê-la perto de si, de nela se aconchegar, mesmo na morte. A associação morte/mãe é frequente nas crianças e, nos adultos, não está, necessariamente, vinculada às psicoses; ela pode se fazer presente na atividade inconsciente das pessoas tidas como "normais". A representação simbólica da "morte maternal", originada da associação morte/mãe, é tão universal quanto a da "morte-renascimento" porque está presente tanto na linguagem dos sonhos como no devaneio poético, no discurso delirante, na produção plástica e, muitas vezes, ambas as representações aparecem, como no caso aqui estudado, fundidas. Não é por acaso que, entre as vozes que Bispo dizia escutar, a da Virgem — sua "mãe" — era bastante frequente; a morte maternal está simbolicamente presente também na organização do espaço que ele habitou, nas diversas embarcações que construiu e, mais particularmente, no seu leito transformado em obra: *Cama de Romeu e Julieta*. Essas questões serão retomadas na Parte III deste livro. Sobre esse assunto, ver, também, Bachelard (1997, p.119-38).

Parte II

# A OBRA DA "PASSAGEM"

## *O ENCONTRO COM A MORTE*

Muitas vezes, a experiência artística nasce da interrogação da vida pela perspectiva da morte. Às vésperas do Natal de 1938, Bispo viveu uma experiência arrebatadora — que pode ser chamada de experiência extática, mística, interior — que mudou sua relação com o mundo e desencadeou um comportamento regido por uma

> Monumental tarefa: inventariar o universo para apresentá-lo diante de Deus 'no dia próximo'. Ele aguarda uma 'ação corporal' que o deixará 'brilhoso', então estará pronto; e diz que os seus trabalhos permitirão a sua transformação. Não posso deixar de pensar que Bispo se prepara para a morte. (Burrowes, 1999, p.68)

Assim, "Atado a uma corrente de formas e conteúdos invisíveis, Bispo construía um minimundo e esperava a morte. A *passagem*" (Hidalgo, 1996, p.89). Porém, para ter acesso ao seu universo artístico, não é suficiente saber que ele esperava o fim de sua existência. Saber no que implicou a sua espera e o que é o sentimento da morte é fundamental para esse acesso. Embora Bispo tivesse dado provas de sua criatividade antes de sua experiência extática, depois que "os anjos" lhe "comunicaram" sua missão (recriar o mundo para o Dia do Juízo Final) aquela se potencializou. Logo, para recuperar a história desse artista é preciso falar da morte, ou melhor, analisar a sua atitude perante a finitude da vida nos dará a dimensão da relação que sua obra tem com a vida, pois ela nada mais é do que a finitude desta se abrindo para a infinitude da arte. No encontro de Bispo com a morte, Dionísio, o deus do êxtase e do entusiasmo, fez a sua intervenção.

*
* *

Na ordem mortificante do cotidiano doméstico, Bispo vivenciou a passagem dos primeiros mistérios, os gozosos, para os segundos, os dolorosos, que compõem o rosário, ou seja, ele abandonou a fase ingênua da existência para viver a agonia do homem, o martírio. É o seu encontro com a morte, um encontro inesquecível; ele não voltaria a ser o que era. Emoção-choque, dor, horror perante a consciência da precariedade da vida é o que ele teria sentido. Ele viveu uma experiência ao mesmo tempo terrificante e reveladora.

Morin (1976) denomina as perturbações provenientes da morte de "horror da morte", que consiste na emoção, no sentimento ou na consciência da perda da individualidade. É o complexo da perda da individualidade que provoca perturbações, tornando o homem dessemelhante consigo mesmo, gerando uma dor e uma estranheza capazes de alterar gravemente o seu comportamento perante a vida, pois onde o lado sombrio da vida se impõe, a vida se torna descomedida.

O horror da morte vivido por Bispo foi impulsionado, de um lado, por elementos exteriores ao seu psiquismo: a mortificação da vida através do cotidiano comezinho; a sociedade que excluiu a morte do campo da consciência. De outro lado, por algo que teve sua origem no interior do seu psiquismo: o sofrimento oriundo do processo de individuação, pois a irreversibilidade da morte traz consigo a destruição do ser enquanto indivíduo; o sofrimento não adveio do fato de ele ter problemas, mas sim do fato de ele ser o problema.

Esse sentimento em relação à morte é capaz de tudo: de conduzir o sujeito ao suicídio, de fazer brotar no moribundo a energia que o salvará, ou, ao contrário, de suscitar no homem são tal emoção que o mortificará ou o levará à loucura (Morin, op. cit., p.31). Mas, paradoxalmente, o poder traumático produzido pela negação da individualidade implica em afirmação não menos violenta dessa mesma individualidade. Através do conhecimento que temos sobre a pré-história, bem como através da etnologia e da psicologia da criança, pode-se dizer que *"a afirmação incondicional do indivíduo é uma realidade humana primeira"* (idem, p.36) e que a "individualidade que se revolta perante a morte é uma individualidade que se afirma sobre a morte" (idem, p.34).

O encontro com a morte não conduziu Bispo ao suicídio, mas a um descomedimento — a *sua* loucura. Sua própria explicação da loucura é significativa: "Cada louco é guiado por um cadáver. O louco só é curado quando se liberta do morto" (Rosário apud Morais, 1990, p.18). Sua loucura foi ter criado uma estrutura simbólica própria; violenta afirmação da individualidade, expressão do *sentimento trágico da vida.*

O *trágico* é um conceito que surge a partir de uma forma estética. Nietzsche (1992a) coloca que a tragédia ática, surgida na Grécia do século V a.C., é a manifestação primeira desse sentimento que atravessou a história até nossos dias, partilhando semelhanças e ganhando contornos diferentes, conforme as épocas. No entanto, o trágico, como categoria estética ou princípio filosófico, ultrapassa sua concretização na tragédia grega, podendo manifestar-se em todo tipo de linguagem artística e filosófica[1].

Nas várias interpretações que o trágico sofreu, na maioria das vezes foi pensado como "uma espécie de essência, [...] [de] conteúdo que sinaliza um *conhecimento adquirido através da dor*", interpretação que é reducionista, pois o trágico não se resume a uma vivência catastrófica (Meiches, 2000, p.22). Assim, pode-se dizer que sentir a dor não é suficiente para definir uma condição trágica; "é preciso também *sabê-la* trágica" (idem, ibid.). A *sabedoria trágica* consiste no reconhecimento da existência do que é escuro e aterrador mas, ao mesmo tempo, vital e imprescindível. Em outros termos, ela não se limita à constatação da dor, tampouco à fuga do sofrimento, ela

1 Sobre as transformações do *trágico* no decorrer do tempo, ver Meiches (2000).

reconhece a antinomia das coisas — morte/vida — e transforma a dor advinda dessa contradição irresolúvel em força, num excesso de potência, num fenômeno de pura afirmação da existência.

Apesar das transformações históricas sofridas pelo trágico, há algo que se conserva no decorrer do tempo e que caracteriza a sua manifestação: o sentimento de efemeridade, da eterna passagem das coisas, do tempo, e da ambivalência da vida. A condição trágica é de uma contradição impossível de se resolver e, por isso, geradora de dor e sofrimento — eis a questão que luzia na mente de Bispo, e para a qual só na loucura ele encontrou uma saída, como diria Antonin Artaud. À vivência desse sentimento, dessa condição, chamamos de *experiência trágica da vida*.

Que contradição pode ser mais gritante e irresolúvel do que aquela existente entre a vida e a morte? Viver é morrer um pouco todos os dias, e morrer é viver, ou seja, a morte faz parte da vida, é condição inerente a ela — não há como resolver essa ambivalência. Ao anunciar sua missão, Bispo revelou a condição trágica de sua vida: uma vida que não estava protegida do acaso, que não podia ser controlada, que não tinha um sentido, ou, se havia um, era a morte. O tempo presente é sempre um tempo incerto, e assim ele descobriu a fragilidade da sua vida, a precariedade da existência humana. Sua missão, a construção de um novo mundo, era uma ação guiada pelo sentimento trágico da vida porque era a afirmação dessas condições, dessas premissas. Em Bispo, a sabedoria trágica encontrou, no delírio e nas artes plásticas, a sua expressão. Através dela, Bispo pôde retornar ao seu sonho criador e a estados psíquicos oceânicos, dos quais se originava a sua criação. Sua obra é o resultado do "viver a morte" — e não, do "pensar a morte" —, acolhendo-a, transfigurando-a em ilusão.

Segundo Meiches (op. cit., p.33), nem "todas as épocas comportam a travessia aberta e declarada do trágico", mas é certo que este continua a operar silenciosamente e a deixar marcas, a ponto de transformar a nossa vida e, às vezes, nos levar à ruptura com a concepção dominante de realidade, como ocorreu com Bispo.

A sua atitude perante a morte — recriar as coisas do mundo dos homens — foi a forma que ele encontrou para afirmar sua individualidade ou, se preferirmos, de fazer uso da sabedoria trágica. Sua loucura não era resignação, mas potencialização da vida; foi a maneira que encontrou para transgredir o interdito da morte. Ainda que única e individual, sua atitude perante a morte fazia parte de um contexto histórico no qual a morte se tornou um interdito.

## *A EXTRADIÇÃO DOS MORTOS*

Baudrillard (1976) argumenta que o nosso conceito indiferenciado de Homem fez surgir a discriminação. Nossa cultura, ao aprofundar sua racionalidade, jogou sucessivamente, dentro do caldeirão do inumano, os animais, os loucos e as raças tidas como inferiores; também as crianças, os idosos, os pobres, os subdesenvolvidos, os perversos, os transexuais e as mulheres, entre outros, foram empurrados em direção à periferia da normalidade. Sob o signo das segregações sucessivas que marcaram o desenvolvimento da nossa cultura, todos os periféricos foram transformados em "categorias". Essa categorização tem como base uma definição racista do "ser humano normal": "Quintessência da normalidade: no limite, todas as 'categorias' serão excluídas, segregadas, proscritas, numa sociedade enfim universal, onde o normal e o universal serão enfim confundidos sob o signo do humano" (Baudrillard, 1976, p.195).

Foucault apresenta, em sua *História da loucura* (1997), uma análise que ajuda a entender essa "genealogia da discriminação", que ganhou espaço particularmente a partir do século XIX, momento em que o trabalho e a produção passaram a ter proeminência sobre os demais aspectos da vida das pessoas. Mas, no entender de Baudrillard, uma exclusão precedeu todas essas outras. Mais radical do que aquela dos loucos, das crianças, das raças tidas como inferiores, e que, além de precedê-las ainda serviu como modelo e se encontra na base da construção da racionalidade da nossa cultura, é a exclusão dos mortos e da morte: "Para dizer a verdade, não se sabe mais o que fazer com a função-morte. *Porque, hoje, não é normal estar morto*, e isso é novidade. Estar morto é uma anomalia impensável, [...]. A morte é uma delinquência, um desvio incurável" (Baudrillard, op. cit., p.196).

Assim, a história da humanidade comporta, também, uma história da morte, pois houve mudanças nas atitudes do homem diante da morte, como já mostraram antropólogos e etnólogos, bem como historiadores como Philippe Ariès. Recuperar, ainda que superficialmente, as mudanças de atitude do homem ocidental perante a morte auxilia na compreensão do comportamento de Bispo diante daquilo que chamamos de "horror da morte".

*

* *

Desde os primórdios da humanidade o homem manifesta sua revolta contra a morte. Nenhum grupo arcaico abandona seus mortos ou os abandona sem ritos (Morin, op. cit.), e os rituais fúnebres demonstram como são profundas as perturbações que a morte provoca no círculo dos vivos. Mas, nas sociedades primitivas[2], a morte não existe enquanto conceito — é tida como um sono profundo, uma viagem, uma entrada no mundo dos ancestrais, um nascimento, uma mudança de estado, um acontecimento que modifica a ordem normal da vida. A morte é, então, uma metáfora da vida, que se prolonga de uma maneira ou de outra. A consciência sobre ela tem origem não no conhecimento de sua "essência", pois a morte não tem "ser", mas no fato de que ela um dia chega para todos, impreterivelmente (idem, p.26). O homem selvagem a nega como destruição total, mas a reconhece enquanto evento.

Enquanto as sociedades arcaicas convivem com muita intimidade com o fenômeno da morte, porque ela é percebida enquanto parte do ciclo morte-vida, a sociedade contemporânea ocidental esqueceu esse binômio, ou melhor, o mundo moderno o excluiu, transformou-o em tabu.

Na mentalidade primitiva, a dicotomia entre vida e morte não é conhecida. A partir de rituais, o elo entre o mundo terreno e o além é representado e assimilado. Todo "rito de iniciação" tem esse objetivo. O rito de iniciação nada mais é do que um "rito de passagem", rito que marca a passagem de um estágio da vida a outro, como a passagem da infância para a adolescência ou da vida de solteiro para a de casado, por exemplo. Todo rito de passagem consiste numa experiência simbólica da morte e do renascimento porque implica mudança radical de regime ontológico e de estatuto social; em cada um desses casos, se trata, sempre, de uma iniciação. É a "iniciação" que instaura uma troca lá onde há o fato bruto: a morte natural ou acidental, porém irreversível. Com a "iniciação" passa-se da morte de fato a uma morte simbólica; a oposição entre nascimento e morte é desfeita, estes agem um sobre o outro, ocorre uma espécie de troca, de reversibilidade simbólica (Baudrillard, op. cit.). Com a ritualização das diversas passagens que constituem a vida, os homens inscrevem os ciclos da vida nos ciclos da natureza, na qual toda morte anuncia um nascimento:

> Nas consciências arcaicas em que as experiências elementares do mundo são as das metamorfoses, das desaparições e das reaparições, das transmutações, toda a morte anuncia um renascimento, todo o renascimento provém de uma morte, toda mudança é análoga a uma morte-renascimento — e o ciclo da vida humana inscreve-se nos ciclos naturais de morte-renascimento. (Morin, op. cit., p.103)

A experiência simbólica da morte e do renascimento é narrada através da mitologia — a depositária sagrada da cultura —, o que revela a importância e a natureza universal da experiência da morte e do renascimento. Inúmeras são as histórias de heróis que desceram ao mundo dos mortos, passaram por vários perigos e retornaram à Terra dotados de poderes sobrenaturais[3]. A variação tanto histórica como geográfica desses mitos demonstra a necessidade e a importância da experiência simbólica da morte para o homem.

2 Os termos "sociedade arcaica" e "sociedade primitiva" designam as sociedades cujo conhecimento se produz por um aspecto que é tanto afetivo quanto intelectual, e que chamamos de "mentalidade arcaica". Diferente do que pensava Lévy-Bruhl nos seus primeiros estudos, a "mentalidade primitiva" ou "arcaica" não é pré-lógica, não consiste numa etapa primeira na evolução do conhecimento do homem. Lévi-Strauss (1970a) a chama de "pensamento selvagem", e esclarece que a antinomia entre a mentalidade lógica e a pré-lógica não faz sentido. Segundo ele, o pensamento selvagem se processa de maneira diferente mas não é inferior ao nosso, apenas difere em alguns aspectos. Os adjetivos "arcaico" e "primitivo", embora pejorativos e prenhes de uma visão evolucionista, são utilizados aqui na falta de outros mais adequados.

3 Por exemplo, a história de Tammuz e Ishtar, pertencentes às culturas babilônica e assíria, respectivamente; a história egípcia de Ísis e Osíris; o mito grego de Perséfone; a história de Dionísio; e tantas outras, das mais diversas culturas.

Mas essa compreensão da morte como geradora da vida foi, aos poucos, solapada. A mudança de atitude do homem em relação ao fim de sua existência parece ter se dado lentamente no mundo ocidental[4], porém em uma única direção: à exclusão. Ariès (1989) analisou essas mudanças desde a alta Idade Média até o século XIX, e constatou que a morte, outrora tão presente e familiar, foi se transformando até tornar-se vergonhosa e objeto de interdito.

Entre a alta Idade Média e o século XIX, os homens "percebiam" a chegada da morte, fosse através de sinais naturais ou de uma convicção íntima. Homens e mulheres aguardavam, então, a morte em seu leito. O fim da vida terrena era uma cerimônia pública organizada pelo próprio moribundo; seu quarto era convertido em local de peregrinação, sem discriminação de sexo ou idade. Os ritos de morte eram aceitos e cumpridos com certa naturalidade, ou seja, não tinham caráter dramático. Durante séculos, num mundo em constante mudança, "a atitude tradicional perante a morte aparece como uma massa de inércia e de continuidade. A atitude antiga, em que a morte é simultaneamente familiar, próxima e atenuada, indiferente", foi denominada por Ariès de *morte domesticada*; ela "opõe-se muito à nossa" atitude em relação à morte, pois esta nos provoca tanto medo "a ponto de nem ousarmos dizer-lhe o nome" (Ariès, op. cit., p.25).

Essa familiaridade com a morte implicava numa concepção coletiva de destino; conformar-se com ela significava aceitar a ordem da natureza. Mas a velha ideia de destino coletivo da espécie cedeu lugar à história de vida de cada indivíduo. Segundo Ariès, essa mudança pode ser percebida a partir da representação do Juízo Final.

Até o século XII o Juízo Final não implicava em julgamento ou em condenação. As representações correspondiam à escatologia comum dos primeiros séculos do cristianismo: os mortos repousariam até o dia do grande regresso, quando despertariam na Jerusalém celeste ou no Paraíso; ser cristão era a exigência para a salvação. Nessa concepção não havia lugar para a responsabilidade individual ou para o balanço das boas e das más ações. No entanto, já a partir daquele século os tímpanos esculpidos de várias igrejas denunciavam uma nova versão. E, no século XIII, é a ideia de julgamento que prevalece:

> Duas acções tomam uma importância cada vez maior: a pesagem das almas e a intercessão da Virgem e de S. João, de joelhos, de mãos postas, de cada lado do Cristo-juiz. Cada homem é julgado pelo *balanço da sua vida*, as boas e as más acções são escrupulosamente separadas nos dois pratos da balança. (idem, p.32-3)

Esse julgamento acontecia não no momento da morte do indivíduo, e sim no último dia do mundo, no final dos tempos. Contudo, o tempo escatológico entre a morte e o fim dos tempos foi abolido. As iconografias do século XV mostram que o julgamento passou a ocorrer no leito de

4 "Como muitas questões de mentalidade que se situam na *longa duração*, a atitude perante a morte pode parecer quase imóvel através de períodos de tempo muito longos. Aparece como anacrônica. E no entanto, em certos momentos, intervêm modificações, na maior parte dos casos lentas e por vezes imperceptíveis, e hoje em dia mais rápidas e mais conscientes" (Ariès, 1989, p.19).

morte do moribundo, que, próximo de seu último suspiro, revia, como que num *flashback*, toda a sua vida; e era a sua reação a essa retrospectiva o que seria analisado por Deus. A biografia do indivíduo passa a ter um peso até então desconhecido, e é a postura do moribundo perante a sua história de vida que vai ser determinante no seu julgamento. Esse reconhecimento de si mesmo perante a morte é denominado por Ariès de *a morte de si mesmo*[5].

A partir do século XIX, o que passa a importar, cada vez mais, é que todos (crianças, parentes, amigos, sociedade) notem o menos possível a passagem da morte. A emergência do saber médico contribui para a reconfiguração do fim da existência humana, e a mudança nos rituais funerais denuncia esse movimento de afastamento; as manifestações de luto, por exemplo, estão condenadas, em vias de extinção. Isso não significa indiferença em relação à morte, e sim que ela se converteu num tabu — que, no século XX, substituiu o do sexo como principal interdito[6] —, daí o seu caráter traumático. Além de a morte ter se tornado uma vergonha, uma espécie de anomalia, historiadores, sociólogos e psicólogos denunciam e se impressionam com a desumanidade da morte nos nossos dias: a *morte solitária*[7].

Todo esse processo de extradição dos mortos revela uma ruptura: não ocorre, mais, a troca simbólica entre vivos e mortos. É essa troca que restabelece a equivalência entre a vida e a morte; logo, a união entre mortos e vivos foi quebrada, a troca entre vida e morte foi desintegrada e o divórcio entre elas, concretizado: "*Nós* dessocializamos a morte, remetendo-a às leis bio-antropológicas, dando-lhe a imunidade da ciência, autonomizando-a como fatalidade individual" (Baudrillard, op. cit., p.202). Transformada em fatalidade individual, a morte não pode mais acender a chama da vida, ser objeto de uma troca, de uma relação social, como nas sociedades primitivas e tradicionais, nas quais a operação simbólica é garantida pela "iniciação".

Segundo Lamboy (1989), o modelo de pensamento dualista predominante na sociedade ocidental do século XX é o responsável pelo divórcio entre a vida e a morte. Esse pensamento espera manter a supremacia da primeira em detrimento da segunda, e sua orientação é a seguinte: "partir em cruzada contra a morte com a bandeira da vida" (Lamboy, op. cit., p.79). Baudrillard (apud Lamboy, op. cit., p.79) observou que mesmo filosofias divergentes como o materialismo ateu e o idealismo cristão

> [...] estão de acordo sobre o princípio fundamental: a vida — a morte é sempre a morte — significa a vontade de manter vida e morte cuidadosamente distantes uma da outra [...]. Toda a nossa cultura não é mais que um imenso esforço para dissociar a vida da morte, conjurar a ambivalência da morte com o único proveito da vida como valor.

A morte é considerada como uma transgressão que retira o homem de sua vida cotidiana, de sua sociedade racional, de seu trabalho monótono,

5 Todavia, não se pode esquecer que a *morte domesticada* e a *morte de si mesmo* ocorrem simultaneamente, enquanto a morte tradicional, no leito, era um ritual apaziguador que solenizava uma passagem necessária, o julgamento final, realizado ou não no fim dos tempos, era particular a cada indivíduo; a primeira se trata de um rito coletivo, e o segundo, de uma inquietação e interrogação pessoais (para maiores informações, consultar Ariès, op. cit., p.31--42). É bem interessante lembrar que a representação do purgatório foi criada pela Igreja no século XI, com a Reforma Gregoriana; o motivo de sua criação está vinculado à falta de temor dos fiéis em relação ao Juízo Final, que se manifestava, entre outras coisas, na prática da usura. Como o antagonismo Paraíso/Inferno não deixava os fiéis temerosos, criou-se um terceiro lugar, para que aqueles tivessem a chance de alcançar a salvação, purgar seus pecados e acalmar seus ânimos em relação à vida mundana (Le Goff, 1989). Essa informação vem ao encontro dos estudos de Ariès, de que o temor do Juízo Final começa a se manifestar na Idade Média central (século XI ao XIII) e se consolida na baixa Idade Média (século XIV ao XVI). Sem dúvida, a crescente importância do Juízo Final também está vinculada à necessidade de a Igreja manter o controle social.

6 Ver Ariès (op. cit., p.53-64).

7 Solitária porque foi transferida do circuito familiar, da casa, para o quarto de hospital.

para submetê-lo a um paroxismo e lançá-lo num mundo irracional, violento e cruel. Assim, a nossa sociedade está muito distante dessa experiência de troca com a morte, muito distante da sabedoria mítica sobre o movimento cíclico morte-vida. E, embora a Psicanálise afirme que o nascimento é um acontecimento individual, irreversível e tão traumático quanto a morte, ou que ele é uma espécie de morte, ainda assim pensamos em ambos como pólos opostos: o nascimento como uma dádiva divina e a morte como uma incontingência terrificante.

Deixada para trás a troca simbólica entre o mundo dos vivos e o dos mortos, fica difícil mensurar e situar, concretamente, o horror causado pela morte no mundo contemporâneo, mas é certo que ela é bastante perturbadora. Um encontro profundo com a morte pode alterar, de maneira permanente, a atitude do indivíduo perante a vida. Grof e Halifax (1982) entendem que um encontro profundo com a morte pode ocorrer nos casos de pessoas que sofrem acidentes perigosos ou que experimentam, simbolicamente, a relação morte-renascimento a partir de uma experiência psicodélica; ou, ainda, no caso de indivíduos que passam por experiências místicas espontâneas, como é o caso de Bispo. Segundo os autores,

> Além de modificar a atitude do indivíduo a respeito do caráter impermanente da existência humana, tais episódios podem ter uma influência de transformação profunda sobre a pessoa envolvida. Em diversas tradições místicas, aqueles que se aproximaram da morte ou vivenciaram perigos mortais e mesmo assim retornaram à vida são chamados 'nascidos duas vezes', iluminados ou esclarecidos. (Grof e Halifax, op. cit., p.243)

*

* *

"Nascido duas vezes", "iluminado", "visionário", pouco importa como o chamaremos; o certo é que Bispo renasceu na semana do Natal de 1938. Até a ocorrência desse episódio, sua vida contrastava, categoricamente, com a representação de uma divindade todo-poderosa e imortal. Ele foi tomado pelo êxtase, por uma experiência mística espontânea que o levou a uma nova interpretação da realidade: morria o Bispo fiel à família Leone, nascia o Bispo servo de Deus. Sua condição mudou radicalmente: antes do êxtase, um simples empregado doméstico; depois, um representante de Deus, um novo messias. Bispo passou a se empenhar na construção de um sistema simbólico próprio. Para ele, tratava-se de uma medida de equilíbrio, de afirmação da sua existência; para os psiquiatras, era esquizofrenia-paranóide com mania de grandeza.

Lamboy (op. cit.) fala de uma enquete feita por R. Menahem, que perguntou a pessoas de idade, sexo e origem social diferentes, mas pertencentes a dois grupos distintos, aquele das pessoas tidas como "normais" e aquele das pessoas tidas como "doentes mentais", o que a morte representava para elas. Menahem descobriu que as pessoas do primeiro grupo não pensavam quase nada sobre a morte, e procuravam maneiras de evitar pensar sobre ela; já as pertencentes ao segundo grupo apresentavam uma vivência impregnada pela angústia do fim da existência. Ele concluiu que "não pensar a morte, recalcar o medo da morte, é talvez uma condição necessária para não estar doente" (Lamboy, op. cit., p.83). Mas o que interessa aqui é o que está por trás desse resultado. Segundo Lamboy, uma sociedade na qual o funcionamento do Eu está apoiado sobre o modelo dualista-mecanicista só pode rejeitar a morte. Logo (concluo), quem se deixa levar pela angústia causada por ela não encontra respaldo na sociedade, podendo explorar seu sofrimento através da criação de um mecanismo simbólico próprio, que é tomado, muitas vezes, como sintoma de uma psicose — mas a angústia da morte é fruto do recalque imposto pela própria sociedade.

Comumente, os grupos humanos possuem uma estrutura simbólica que permite a expressão daquilo que escapa ao controle, seja no domínio individual, seja no domínio coletivo. Todavia, dada a extradição da morte de nossas vidas, a sociedade atual parece não possuir um sistema simbólico eficiente, capaz de canalizar emoção tão arrebatadora quanto a advinda do horror da morte. No entanto, na sociedade brasileira a pluralidade cultural é fato indiscutível, e, no seu interior, encontramos uma variedade de crenças e práticas religiosas que podem auxiliar na administração de tais emoções.

Eliade ([19--], p.216-7) entende que

> [...] a religião é a solução exemplar de toda a crise existencial. [...] não apenas porque é indefinidamente repetível, mas também porque é considerada de origem transcendental e, por consequência, valorizada como revelação recebida de um *outro* mundo, trans-humano. A solução religiosa não somente resolve a crise, mas ao mesmo tempo torna a existência 'aberta' a valores que já não são contingentes nem particulares, permitindo assim ao homem ultrapassar as situações pessoais e, no fim de contas, o acesso ao mundo do espírito.

No entanto, Bispo não encontrou respaldo no catolicismo, religião na qual foi educado, e essa ausência de um sistema simbólico levou-o a criar um sistema único e pessoal, a inventar a sua própria religião.

## *O MITO INDIVIDUAL[8]: A CRIAÇÃO DOS DUPLOS*

Minha morte e eu, nós nos deslizamos no vento do exterior, onde eu me abro à *ausência de mim*.
**Georges Bataille**

Com a crise desencadeada pelo horror da morte, o Eu de Arthur Bispo do Rosário pulverizou-se; foi preciso tornar-se um outro, ou melhor, criar um outro que, ao contrário do seu Eu, pudesse enfrentar o esmagador Crono, legislar sobre esse tempo linear que corre em direção à morte. O Bispo renascido era um arquiteto que tinha como projeto realizar a antítese de sua condição pré-delírio: antes, um Bispo impotente; após o renascimento, um Bispo todo-poderoso, arquiteto do universo. Sua impotência perante a vida e, portanto, perante a morte, tornou-se objeto de seu delírio, mas às avessas, ou seja, seu delírio expressava a vontade do sujeito que se queria soberano. Projetar é, aqui, "efetuar a projeção" do possível e do impossível, tornar-se um criador, pois o que importa para aquele que projeta é afirmar a sua existência.

*

* *

Bataille (1988) nos lembra que, quando crianças, desconfiávamos do mundo: não seria este uma farsa? Mas crescemos num mundo que se impõe como "todo natural" e passamos a não desconfiar mais dele. Todavia, um pequeno número de pessoas ainda se pergunta o que fazem na Terra, se são marionetes de um teatro de bonecos. Bispo pertencia a esse grupo minoritário, que possui o desejo de obter, para além das aparências deste mundo, uma resposta à sua interrogação, uma interrogação impossível de ser formulada pelos princípios da razão.

Um dia ele decidiu resolver o enigma. Seria ele, na sua existência limitada e frágil, uma vítima da farsa que é este imenso mundo? Ele imaginava, então, que poderia ser rei, mas talvez isso não bastasse; por que não Deus? O sentimento de pequenez, de impotência perante a vida, advém da separação entre o indivíduo e os objetos que o cercam e que estabelecem os limites desse indivíduo, revela Bataille (op. cit.). Porém, ao se tornar o rei dos reis, a separação entre Bispo e todo o resto se desfez; não foi ele que se revelou como farsa, mas sim a sua insignificante condição.

Não é difícil compreender o porquê da inversão dessa ordem que o sufocava. Se a fonte do sofrimento era a sua condição de indivíduo mortal e efêmero, só o "paradoxo do sacrifício"[9] poderia amenizar a sua dor. O sacrifício é mais do que a simples destruição,

8 Enquanto o "mito coletivo" é uma história conservada pela tradição tribal na qual todos os membros da sociedade acreditam e à qual alimentam, o "mito individual" é um termo utilizado pela Antropologia para designar as histórias vividas e contadas pelos xamãs ao receberem seus poderes sobrenaturais (Melatti, 1970).

9 "Paradoxo" porque, segundo Bataille (op. cit., p.485), se o sujeito não é totalmente destruído, ele continuará na sua existência limitada e num mundo equivocado; porém, se ele é destruído, cai na armadilha da morte, num vazio onde tudo é suprimido.

> [...] *é a exploração mágica sistemática e universal da força fecunda da morte.* Presentes em todas as civilizações, e já desde o paleolítico antigo [...]. Em certa medida, sacrificar é plantar. Quanto maior for a exigência vital, maior deverá ser o sacrifício. De acordo com os princípios analógicos da magia, quanto mais o desidério do sacrificante lhe é querido, tanto mais querido lhe deverá ser aquilo que sacrifica [...]. (Morin, op. cit., p.109)

A exigência de Bispo não era pequena; ao contrário, o que ele queria era afirmar a sua existência contra a ação do tempo, contra as forças malignas deste. O seu sacrifício não poderia ser outro, tamanha a sua exigência: ele deveria aniquilar o seu próprio Eu, pois, "Diante da perspectiva por demais assustadora da morte, que implica a negação do eu, se anuncia a solução de se retirar, de 'morrer' antes da morte. Esta 'solução' poderia encontrar na loucura a porta de saída" (Lamboy, op. cit., p.97). Significa dizer que é necessário sacrificar, destruir o objeto que é a origem da dor, do incômodo, pois "quanto mais se exacerba no homem a angústia da morte, tanto mais tendência ele terá a descarregar a sua morte sobre outrem por meio de um *assassinato* que será verdadeiro sacrifício inconsciente" (Morin, op. cit., p.110).

Se a vida é uma farsa, somos nós, também, objetos ou brinquedos da diversão de Deus. Bispo se destruiu enquanto sujeito para deixar a condição de objeto, para desvencilhar-se do mundo objetivado e acabar com a farsa tornando-se rival do manipulador de bonecos, o próprio Criador. Mas a destruição não foi total, ela foi abandono ou esquecimento de si; de alguma forma, o seu Eu permaneceu, ainda que se apresentasse em suas decomposições e refrações[10].

Nas civilizações onde a prática do sacrifício era comum, a coisa sacrificada, geralmente um animal, sofria um processo de transferência purificadora, ou seja, ela morria para que, simbolicamente, uma pessoa pudesse morrer e renascer purificada. Em Bispo, o sacrifício tinha a mesma função, mantinha o potencial mágico: "Pelo sacrifício do *eu*, o indivíduo se posiciona como 'já morto'; [...] a morte é abolida. Assim, 'o medo da morte pode ser dominado pela morte do Eu, único testemunho que em nós lembra a morte'" (Lamboy, op. cit., p.98). Com o tempo, o sacrifício foi abolido enquanto tal, mas deixou na clandestinidade o significado da morte-fecundidade, da morte-nascimento.

Bispo retirou da clandestinidade o sacrifício; reinventou, inconscientemente, a sabedoria mítica do princípio morte-vida. Assim, o seu delírio foi uma elaboração de fragmentos do discurso mítico acerca da "força nascente da vida, que é a morte", com o objetivo de assegurar a vida: "O homem não se apropria apenas miticamente da lei de morte-nascimento para nela basear a sua própria imortalidade; esforça-se também por utilizar, magicamente, para os seus próprios fins vitais, a força nascente da vida que é a morte" (Morin, op. cit., p.108-9). No processo de questionamento sobre a possível farsa que poderia ser a realidade, Bispo

**10** Segundo Lacan (1988, p.49), é na ironia presente na fala do delirante que encontramos a existência do sujeito, pois é o momento em que o psicótico fala ao outro que não é ele mesmo e, portanto, manifesta sua parte sã. Sobre isso, uma das passagens do livro de Hidalgo é bastante esclarecedora: no penúltimo dia do estágio de Rosângela Maria, Bispo lhe propôs que encenassem *Romeu e Julieta*, a peça de Shakespeare. A *Cama de Romeu e Julieta* estava preparada para a ocasião especial; sobre ela, uma camisola e o *Manto da apresentação*. Assustada, ela perguntou a ele se conhecia o fim da história shakespeareana, e a resposta que obteve revela mais do que uma simples ironia: "Claro que conheço. Mas não quero viver o final. Isso é só uma representação. Você nunca foi ao teatro?" (cf. Hidalgo, op. cit., p.168).

sacrificou seu Eu para dar origem a outros Bispos, a seus duplos[11]. Logo, sua morte sacrificial foi uma morte fecunda.

A "presença" do duplo na vida do homem é encontrada desde tempos imemoriais, e tem sua origem no temor aos mortos e na crença da vida após a morte. O duplo, o fantasma ou o espírito estão presentes em inúmeras histórias de várias culturas que narram o retorno de pessoas mortas (seus espíritos) ao mundo, seja para se vingarem, seja para reconfortarem-se ou guiarem os vivos[12].

O duplo é tido, pelo discurso psiquiátrico, como alucinação especular, como esquizofrenia ou como paranoia; enfim, como uma forma de loucura. Todavia, garante Morin (op. cit.), não é menos frequente nos sujeitos sãos do que naqueles tidos como psicóticos. O duplo é uma experiência que todos carregamos, constitui um complexo psíquico autônomo. Toda pessoa é suscetível, em maior ou menor grau, de ver o seu duplo, pois ele constitui uma experiência fundamental para o homem; ele é instintual.

> [...] Compreende-se agora que o suporte antropológico do duplo, através da impotência primitiva de se representar a aniquilação, através do desejo de superar o obstáculo empírico da decomposição do cadáver, através da reivindicação fundamental da imortalidade, seja o movimento elementar do espírito humano [...]. Portanto, as crenças do duplo apóiam-se sobre a experiência *original e fundamental que o próprio homem tem*. (Morin, op. cit., p.128)

A experiência do duplo ficou imortalizada com a frase de Arthur Rimbaud: "Eu é um outro". Mas o duplo nos é menos estranho do que imaginamos, pois é um fenômeno inerente ao processo de desenvolvimento da personalidade ou do processo de individuação do homem. Segundo Lacan (1988, p.50): "O que se passa entre criancinhas comporta esse transitivismo fundamental que se exprime no fato de que uma criança que bateu numa outra pode dizer: o outro me bateu. Não que ela minta — ela *é* o outro, literalmente". Isto porque no início de nossas vidas o Eu é sempre o outro; quando crianças estamos muito mais próximos da forma do outro do que do surgimento de nossa própria individualidade. Assim, somos, originalmente, uma

> [...] coleção incoerente de desejos [...] e a primeira síntese do *ego* é essencialmente *alter ego*, ela é alienada. O sujeito humano desejante se constitui em torno de um centro que é o outro na medida em que ele lhe dá a sua unidade, e o primeiro acesso que ele tem do objeto, é o objeto enquanto objeto do desejo do outro. (Lacan, op. cit., p.50)

Lacan distingue o homem do animal pela sua independência em relação a qualquer preparação por alguma "coaptação instintual"; diferente do animal, o homem, quando nasce, possui neutralidade e capacidade de

11 Em relação a Arthur Bispo do Rosário, cabe falar em duplos (no plural), como veremos adiante.

12 Sobre a concepção arcaica do "duplo", sua persistência e transformação na história, ver Morin (op. cit., p.125-46).

proliferação indefinida (idem, ibid.). Em outras palavras, a ideia de unidade da personalidade é um mito. No início de nossas vidas, somos sempre o outro, ou os outros, até crescermos e nos constituir como indivíduos. Quando pequenos, nos situamos no limite do abismo oceânico. E mesmo quando a nossa personalidade se apresenta como "pronta", ainda assim muitos outros eus a habitam; a ideia de um ego invulnerável, rígido, não passa de um ideal.

Mas, o que explica o desdobramento de Bispo em seus duplos? Teria ele mergulhado nas experiências humanas intemporais, que o fariam reviver crenças comuns a uma outra época, na qual os mortos participavam das ações dos vivos, noção que se aproxima da concepção arcaica do "duplo"[13]? Ou, ainda, não poderíamos supor que ele teria sofrido uma espécie de "regressão" a um estágio "arcaico" da evolução intelectual do indivíduo ou da espécie?

É certo que encontramos analogias entre o pensamento infantil, o pensamento primitivo e o comportamento tido como patológico. Mas a cultura primitiva é sempre uma cultura de adultos e, por isso, incompatível com as manifestações infantis. Por sua vez, os fenômenos psicopatológicos no adulto são próprios do adulto e, portanto, diferem do pensamento da criança. O processo mental infantil não se assemelha ao do adulto primitivo e não é igual ao do adulto alienado. Quanto ao pensamento selvagem, ele é tão completo e sistematicamente socializado quanto o nosso, ao passo que o processo mental infantil e também o psicótico correspondem a uma relativa independência individual. Se existem analogias entre o pensamento primitivo e o infantil, elas não se fundam em um pretenso caráter arcaico do primeiro, como explica Lévi-Strauss (1976), mas na diferença de extensão, que faz do segundo uma espécie de ponto de encontro, ou centro de dispersão, para todas as sínteses culturais possíveis; o pensamento infantil representa uma espécie de denominador comum de todos os pensamentos e de todas as culturas e, por isso, possibilita uma introdução ao conhecimento daquilo que nos é estranho[14].

No caso de Bispo, como no de tantos outros artistas, o esforço da nossa cultura para destruir as capacidades psíquicas e garantir a manutenção de um mundo desencantado[15] parece ter encontrado resistência. Não quero dizer com isso que o seu comportamento seria uma espécie de "sobrevivência" da mentalidade arcaica; também não significa que ele teria regredido a um estágio infantil. O que é preciso admitir é que cada cultura seleciona e desenvolve algumas virtualidades e inibe outras tantas, conforme seu interesse. A criança possui, segundo Lévi-Strauss (op. cit., p.133), uma "disposição antropológica polimorfa", ou, no dizer de Lacan (op. cit., p.50), uma "capacidade de proliferação indefinida". Assim, aportamos no mundo com uma extensa gama de potencialidades psíquicas; todavia, ao longo do processo de aquisição de cultura, algumas dessas potencialidades são censuradas, o que faz com que o adulto seja aquele que subiu ao pódio para receber o prêmio da "maturidade" graças à castração de parte dessas

13 Na primeira parte deste livro fiz referência a casos de artistas brutos que diziam produzir guiados por forças sobrenaturais, por espíritos; esses casos não deixam de ser, também, manifestações do "duplo", no entanto respaldadas ou revividas através da doutrina espírita. Até onde se conhece a história de Arthur Bispo do Rosário, não se sabe de qualquer influência dessa doutrina em seu comportamento.

14 É importante lembrar que, para qualquer sociedade, são sempre as suas próprias crianças que oferecem os elementos para a comparação com as atitudes que lhes são estrangeiras. As atitudes infantis também oferecem ao pensamento selvagem um meio para a compreensão do comportamento dos adultos "civilizados" (Lévi-Strauss, op. cit.).

15 Com a expressão "desencantamento", refiro-me à modernidade, àquilo que Hegel e Max Weber designaram como racionalismo ocidental. A modernidade ou o racionalismo ocidental provém de um processo de desencantamento do mundo que tem início na Renascença (séculos XV e XVI) e com a Reforma (começo do século XV), e consiste na desintegração das concepções religiosas, bem como na substituição da explicação mitológica pela científica.

potencialidades. Como enfatiza Thévoz (1986, p.34), é "preciso matar uma criança para fazer um adulto, dizem os psicanalistas".

Bispo não vivenciou uma "regressão", mas o "despertar" de uma situação análoga situada no início do pensamento individual e que é tida como patologia somente na medida em que não é socializada. Jean Dubuffet pensava, e a arte bruta está aí para confirmar, que o artista é capaz de acordar essas faculdades infantis polimorfas que permanecem latentes em todos nós. Isso permite pensar que essas faculdades nunca foram adormecidas em Bispo, ou que ele acordou essas virtualidades, inibidas por nossa cultura, que não trabalham em prol de uma visão unilateral do mundo, da vida, do real, malgrado a ação da mesma: "Se é verdade que 'o gênio, é a infância reencontrada à vontade' (Baudelaire), o gênio é, também, um adulto que encontrou a capacidade de jogar à vontade com as disposições psicóticas virtuais da infância e recalcadas na idade adulta" (Thévoz, 1990, p.72).

A experiência trágica vivida por Bispo despertou sua "disposição antropológica polimorfa", permitindo a criação, entre outras coisas, de seus duplos. Em relação ao delírio desse artista, cabe falar de "duplos", no plural, pois eles se manifestavam com formas variadas. Nele podemos identificar ao menos três duplos, divididos em duas categorias: na primeira, encontramos os duplos Virgem Maria e São José (que podiam se apresentar também como o Criador ou como Jesus Cristo); são as vozes desses mortos que ele dizia escutar e cujos mandamentos dizia seguir. Eles atuavam como alterego e superego. Na segunda categoria está o duplo especular, ou seja, aquele que reflete uma imagem invertida de Bispo. Era o novo Bispo, arquiteto do mundo, paradoxalmente servo e rival de Deus e que atuava de maneira a libertar seu criador de sua pequenez. Aqui, é interessante reproduzir parte de um diálogo registrado no filme de Hugo Denizart, *Prisioneiro da passagem*, onde aparece a questão do duplo[16]:

> Hugo: Você me explicou que os psiquiatras não curam os loucos. Como é essa história? Explica para mim de novo.
>
> Bispo: Segundo a reza do clero, os vivos e os mortos, o louco é um homem vivo guiado por um espírito morto. É o bastante, ser mandado pelo Criador, onipotente.
>
> Hugo: Os doentes são guiados por um morto?
>
> Bispo: São mortos, imortais. Igualmente à minha representação. Quando eu cheguei lá no Engenho de Dentro, na Praia Vermelha, os doentes que eram bons espiritualmente me acompanharam. E eu disse: por que é que vocês me acompanham? *Porque o Senhor é Jesus, é Jesus*. Mas por que, vocês escutam a voz? *Escuto a voz dizendo que o Senhor é Jesus*. Então é o bastante.
>
> Hugo: Então qual é o morto que lhe guia?
>
> Bispo: O morto? Eu escuto Jesus Filho, e para mim é o bastante.
>
> Hugo: Jesus Cristo é o morto que lhe guia?

**16** Diálogo transcrito por Hidalgo (op. cit., p.138).

Bispo: Não, Jesus Filho é o pai que me guia. Pra quem enxerga. (grifei)

A fala de Bispo é ambígua. Quem ele escutava? O Pai (Deus) ou o pai, São José? Bispo era o servo de Deus ou a própria manifestação da divindade? A ambiguidade é uma característica do delírio ou, como prefere Lacan (op. cit., p.42), do seu dizer psicótico. Independente de ser São José ou Cristo, a voz que ele escutava era a de um morto; era a morte que o arrastava para a sua loucura.

Os seus duplos não eram uma reprodução, uma cópia sua, embora ele os tenha criado; eles possuíam certa autonomia em relação ao seu criador; eram o "eu é um outro", estilhaços do Eu de Bispo. Em certos casos, podiam agir como alterego, como explica Morin (op. cit., p.128):

> O duplo é, portanto, um *alter ego*, e, mais precisamente, um *ego alter*, que o vivo sente em si durante toda sua existência, simultaneamente exterior e íntimo. E já não é uma cópia, uma imagem do vivo que, originalmente, sobrevive à morte, mas sim a sua própria realidade de *ego alter*. O *ego alter* é bem o 'Eu' que é 'um outro', de Rimbaud.

Nas alucinações de Bispo, seu alterego era representado pela Virgem Santíssima ou pela tríade pai, Filho e Pai, como mostra um trecho de seu diálogo com Hugo Denizart, registrado no filme sobre sua vida e obra[17]:

> Hugo: Você não conversa com essas vozes?
> Bispo: Não posso, não dá chance. É severo para mim.
> Hugo: Severo?
> Bispo: É sentado no trono, tudo azul, diz só: Jesus Filho, tem que executar no seu canto, aí embaixo, faça isso e isso. Eu nem falo nada, tenho que executar isso tudo.
> Hugo: Você nunca desobedeceu essa voz?
> Bispo: Se eu desobedecer, me pega [...].
> [...]
> Hugo: Você dorme...
> Bispo: Pouco, porque eu vou me deitar e fico escutando a voz: você já fez isso, já fez aquilo? Amanhã eu quero que você faça isso e aquilo. E assim eu passo as noites, né?

Mas, na maioria das vezes, era Nossa Senhora, sua mãe, que lhe soprava aos ouvidos, lembrando não só a sua missão mas impondo também outro gênero de ordem, particularmente quando se tratava de algum julgamento moral. As críticas de Bispo ao comportamento das pessoas e, particularmente, ao das mulheres, eram sempre consequência dos "conselhos" da mãe divina, como ilustra este seu diálogo com Avany Bonfim[18]:

17 Transcrito por Hidalgo (op. cit., p.140--1).

18 Cf. Hidalgo (op. cit., p.79-80).

> — [Bispo:] Mestre, quero ter uma conversa muito séria com o senhor. Essas mulheres [as enfermeiras da clínica] têm de ser postas para fora daqui.
>
> — [Avany Bonfim:] Mas por que, Bispo?
>
> — [Bispo:] Minha mãe me disse que elas são umas perdidas, não podem pôr as mãos em crianças inocentes.

Seu modelo de mulher era a Virgem Santíssima, e todas as outras deveriam seguir seu exemplo, mantendo-se castas. A voz da Virgem era o seu superego, a sua consciência moral. Esse duplo era rigoroso: cobrava, vigiava e perseguia o seu criador; comandava-o e o queria moralista, com valores muito estreitos para a época, e impunha uma vida de isolamento e sacrifícios. Sua função era a de manter Bispo longe do pecado e de adverti-lo contra a sedução dos pecadores, como expressa um dos Provérbios de Salomão: "Filho meu, ouve o ensino de teu pai e não deixes a instrução de tua mãe. Porque serão diadema de graça para a tua cabeça e colares para o teu pescoço. Filho meu, se os pecadores querem seduzir-te, não o consintas" (Pv. I: 8-10).

Livrar-se dos pecados, afastar-se dos pecadores, significava libertar-se das coisas mundanas e de tudo que pudesse desviá-lo de seu caminho, que era um único: recriar o mundo. Para ele, o dinheiro era fonte de perdição e os desejos da carne eram uma prisão. A busca de um corpo santo também se revela na história de sua origem divina, na sua dieta alimentar, na ausência de atividade sexual. A disciplina do corpo era necessária para a criação do novo mundo, ou melhor, o corpo era extensão da obra, a obra, extensão do corpo, unidade que só conheceria seu fim com o fim da matéria que o animava.

A voz da Virgem não se apresentava como opressora, mas como álibi que justificava o seu trabalho criador, como força que o impulsionava, obsessivamente, à construção da sua obra, à afirmação da vida. Mas o duplo tem, também, a capacidade de concretizar todas as nossas pulsões e todos os nossos desejos insensatos, que não ousamos ou não podemos realizar. Esse era o papel do duplo especular, um duplo libertador que se manifestava na mitopoética de Bispo como força, como poder sobrenatural, como potência divina que julgava e, ainda, projetava o mundo. Essa categoria de duplo não se manifestava em alucinações auditivas ou visuais; ela era o novo Bispo, renascido do sacrifício; rei dos reis, como ele mesmo dizia: "Eu sou o rei dos reis" (cf. Hidalgo, op. cit., p.25). O importante é que todas essas funções do duplo se resumiam em transgredir a morte, afirmar a vida.

Rosset, em *Le réel et son double [O real e seu duplo]* (1976), cita um estudo de Otto Rank que relaciona o problema da dupla personalidade com o medo, ancestral da morte. Porém, o duplo pensado por Rank é imortal e sua função é colocar o sujeito sob o abrigo de sua própria morte, enquanto que o duplo especular de Bispo foi a maneira que este encontrou para enfrentar a morte. Todavia, tanto o duplo de Rank como o de Bispo possuem uma "melhor realidade" que a do próprio sujeito; por isso, o duplo especular apresenta-se como a antítese do indivíduo antes da eclosão da sua loucura. Nesse jogo entre o sujeito e seu duplo, o real não estava ao lado de Bispo (do sujeito), mas ao lado do seu duplo: "Não é o outro que me duplica, sou eu que sou o duplo do outro. Para ele o real, para mim a sombra. 'Eu' é 'um outro'; a 'verdadeira vida' é 'ausente'" (Rosset, 1976, p.90-1).

Não era um outro o duplo de Bispo; ao contrário, Bispo era o duplo de um outro. Esse jogo permitia uma eficácia mágica na medida em que ele acreditava possuir os poderes do seu duplo e que, portanto, poderia enganar a morte. Assim, a solução para o problema psicológico colocado pela duplicação da personalidade não se encontrava ao lado da mortalidade de Bispo, que era certa, mas achava-se ao lado de sua existência, que se apresentava como duvidosa. O duplo passou a ser mais real do que a própria realidade, pois a "realidade de uma crença não se mede" (Veyne apud Piette, 1986, p.276).

É dessa forma que ocorreu, em Bispo, a criação do seu mito individual, ou seja, o seu duplo especular era um duplo trágico, um reservatório de energia, um agente mágico que enfrentava os monstros que habitam as profundezas da "realidade que a humanidade de hoje deixa sem uso" (Artaud apud Esslin, 1978, p.43). O fato de que o "eu é um outro" permitiu a ele não temer a morte e situar-se para além dos seus próprios limites.

Fascinado pela questão do duplo e indignado com a ideia de arte como representação ou cópia da realidade, Artaud (1993b) concebeu o teatro como um duplo. A sua explicação reforça a ideia de que o duplo não é uma cópia do real e de que o seu poder está, justamente, na capacidade de trazer à tona uma outra realidade, não menos palpável (embora não tão aparente) porém tão perigosa e profunda quanto um oceano:

> [...] Enquanto a alquimia, através de seus símbolos, é como um Duplo espiritual de uma operação que só tem eficácia no plano da matéria real, também o teatro deve ser considerado como o Duplo não dessa realidade cotidiana e direta da qual ela aos poucos se reduziu a ser apenas uma cópia inerte, tão inútil quanto edulcorada, mas de uma outra realidade perigosa e típica, onde os Princípios, como golfinhos, assim que mostram a cabeça apressam-se a voltar à escuridão das águas. (Artaud, 1993b, p.43)

Desafiado pela morte, Bispo reatualizou o sacrifício, inventou os seus duplos. A presença do paradoxo do sacrifício encontra-se, aqui, misturada à concepção do duplo; uma completa a outra, na luta a favor da vida. Esse sincretismo presente nas crenças das sociedades primitivas seria recriado na mitopoética de Arthur Bispo do Rosário.

O paradoxo do sacrifício que se apresenta, a princípio, como armadilha (afogamento nas águas mortíferas devido à embriaguez dionisíaca ou à aceitação da condição de impotência), foi solucionado por ele. Bispo resolveu esse impasse porque, através de seus duplos, fez sua obra, transformou o horror em aparência, a vida em arte; uma superabundância de força e de sentimento, de prazer e existência na transfiguração do infortúnio.

Segundo Bataille (op. cit.), esse tipo de experiência estética tem a virtude de consagrar um momento de nossa felicidade em pé de igualdade com a morte. Para Morin (op. cit.), é ela que conserva a vitalidade do duplo, como a vitalidade do ciclo morte-renascimento.

No mundo moderno, a questão do duplo está presente em várias manifestações artísticas, havendo inúmeras obras literárias que o têm como tema. Rosset (op. cit.) relaciona, entre outros autores que se debruçaram sobre essa questão, Fiodor Dostoievski, Guy de Maupassant, Edgar Allan Poe e Ernst Hoffmann; ele está presente, também, em várias obras literárias do período que se convencionou chamar de Romantismo. Na pintura, o duplo se apresenta através da problemática do autorretrato; na música, Rosset cita *Petrouchka* (1911), de Igor Stravinski, *A mulher sem sombra* (1917), de Richard Strauss, e *O amor bruxo* (1915), de Manuel de Falla. Mas, na opinião de Morin (op. cit., p.163), todas essas manifestações não possuem nenhuma relação com o caráter originalmente mágico do duplo; para ele, "a estética crê nos seus mitos, sem neles crer". Bispo está distante dessas experiências estéticas e próximo da sensibilidade mágica presente nas crianças e no pensamento selvagem porque a necessidade de afirmar a vida despertou, nele, aquelas potencialidades psíquicas que se conservaram latentes desde sua infância.

Nem tudo está sob controle em nossa sociedade, na qual se pretende controlar tudo; quando menos se espera, a experiência trágica faz sua aparição. A loucura de Bispo consistiu na aceitação da dor e na sua libertação, ao transformá-la em aparência, enquanto que a sociedade ocidental abafa as vozes das bacantes embriagadas pelo entusiasmo dionisíaco, persegue e mantém à distância Dionísio porque a experiência que ele suscita põe em risco todo um estilo de vida e um universo de valores onde "sentir-se infeliz toma ares de uma anomalia, o tédio confunde-se com doença, aproximar--se de sentimentos tristes transforma-se num risco de vida intolerável" (Sant'Anna, 2001, p.123). Em nossa sociedade, a felicidade é um dever e vem vestida com a aparência de um corpo bonito, são e normatizado, imunizado contra doenças e todos os tipos de infortúnio, mas tão vazio de vida como as atraentes embalagens das mercadorias que consumimos.

Bispo transpôs o interdito da morte pela própria angústia que ela engendrava, pois a desordem causada pelo horror da morte levou-o à transgressão desta num jogo sem limites, num jogo de afirmação, num gesto "divino". Sua obra foi uma resposta violenta a essa violência que é a morte mascarada, um movimento que vai da violência mascarada à violência liberada. Experiência limite que o abriu a outros eus, implodindo seu ego enclausurado em si mesmo, fechado em seus pensamentos; sua transgressão dos limites do Eu foi consequência da experiência relacionada à morte. E como a transgressão não é sinônimo de liberdade, Bispo impôs a si mesmo regras que ritualizaram sua vida, ao mesmo tempo em que eram, também, outras formas de transgressão: jejuns, isolamento, horas de trabalho, criação sem fim.

## *A SACRALIZAÇÃO DA VIDA*

O maravilhoso encontra sua origem no conflito permanente que opõe desejos do coração aos meios que dispomos para satisfazê-los.
**Pierre Mabille**

A experiência extática de Bispo às vésperas do Natal de 1938 marcou sua morte simbólica; representou o abandono da condição humana, o momento da "passagem" ou da "iniciação" a um plano extra-humano; uma verdadeira mutação ontológica. Ao sacrificar seu próprio Eu, estilhaçando--o, destruindo-o, Bispo regressou ao tempo de origem, cuja finalidade é começar outra vez a existência; nascer, simbolicamente, de novo. A vida não pode ser reparada, apenas recriada pela repetição simbólica da cosmogonia ou do mito de origem. Voltando a ser simbolicamente contemporâneo à Criação, Bispo reintegrou-se à plenitude primordial e recomeçou sua vida com a totalidade de sua energia.

A reatualização do mito de origem não significa recusa do mundo real ou uma evasão para o universo onírico ou imaginário. Segundo Eliade (op. cit.), trata-se de uma *obsessão ontológica*, porque desejar reintegrar-se ao tempo da origem é desejar não só reencontrar a presença de Deus, mas, também, recuperar o mundo forte e puro, tal como era *in illo tempore*; um tempo que

> É ao mesmo tempo sede do *sagrado* e nostalgia do Ser. No plano existencial, esta experiência traduz-se pela certeza de poder recomeçar periodicamente a vida com o máximo de 'sorte'. É, com efeito, não somente uma visão optimista da existência mas também uma adesão total ao Ser. (Eliade, op. cit., p.107)

Ao transfigurar a sua existência, Bispo tornou-se semelhante ao modelo divino do qual ele se tornou rival. Isto não implica numa visão pessimista da vida, mas na sua otimização; ao contrário, também foi graças ao "eterno retorno" às fontes do sagrado que a sua existência foi salva da morte. O Bispo renascido, duplo especular, trágico, era também um homem religioso, porque se recusou a viver unicamente no que chamamos de tempo histórico. Ele buscava um tempo sagrado, através de um processo de encantamento da vida e das coisas. Era a sua maneira de romper com o tempo que o conduzia, irremediavelmente, à morte; era a sua maneira de sentir a vida e sacralizar sua existência. Afinal, "toda a experiência humana é susceptível de ser transfigurada, vivida num outro plano trans-humano" (idem, p.179).

*

* *

Segundo Jeffrey (1998), a religiosidade consiste num processo de prevenção, de negação e resolução de perturbações pessoais e coletivas associadas a uma situação de crise, de conflito. Logo, práticas religiosas poderiam ter ajudado Bispo a administrar o horror da morte, porque os rituais são, muitas vezes, eficazes no gerenciamento da intensidade cega, seja da paixão, da cólera, da vingança ou do fim da existência. Os conteúdos simbólicos que sustentam os rituais dentro de cada religião oferecem, àquele que está perturbado, uma defesa bem concreta. Eliade (op. cit.), entre outros autores, afirma que a ausência de ritos de passagem pode contribuir para a psicopatologia social da sociedade contemporânea; também defende a ideia de que numerosos impulsos destrutivos e anti-sociais, em vez de serem exteriorizados com a aprovação social e com a proteção de uma estrutura sagrada, infiltram-se em nossa vida e se manifestam como problemas individuais e comunitários. Enfim, o mundo moderno, profanizado, pode sofrer com a falta de encantamento. E Bispo, educado pela cartilha do catolicismo, não encontrou, neste, apoio para a administração de seu conflito. Todavia, a falta de uma estrutura sagrada levou-o a criar uma própria, apropriando-se de (e reinterpretando) fragmentos da história cristã, das culturas negra, afro-brasileira e popular. Esse homem de raízes africanas, nascido no Nordeste do Brasil, numa cidade onde as culturas indígena, negra e cristã se mesclam, terminou por criar um sistema simbólico tão rico quanto a pluralidade cultural presente em sua terra para transformar o horror da morte em aparência e assim ultrapassar os limites impostos por ela.

Sabe-se que, diferente da religiosidade cristã, as religiões africanas no Brasil não extraditaram os mortos. Os estudos de Bastide (1971) sobre as religiões africanas em nosso país revelam que a economia escravista destruiu a organização da sociedade negra e esta se reconstruiu reinterpretando alguns costumes arcaicos mais resistentes, mas conforme as normas e os modelos da sociedade luso-brasileira. Assim, os deuses negros foram obrigados a se dissimular por trás das figuras de santos católicos. Nos crioulos, negros nascidos no Brasil (como os pais de Bispo), bem como nos mulatos, a justaposição entre os santos e suas divindades cedeu lugar ao sincretismo[19] e à identificação de ensinamentos.

O catolicismo e a religiosidade africana coincidem em determinados pontos: cada pessoa tem um anjo da guarda, mas, enquanto o católico não tem mais do que o conhecimento disso, o africano sabe o nome do seu

**19** Bastide (op. cit., p.361) ressalta que o sincretismo religioso não é genuinamente brasileiro, pois a evangelização dos negros principiou na África um século antes do povoamento do Brasil.

anjo, o orixá protetor de sua cabeça; consideram, respectivamente, que os santos e os orixás viveram outrora na Terra — porém, enquanto a Igreja Católica não admite a ideia de seus santos incorporarem no corpo de seus fiéis, os orixás se manifestam "descendo" no corpo de seus fiéis e originando o transe místico, ou seja, a religiosidade africana cultua seus mortos. Enquanto os orixás se manifestam incorporando-se numa pessoa, os eguns (almas dos mortos) "'falam de fora' e é a voz dos mortos que se faz ouvir na ilha de Itaparica" (Bastide, op. cit., p.360). Os eguns são a manifestação da crença no duplo. Na religiosidade africana, o "mundo celeste não está distante, nem superior, e o crente pode conversar diretamente com os deuses e aproveitar sua benevolência" (Verger, 1981, p.19).

Quando participam dos ritos católicos, os africanos e seus descendentes no Brasil tendem a reinterpretá-los através dos valores de sua própria civilização, e também a assimilá-los[20]. Correspondências são estabelecidas e favorecidas, particularmente, conforme afirma Bastide (op. cit.), pela participação dos negros nas festas do Rosário[21]. Segundo Verger (op. cit.), os santos católicos, ao serem aproximados dos deuses africanos, tornavam-se mais compreensíveis e familiares aos recém-convertidos ao catolicismo, porém é difícil saber se essa tentativa contribuiu para converter os africanos (pois é preciso considerar que, por onde a Ordem Jesuítica passou, a conversão ao catolicismo foi mais eficaz) ou se ela os encorajou na utilização dos santos para dissimular suas verdadeiras crenças, já que até o início do século XIX o catolicismo era, no Brasil, a única religião autorizada; os cultos africanos tinham caráter clandestino e as pessoas que neles tomavam parte eram perseguidas pelas autoridades.

A religiosidade de Bispo encontra suas origens no "catolicismo dos negros"[22], isto é, num catolicismo mais depurado, mais distante da religiosidade africana — na qual homem e natureza, vida social e cósmica estão ligados harmoniosamente —, distante do ciclo vida-morte, da troca simbólica entre o mundo dos vivos e o dos mortos; enfim, próximo da morte como fenômeno individual, como um beco sem saída.

Nada mais eficaz no controle da Igreja Católica sobre as culturas indígena e negra do que reprimir a relação homem/natureza e incutir, nos novos fiéis, as ideias de perdição e pecado, e de salvação mediante o batismo e a aceitação dos dogmas cristãos. Os jesuítas impregnaram seus fiéis de antigas superstições medievais (Bastide, op. cit.). Teríamos encontrado, nessa persistência do imaginário medieval transmitido pelos jesuítas, a força da ideia de um juízo derradeiro que tanto povoou a imaginação de Arthur Bispo do Rosário? Em pleno século XX, esse tema, tão representado pelos artesãos a partir do século XIII nos tímpanos das catedrais, nas miniaturas, nos baixos relevos[23], pulsava na obra desse artista contemporâneo, figura tão enigmática quanto o seu próprio nome. Aliás, as aproximações de Bispo com a religiosidade do homem medieval não param aí.

O julgamento final constitui um meio poderoso na cooptação e no controle das almas. No discurso delirante de Bispo, ele representa uma

20 É difícil mensurar até onde vai a reinterpretação e a assimilação. A predominância de uma ou de outra depende de uma série de fatores: geográficos, étnicos, econômicos, etc. Mas os estudos de Bastide (op. cit.) esclarecem que, no meio rural, a reinterpretação é mais forte justamente por estar mais longe do domínio da Igreja e, em contrapartida, no meio urbano, pelo motivo contrário, a assimilação é predominante.

21 Segundo Ramos (1954), os negros que aqui chegaram encontraram, de um lado, os festejos peninsulares relativos ao nascimento de Jesus; de outro, as festas populares de origem ameríndia, as confrarias religiosas e outras instituições, nas quais "eles se acomodaram com o sobrevivente das suas organizações totêmicas" (Ramos, 1954, p.69); o resultado foi um curioso amálgama que caracteriza as festas populares brasileiras do ciclo do Natal. A sobrevivência dos clãs totêmicos encontraram, no Brasil, o símile dessas agremiações nas confrarias religiosas católicas. Segundo o autor, no próprio Congo já existiam essas confrarias negras que tinham uma santa de proteção introduzida pela catequese dos missionários portugueses: Nossa Senhora do Rosário. No Brasil, os negros, de modo geral, continuaram sua devoção a ela que, no *apartheid* imposto pela economia escravista, se tornou não só a padroeira da Igreja dos negros mas, também, motivo de festa, onde preceitos religiosos católicos e elementos da cultura africana (músicas, danças, cânticos e vestimentas) tomavam parte. Mas o essencial na festividade é a íntima conexão com as cerimônias de coroação dos reis negros — as festas de coroação dos Reis do Congo —, que se difundiram por todo o Brasil, de tal forma que se tornaram motivo dominante nos festejos afro-brasileiros (idem, p.78-84).

22 Bastide (op. cit.) distingue o "catolicismo dos negros" do "catolicismo negro". Neste último, a religiosidade africana e seus elementos lúdicos persistem mais fortemente, enquanto a influência do catolicismo romano é menor. Porém, o autor nota que houve, com o aumento do controle eclesiástico no Brasil, a passagem do "catolicismo negro" para o "catolicismo dos negros".

23 Sobre a representação do "julgamento final" pelos artesãos do medievo, ver Mâle (1958).

síntese dos elementos que impulsionaram seu horror à morte, a saber, a morte interdita e a destruição da individualidade. Como a sua loucura, entendida como sabedoria trágica, pôde domesticar o horror da morte e transfigurá-la, se estar vivo é participar do fluxo que nos atravessa a cada instante, é permitir que a criação e a morte se manifestem em nós a cada momento? Como podemos nos garantir contra a ação do tempo, como nos preparar para o julgamento final? Bispo procurou responder (em parte, inconscientemente) a essas questões transgredindo seus próprios limites, criando os seus duplos, mas não se limitou a eles, pois a "vida rendida à morte, é a operação mesma do simbólico" (Baudrillard, op. cit., p.197). Ele criou outros meios simbólicos para se colocar à margem do tempo, um tempo que se escoa e introduz a morte em sua órbita.

Segundo Maldiney (1991), crise e temporalidade estão ligadas à existência. A existência não no sentido trivial do termo, mas no sentido de existir, enfatiza o autor: "Ex-istir é ter sua apresentação 'fora': fora da maneira convencional, fora desta maneira que nós nos damos, por exemplo, construindo nossa própria personagem não apenas social, mas íntima" (Maldiney, op. cit., p.117). É precisamente essa crise que, segundo Maldiney, se apresenta na psicose. Além disso, a nossa existência é a conjugação do existir no tempo histórico linear. Por isso, o existir recusa o futuro, enquanto este contém o princípio da mudança e, portanto, a morte em potencial. De fato, para Bispo, sua própria existência deveria situar-se fora da usura do tempo; por isso criou os seus duplos e ritualizou a vida, pretendendo controlar o fluxo temporal.

Fez-se necessário criar uma estratégia que lhe garantisse a imagem de um ser durável e um tempo imutável, que se abrisse em direção ao eterno. Para ele, era prioridade situar-se fora do tempo que passa, fora desse tempo que carrega a morte e aponta para um futuro incerto, onde o acaso pode se manifestar. Sua loucura foi "uma interpretação da realidade realizada através de um certo ponto de vista" — através da perspectiva da morte — "e, ao mesmo tempo, uma objetivação que consiste em produzir novos limites para as experiências futuras, e a desenvolver atitudes e comportamentos adequados do ponto de vista dessa interpretação do mundo" (Le Quéau, 1997, p.28). Por essa razão, sua obra é indissociável de seu discurso delirante.

Assim, na semana do Natal de 1938, ou seja, pouco antes da comemoração do nascimento de Jesus Cristo, nascia um novo messias, gestado durante anos no mar-útero da Grande Mãe, de onde toda forma de vida tem origem. Arthur Bispo do Rosário, filho de São José, foi trazido à Terra pelos braços da Mãe que, entre seus vários nomes — Geia, Deméter, Iemanjá[24] —, é aqui chamada de Virgem Maria. Ele estava com 29 anos quando viveu sua experiência mística espontânea, uma experiência de morte e renascimento, registrada em um dos estandartes que criou, *Eu preciso destas palavras escrita*:

24 Iemanjá é a deusa ioruba do Mar que corresponde à imagem maternal e representa o elemento líquido sem especificação. É muito popular entre a população afro-brasileira e mesmo na dos mulatos e brancos. Com o sincretismo entre a religiosidade africana e o cristianismo luso-brasileiro, Iemanjá passou a ser invocada e identificada, muitas vezes, como Nossa Senhora do Rosário ou Nossa Senhora da Conceição; também foi comparada a Sant'Ana, mãe da Virgem Maria, e, muitas vezes, à própria Virgem. Essa variação é possível porque "esse sincretismo não é rígido e cristalizado. É um fato em formação, fluente e móvel, apresentando assimilações diversas conforme as épocas. [...] Foi assim que Iemanjá uniu-se com Nossa Senhora por causa da crescente influência de seu culto" (Bastide, 1973, p.161; 164). Para maiores informações sobre o assunto, ver Bastide (1971, p.274; 341; 354-5) e Verger (op. cit., p.26).

> 22 DEZEMBRO 1938 — MEIA NOITE ACOMPANHADO POR — 7 — ANJOS EM NUVES ESPECIAS FORMA ESTEIRA — MIM DEIXARAM NA CASA NOS FUNDO MURRADO RUA SÃO CLEMENTE — 301 — BOTAFOGO ENTRE AS RUAS DAS PALMEIRAS E MATRIZ EU COM LANÇA NAS MÃO NESTA NUVES ESPIRITO MALISIMO NÃO PENETRARA AS 11 HORAS ANTES DE IR AO CENTRO DA CIDADE NA RUA PRIMEIRO DE MARÇO — PRAÇA — 15 — EU FIZ ORAÇÃO DO CLEDO NO CORREDOR PERTO DA PORTA — VEIO MIM — UMBERTO MAGALHAES LEONI — ADVOGADO MESTRE PARA ONDE EU IA PERGUNTOU EU VOU MIM APRESENTAR — NA IGREJA DA CANDELARIA ESTA FOI MINHA RESPOSTA — EU ABRIR A PORTA LADO LESTE UM JARDIM FLORES VARAS CORES AO 7 — METROS DE FRENTE UM PORTÃO DE — 2 METROS DE ALTURA DE FERRO LADO ESQUERDA COM SEUS GRADEADO TODAS DE PONTA LANÇA UM METRO E VINTE ALTURA — 10 — ESPAÇOS — UMA POLEGADA SOBRE UMA PILATRA DE 60 — CITIMETROS DE CIMENTO PISO DE LADO ESQUERDA — 70 — LARGURA ATÉ PORTÃO EU FIQUEI NA CALÇADA ESPERANDO NO PONTO DE PARADA — FICA ENFRENTE NUMERO 301 — BONDE — JARDIM LEBLO TOMEI ESTA CONDUÇÃO JA NO FIM DESTA — RUA AOS 10 — MINUTOS FEZ CURVA PARA LADO ESQUERDA — SEQUE VIAGEM PELA PRAIA DE BOTAFOGO RUA SENADOR VERGUEIRO EM SUA VELOCIDADE NORMAL VAI PELO CENTRO — QUASE NO FIM UM PEQUENO QUARTERÃO FAZ CURVA PARA DIREITA NESTA RUA DE ESQUINA OBSERVO UMA EMBAIXADA — CURVA A ESQUERDA ENTRA NA PRAIA DO FLAMENGO LOGO OBSERVEI QUE É OS FUNDOS DO PALACIO DO CATETE — SEDE DE SUA EXCELENCIA PRESIDENTE — ESTADOS UNIDOS DO BRAZIL — UM PORTÃO DE FERRO LARGO COM SUAS GRADES DE PONTA DE LANÇAS SOBRE PILATRAS DE PEDRA AOS 2 — METROS DE ALTURA PODE SER MAIS — 100 DISTANCIA UM SOLDADO EXERCITO DE SINTILNELA COM SEU FUZIL NA COSTA SUA BANDLEIRA AFRENTE COURO PROXIMO GURITA JARDIM NA CALÇADA UM
>
> COMO EU VIM TERRA TAMBARDILHO

Bispo foi tomado pelo êxtase, escutou vozes, viu imagens:

Faltavam dois dias para o Natal de 1938. Era meia-noite e Arthur Bispo do Rosario descansava no quintal do casarão da família Leone,

> na Rua São Clemente, 301, em Botafogo, Rio de Janeiro. De repente, a cortina preta que revestia o teto do mundo se rasgou sobre ele e deu passagem a sete anjos de aura azulada e brilhosa. Vinham do céu ao seu encontro. Era um chamado. A noite se fez dia para convocá-lo à sua missão. Bispo recebeu os anjos e os acolheu em algum canto da psique. A glória absoluta: ele era enfim *reconhecido*. Como Jesus Cristo? 'Está falando com ele', arriscaria a confissão.
>
> Dopado por um exército angelical, entre visões e quimeras, Bispo saiu pela rua deserta, na abafada noite de 22 de dezembro. [...]. Ao patrão, o advogado Humberto Magalhães Leone, disse apenas que iria se *apresentar* na Igreja da Candelária.
>
> [...]. Arrastou-se por uma via-crúcis durante dois dias, escoltado por anjos, subjugado por ordens do além.
>
> Bispo jurava que uma cruz luminosa lhe riscava as costas. Poder sagrado e aferido. Pois o grande dia havia chegado, e ele era então *reconhecido* por seres invisíveis. Guiado por imagens, arrastado por vozes que lhe sopravam segredos ao ouvido, Bispo se *apresentou*. O ponto final daquele calvário de delírios foi o Mosteiro de São Bento. Depois de peregrinar pela cidade, ele entrou no templo do Centro e anunciou à confraria de padres:
>
> Vim julgar os vivos e os mortos.
>
> Silêncio apostólico. Perdido no vácuo entre o fato e a ficção, Bispo entendeu que os frades do Mosteiro o *reconheciam*. (Hidalgo, op. cit., p.13-4)

Tal experiência extática marcou a sua morte simbólica, o abandono da sua condição humana e a sua entrada em um plano extra-humano. Morte simbólica porém prenhe de sofrimento, pois o transe é uma descida vertiginosa em direção às profundezas do ser, onde passado, presente e futuro se encontram caoticamente ligados:

> [...] O transe é a descarga da consciência, colocada ao inverso; é a descida ou a subida (cabe a você escolher!) vertiginosa em direção ao ser, para além da palavra esquecida, para além das imagens, embaixo das marés afetivas, lá onde se elaboram os amanhãs ao fogo dos ontens e dos antes de ontem; aqui, tempos e lugares mudaram de gosto, os minutos valem anos, os anos, segundos; não há mais nem espaço nem tempo. (Donnars, 1986, p.9)

Bispo rompeu com a interpretação dominante da realidade para criar uma nova; morreu e renasceu como um novo ser depois de escutar vozes de anjos que lhe disseram ter sido eleito pelo Todo-Poderoso para a missão de julgar os bons e os maus e recriar o mundo para o Dia do Juízo Final. Pensava ele ter sido "reconhecido" pelos religiosos como "o escolhido", afinal sua passagem iniciática era equivalente àquela que dá origem ao xamã de uma tribo[25] e às visões iniciáticas dos santos medievais. "O xamã começa sua nova, sua verdadeira vida por uma 'separação', isto é, [...] por uma crise espiritual que não é desprovida nem de grandeza trágica, nem de beleza" (Eliade, 1978, p.28). Segundo Eliade (1978, p.83), em todas as variações de iniciações xamânicas essa crise se origina da "visão" de um espírito em sonhos ou em estado de vigília; ela sinaliza a obtenção de uma espécie de "condição espiritual" que ultrapassa a condição humana profana.

O Arthur Bispo do Rosário renascido não nasceu de uma cópula nem das entranhas de sua mãe, Blandina Francisca de Jesus; foi trazido ao mundo pelos braços da Virgem Maria, a quem ouvia, respeitava e chamava de mãe. Mais uma vez, é possível encontrar analogia em Antonin Artaud, que negava dever sua vida a um ato sexual praticado por seus pais:

> Eu, Antonin Artaud, sou meu filho, meu pai, minha mãe...
> Não creio nem em pai
> nem em mãe
> não tenho
> papai-mamãe. (Artaud apud Esslin, op. cit., p.95)

O que se reproduz no delírio de Bispo, de várias maneiras, é a sua condição de superioridade: foi escolhido como o novo "messias", filho de Deus, rei dos reis, demiurgo; em suma, sua origem era sagrada. Seu delírio também é fechado a todo diálogo, como podemos observar no filme de Hugo Denizart[26]:

> Hugo: E você vai se transformar em Jesus Cristo, como é que é?
> Bispo: Não vou me transformar não, rapaz, você está falando com ele. Tá mais do que visto. Mas pra quem enxerga, pra quem não enxerga, não dá pé.

Quando Denizart perguntou sobre a sua procedência, a resposta foi uma variação da resposta que ele insistia em repetir: sua origem sagrada.

> Bispo: Com a idade de seis anos eu já começava a ser guiado por minha mãe e meu pai. Eu já sabia.
> Hugo: Desde pequeno você ouve?
> Bispo: Desde pequeno.
> Hugo: Quando você era pequeno, estas vozes diziam o que para você?
> Bispo: Eu escutava*:* você vai sofrer, filho, você vai sofrer, você vai sofrer. Ela me pegava com todo carinho e me levava a qualquer lugar, de acordo também com as vozes que ela escutava.
> Hugo: A sua mãe?
> Bispo: É, Maria Santíssima. Ela escutava a voz: guia teu filho, Maria. Ela também escutava a voz. São José também, meu pai protetor,

25 Sobre o termo "xamã", Eliade (1978) explica que se esse vocábulo se refere a todo mágico, feiticeiro, *medicine-man* ou extático encontrados no curso de toda a história das religiões e da etnologia religiosa então teremos uma noção extremamente complexa e imprecisa. É certo que o xamã é também um mágico e um *medicine-man*, mas ele também pode ser místico e poeta. Mas o xamanismo, no sentido estrito do termo, apresenta estrutura própria. Ele é, por excelência, um fenômeno religioso siberiano e central-asiático. Uma primeira definição desse fenômeno é: xamanismo = técnica de êxtase (p.21-2). Embora o termo xamã se restrinja, como explica Eliade, a um fenômeno religioso que se dá no interior de determinadas culturas arcaicas, aqui será utilizado não apenas por falta de um outro mais apropriado, mas também porque, como veremos mais adiante, existem muitos pontos em comum entre o comportamento de Bispo e as práticas xamânicas, ainda que estas sejam guiadas por um conjunto de valores pertencentes a um grupo.

26 Diálogo transcrito por Hidalgo (op. cit., p.139).

também escutava a voz para chegar junto a ela, pra proteger. Era nós três.[27]

O seu desejo era fazer de sua existência uma vida santificada, uma existência aberta ao mundo, não sem antes pagar o preço com o seu próprio sacrifício, com o esquecimento de si através de uma embriaguez dionisíaca.

Toda experiência religiosa absoluta, explica Eliade (1976), só pode se efetuar negando o resto, seja qual for o nome que se dê a ele: equilíbrio, personalidade, consciência, razão ou outro nome. A regressão ao caos é necessária para que haja a libertação desta vida, que definha em nascimentos e mortes, para que se possa alcançar a imortalidade. Bispo reviveu o mito de Dionísio, cujo elemento básico é a transformação — transformação que o levou a romper com muitos interditos, sejam eles de ordem social, cultural ou mesmo de ordem religiosa. "O homem arrebatado pelo deus, transportado para o seu reino por meio do êxtase, é diferente do que era no mundo quotidiano" (Lesky apud Brandão, 2001b, p.130).

O caos psíquico, a regressão ao indistinto primordial é uma morte iniciática que tem por princípio a repetição da cosmogonia, ou seja, preparar o novo nascimento. O Bispo ressuscitado, duplo especular e trágico, era um iniciado no mundo sagrado porque conhecia os mistérios, porque teve revelações de ordem metafísica — escutou as vozes do além, que anunciaram a sua missão: a recriação do mundo. Com a santificação da vida, ele passou a vivenciar, simultaneamente, a existência humana e a "existência" trans-humana, a de Deus e de outros seres sagrados do cristianismo: Virgem Maria, São José, Jesus Cristo. Afinal, como todo religioso ele se queria diferente do que achava que era no nível "natural", esforçava-se por fazer-se segundo a imagem que lhe foi revelada às vésperas do Natal: o criador de um novo mundo. O homem religioso assume uma forma de ser específica no mundo porque

> [...] crê sempre que existe uma realidade absoluta, o *sagrado*, que transcende este mundo mas que se manifesta neste mundo, e, por este facto, o santifica e o torna real. Crê, além disso, que a vida tem uma origem sagrada e que a existência humana actualiza todas as suas potencialidades na medida em que é religiosa, quer dizer: participa da realidade. [...] Reactualizando a história sagrada, imitando o comportamento divino — o homem instala-se e mantém-se junto dos Deuses, quer dizer no real e no significativo. (Eliade, [19--], p.209)

Nas sociedades primitivas, as experiências extáticas que decidem a vocação do futuro xamã comportam o esquema tradicional de uma cerimônia de iniciação: sofrimento, morte e ressurreição. A morte simbólica é representada por uma doença, uma agonia ou um estado de inconsciência. Aquele que vivencia tal experiência faz uma viagem: desce ao inferno, ascende ao céu e retorna ao mundo dos vivos com poderes sobrenaturais. Um xamã só se torna xamã renunciando à condição humana normal.

27 Diálogo transcrito por Hidalgo (op. cit., p.139-40).

Em muitas sociedades arcaicas, pessoas com anomalias físicas ou psíquicas são tabus, e esses seres tabus, justamente por escaparem às regras da normalidade, são símbolos daquilo que ameaça o equilíbrio da condição humana, são vistos como portadores de uma vocação mágica, candidatos a xamã. Pode-se dizer que as qualidades que fazem de um homem um ser dotado de magia são da mesma ordem daquelas que o fazem um tabu[28]. O xamã tira partido de seu mundo insólito, explora o divórcio de sua própria personalidade e assume a angústia que comporta, preservando o grupo a que pertence de tais perturbações.

Mas a escolha do xamã é comumente imposta pelos espíritos, que, através de uma "revelação", manifestam sua vontade. A aquisição das forças mágicas parece consistir no abandono das regras que definem o normal dentro de cada grupo social. No processo de morte e renascimento, ou seja, no processo iniciático, uma marca deve ser deixada no corpo (cicatrizes, alterações simbólicas como a retirada de órgãos, etc.), como sinal da passagem à nova condição. Aberrantes ou não, reais ou fictícias, pouco importa. O que interessa é a sua significação e a intenção à qual ela corresponde; os rituais e todas essas provas têm como finalidade esquecer a vida passada.

A "passagem" de Bispo no ano de 1938, tal qual uma iniciação xamânica, deixou marcas em seu corpo e o fez esquecer seu passado. Ele dizia ter uma cruz gravada em suas costas, sinal de que havia sido eleito: "Bispo entendeu que os frades do Mosteiro o *reconheciam*. Afinal, era um enviado de Deus, trazia a marca do crucifixo gravada no corpo" (Hidalgo, op. cit., p.14).

As torturas sofridas pelos iniciados têm várias significações; entre elas, considera-se que o neófito é torturado, mutilado, esquartejado, cozido ou queimado pelos demônios — senhores da iniciação —, pelos antepassados míticos. Logo, as mutilações ou outros sinais exteriores são carregados de simbolismo da morte.

Grof e Halifax (op. cit.) dizem que os ritos de passagem ou de iniciação têm importância fundamental na discussão da morte simbólica e do renascimento. Esses ritos são acontecimentos ritualísticos cujo objetivo é fornecer um novo limite para a redefinição total do indivíduo, e podem estar presentes tanto nas iniciações xamânicas quanto nas heróicas, ou, ainda, na iniciação a uma sociedade secreta ou em rituais de cura. A experiência extática vivida por Bispo na semana do Natal de 1938 foi um ritual de passagem que o iniciou em todas essas possibilidades.

O processo de redefinição, que teve início quando os anjos lhe anunciaram que era o "escolhido", desenvolveu-se a partir de rituais cujas normas foram criadas por ele mesmo. Todo rito envolve a repetição, que tem por função escapar ao tempo linear, criar o tempo cíclico. Este, por sua vez, exclui o acaso, o desconhecido, o próprio futuro, porque o devir é a repetição do já conhecido. A ritualização da vida é a forma que Bispo encontrou para se libertar do tempo linear, de sua ação corrosiva, e instaurar o tempo cíclico. Ele acreditava poder conter o tempo linear negando-o,

**28** A respeito, ver Cazeneuve (1971).

mas, ao fazê-lo, tornou-se escravo dessa temporalidade porque acreditava nesse tempo.

Segundo Dupré (1975), existe diferença fundamental entre a noção de tempo no pensamento religioso cristão e na do mito, particularmente no que diz respeito à ideia de eternidade. As culturas primitivas não aceitam a irreversibilidade do tempo; através do rito, o tempo profano recupera o tempo sagrado do mito, que é circular, voltado sempre sobre si mesmo, e é essa reversibilidade que libera o homem do tempo cronológico irreversível (Brandão, 2001a, p.40). O tempo mítico é o "eterno retorno", a eterna repetição do ritmo fundamental do cosmo: a sua destruição e a sua recriação periódicas. Para o cristianismo, o tempo só pode escoar em uma única direção porque os atos de Deus culminam, na história cristã, com o momento da encarnação de Cristo, na qual Deus assumiu uma existência humana historicamente condicionada. Isto dá ao tempo uma direção irreversível, pois sua unicidade histórica não tolera a repetição. Dessa maneira, não é permitido ao cristão escapar do tempo e, por isso, seu movimento — um dia após o outro — tem conotação negativa, só restando ao fiel compensá-lo, repará-lo. Os rituais cristãos reapresentam a história do cristianismo, ou seja, o passado, mas como a encarnação não pode ser repetida, apenas a fé pode permitir ao fiel tornar-se "contemporâneo" aos acontecimentos da redenção. Portanto, somente a fé pode impedir o aniquilamento do tempo (Dupré, op. cit., p.122-5).

Bispo acreditava nesse tempo cristão irreversível; era dele prisioneiro e tentou escapar instaurando rituais, que não reapresentavam o passado da história cristã mas que o preparavam para ser o novo messias. Os rituais são a contínua repetição de um número limitado de gestos e comportamentos e, por isso, ele, como homem religioso, foi paralisado pelo mito do eterno retorno. Todavia, adverte Eliade ([19—], p.106), tal comportamento não significa a recusa em assumir a responsabilidade de uma existência autêntica; "trata-se de uma responsabilidade de espécie diferente [...] de uma *responsabilidade no plano cósmico*, diferente das responsabilidades de ordem moral, social ou histórica, únicas conhecidas nas civilizações modernas". À experiência pessoal do homem religioso "não falta nem autenticidade nem profundeza, mas pelo facto de se exprimir numa linguagem que não nos é familiar, ela parece inautêntica ou infantil aos olhos dos modernos" (Eliade, [19—], p.106). Com a ritualização da vida, o artista buscava o tempo sagrado, cuja natureza é reversível porque representa o tempo mítico primordial tornado presente.

Nesse processo de ritualização, uma das suas tendências era isolar-se. No vaivém entre a Colônia Juliano Moreira e o mundo lá fora, passava horas ou mesmo dias trancafiado. O marinheiro retornava ao navio, voltava a navegar. Em seu isolamento, longe dos olhos mundanos, mergulhava nos fragmentos de objetos e de si mesmo, recolhidos, acumulados e guardados numa espécie de caos onde as coordenadas de tempo e espaço não existiam. Nos espaços onde habitou, a entrada de estranhos era proibida. Penetrá-

-los só era possível mediante uma senha. Se ela fosse decifrada, ou melhor, se a pessoa reconhecesse seu "dom", magicamente abria-se a porta do seu templo. "Ver" a cor da sua aura era reconhecer a sua singularidade: azul, cor do céu, de onde ordenavam sua missão. A nova vida também exigia novos hábitos alimentares. A super-Maria-ego-Mãe lhe ditava um regime especial: a ingestão de carnes era interditada; alguns legumes, algumas frutas e água eram liberados; os jejuns deveriam ser periódicos. Sacrifícios em prol da purificação do corpo que deveria, com o tempo, ficar "brilhoso" e "transparente" para o dia da "passagem" para o além-mundo. Esse corpo que se queria santificado era, de tempos em tempos, untado com óleo. Seu ritual alimentar testava os limites do corpo e, ao mesmo tempo, pretendia transgredi-los.

Para o homem profano, a alimentação ou a vida sexual não passam de atos fisiológicos, mas para um homem religioso elas nunca são simplesmente isso; são ou podem tornar-se um sacramento, ou seja, uma comunhão com o sagrado. Esquecido dos desejos da carne, o corpo de Bispo se preparava para o dia da "passagem" definitiva. Semelhante a Artaud — para quem "nada existe tão inútil quanto um órgão. Tão logo se dê ao homem um corpo sem órgãos, estará ele livre de todos os seus automatismos e novamente senhor de sua verdadeira liberdade" (Artaud apud Esslin, op. cit., p.98) —, ele parecia buscar um corpo sem órgãos, como se apenas um corpo destituído de sensações pudesse torná-lo senhor de si:

> Bispo: Aí eu deixo de ter alimentação, às vezes tomo um café, depois vou deixar de ter alimentação total. E ela vem, com fé, força, sobre mim.
>
> Hugo: E o que vai acontecer na cabeça?
>
> Bispo: Ah, isso eu tenho uma ação brilhosa, de um metro e meio, que eu já tive umas duas ou três vezes transformando. E fico assim de ouro, prata e brilhante, assim no comprido, na cabeça.
>
> Hugo: E no estômago, o que vai acontecer?
>
> Bispo: Nada, é vazio. [...].[29]

Segundo Durand (apud Jeffrey, op. cit., p.125), existe a transgressão em "hyper" e em "hypo". Como o comportamento dos santos na Idade Média, o de Bispo era conduzido por transgressões em "hypo"; suas práticas alimentares revelam o seu ideal ascético: "Vou secar até virar santo", garantia ele. Mas o seu comportamento também era marcado por transgressões em "hyper", ou seja, transgressões via excesso, cuja expressão maior é a grande quantidade de objetos que produziu. Tanto num exemplo como no outro, o objetivo dos exercícios de transgressão é a transformação do *status* ontológico do indivíduo.

A transgressão tem função muito importante na ritualização da vida. É ela que visa provocar uma descontinuidade para introduzir na vida a mudança, o encantamento, a criação, a fecundidade. Bispo rompeu com a

29 Diálogo do filme *Prisioneiro da passagem*, transcrito por Hidalgo (op. cit., p.140-1).

ordem dominante a fim de reordená-la. Assim, a fundação de sua mitopoética se deu com uma transgressão — o abandono da condição "normal" — que resultou no seu renascimento como ser dotado de poderes sobrenaturais; ela marcou o ponto zero, tal qual aquele representado por Adão e Eva. Após a primeira transgressão, houve um processo de ritualização da vida e, portanto, uma constante busca em direção a outras transgressões.

A experiência transgressiva que ele viveu tomou o sentido de um evento sagrado, isto porque no momento em que se sentiu entorpecido pela ordem mortificadora da vida ele fundou seu próprio sistema simbólico e sua própria história, a partir da instauração de uma transgressão. Pode-se dizer que ele criou sua própria mitologia, pois, segundo Eliade ([19—]), os mitos relatam a história de uma transgressão. No mais, ao criar um mundo com suas mãos ele se "igualou" ao Criador e, dessa maneira, transgrediu os limites do ser humano.

É necessário enfatizar que as suas transgressões foram "transgressões selvagens", porque não eram reguladas por um conjunto de rituais e símbolos determinados por uma prática religiosa coletiva, ainda que ele tenha se utilizado de elementos cristãos e pagãos — novamente, Bispo transgrediu. O servo de Deus foi fundador de sua própria religião, na qual o discurso messiânico predominava. Vestido em seu manto, o visionário profetizou o fim do mundo e o nascimento de um novo, sua Jerusalém celestial. Eis o Apocalipse e o novo mundo segundo Arthur Bispo do Rosário, registrado no filme de Hugo Denizart[30]:

> Bispo: Segundo foi determinado, ele vai suspender a terra com a ajuda de dois mestres, e, com um tremor de terra, arrasar o mundo, sabe? Aí não haverá mais trevas, abismos. Tudo isso será plano na terra.
>
> Hugo: A terra vai ser arrasada...
>
> Bispo: Vai ser arrasada e vai ser tudo de plano, não vai ter mais abismo.
>
> Hugo: Não vai ter mais abismo...
>
> Bispo: Não vai ter não, isso é o que ele mais interessa mesmo.
>
> Hugo: Não vai ter mais nada? Tudo plano?
>
> Bispo: Tudo plano, que a terra é grande e dá muito bem para o povo morar, residir. No meu reino tudo será feito de ouro e prata, brilhante, você pode conhecer. [...].
>
> Hugo: E quem vai governar o mundo? Vai ter presidente, vai ter governador?
>
> Bispo: Ah, não, o único que vai mandar sou eu. Mais nada. Tá escrito isso. As eleições é só uma, do Criador, sabe? Esse negócio de votação, de partido, é um só. Tá escrito. Eu botei tudo ali, boto plantado, pra mostrar que existe isso na terra. A lei é essa, o partido é só um, do Criador.
>
> Hugo: E os hospitais psiquiátricos, o que vai acontecer?

**30** Diálogo transcrito por Hidalgo (op. cit., p.135-6).

Bispo: Ah, isso tudo vai acabar. Esse negócio de doença.
Hugo: Não vai haver mais nenhuma doença?
Bispo: Nada, nada.
Hugo: Nem miséria?
Bispo: Nada.
Hugo: E tristeza?
Bispo: Ah, mas não pode, rapaz. Não pode. Tá mais do que visto. A minha estadia aqui junto com o meu povo vai ser a vida. A vida para todos os tempos e glória. Mais nada.
Hugo: E os psiquiatras?
Bispo. Que psiquiatras?
Hugo: Os médicos daqui, o que vai acontecer com eles?
Bispo: Não vai ter decepção de classe, não. Não vai ter decepção de classe.
Hugo: Vai ficar tudo igual?
Bispo: Médico-psiquiatra nos meus tempos não existia não, sabe? Só existia médico e advogado. Depois foram inventando psiquiatra não sei de quê...
Hugo: Só vai haver alegria?
Bispo: Pois é, mas pra quem é meu, pra quem é meu. Tá mais do que visto, é coisa fina.

O messianismo de Bispo caracteriza-se por um discurso onde todos os seus desejos serão realizados no novo mundo. Cada palavra sua tem um sentido muito forte. O novo mundo seria plano, não haveria mais "abismos" — e isso "é o que mais interessa". A palavra "abismo" carrega uma carga de significações que remetem à realidade psíquica do inconsciente: abertura, sulco natural, quase vertical, de fundo praticamente insondável; tudo o que é imenso e incomensurável; caos. Mas também pode remeter a um conteúdo social: grande distância ou diferença entre as pessoas ou coisas; situação difícil ou insustentável; caos. No sentido figurado, pode significar oceano, mar ou, ainda, inferno. No Novo Testamento, o abismo é onde Cristo jogou a besta, o dragão, símbolo do diabo. No delírio, a significação de uma palavra remete sempre a uma outra significação e esta não se esgota (Lacan, op. cit., p.43); logo, tudo o que pode estar contido na palavra "abismo" é tudo o que está contido na fala de Bispo. Essa palavra significa, em si mesma, aquilo que para ele era inefável: aquilo que o incomodava, sua própria dor, seu sofrimento.

Seu discurso messiânico pode ser delirante mas é coerente. Se o novo mundo seria plano, se não teria mais abismos, é evidente que não teria, também, hospitais psiquiátricos, psiquiatras, doenças, miséria, tristeza... só teria lugar para a alegria. No novo mundo, ele não padeceria dos males que o afetavam neste mundo.

Da mesma forma que o seu duplo especular, os delírios messiânicos por ele professados refletiam uma imagem invertida. A ansiedade de ser julgado por suas atitudes na Terra, tal como o Juízo Final assombrava os homens medievais em seu leito de morte, foi resolvida com a inversão: não era, mais, Bispo que seria julgado por suas ações, o juiz agora era ele; viveria na alegria do mundo sem abismo apenas "quem era dele". Aliás, a inversão é uma das funções do ritual.

Seu messianismo não provinha da religiosidade africana, era nascido do catolicismo dos negros, porque as ideias de redenção e de fim dos tempos têm origem na tradição judaico-cristã. Segundo Bastide (op. cit.), na religiosidade africana o sobrenatural não transcende as coisas, mas palpita em todo o universo, muito mais do que em religiões de esperança como o judaísmo e o cristianismo; e ela não pode fornecer os quadros míticos necessários a uma pregação profética. Enquanto a religiosidade africana realiza, através dos ritos, o passado no presente, os ritos de Bispo projetavam uma história futura, de mudanças e redenção. Essa projeção tinha origem na crença da perdição do pecador e na salvação mediante um novo nascimento, assim como o dogma da Cruz, ou, se preferirmos, tal qual o conteúdo simbólico do sacrifício de Jesus Cristo.

Ainda, seu messianismo e, portanto, todo o seu delírio místico estavam ligados à sua rivalidade com Deus. Rivalidade por se ver objeto nas mãos do Criador, responsável por todas as mazelas que ele viveu no Brasil, país onde ser pobre, negro e nordestino constitui um conjunto de adjetivos pejorativos que resultam em discriminação. O Bispo escravo, brinquedo de Deus, reconhecia o seu Senhor e por isso pensava ser por Ele reconhecido. A rivalidade foi assumida e, assim, ele iniciou sua luta para ocupar o trono efetivamente. Mas, se por um lado a sua mitopoética apresenta resíduos de conteúdo messiânico de origem católica, por outro também apresenta fragmentos de elementos das culturas negra e afro-brasileira.

Bastide (1972) apresenta uma série de dados importantes para a interpretação da mitopoética de Bispo. Segundo o autor, o homem negro distingue um misticismo normal de um misticismo patológico, o que seria equivalente, para os cristãos, à oposição entre o êxtase divino e a possessão demoníaca. Os negros opõem, de maneira análoga, a possessão pelos deuses e aquela pelos mortos. Todavia, vimos que os eguns são duplos que falam do "exterior", e Bastide enfatiza que a possessão dos mortos não é comum aos negros brasileiros. Mas o fato é que, na cultura africana, a possessão divina engrandece o homem, enquanto que a dos mortos leva a pessoa ao tormento, a uma forma de loucura. Não é por acaso que as sessões de candomblé se iniciam com a expulsão dos mortos. De acordo com Verger (op. cit.), no processo iniciático do candomblé brasileiro, a autoridade do pai ou da mãe-de-santo afirma-se no momento da raspagem de cabeça do noviço, no primeiro dia da iniciação, e representa a tomada de possessão simbólica sobre este; mas quando da morte de um daqueles, seus filhos espirituais realizam uma cerimônia destinada a "tirar a mão" do morto de sua cabeça, para evitar o risco de ser arrastado até o além pelo defunto. A explicação de Bispo acerca do loucura — "o louco é um homem vivo guiado por um espírito morto" — pode encontrar aí a sua gênese[31].

**31** Conforme Bastide (1973, p.179), o problema do culto das almas e dos mortos na religiosidade afro-brasileira é um dos mais obscuros e menos estudados, o que impede aprofundar essa questão.

Toda mitopoética exprime-se com o auxílio de um repertório cuja composição é heteróclita e se dirige a uma coleção de resíduos culturais, ou seja, constitui-se através de mensagens de qualquer forma "pré-transmitidas" e que são colecionadas para fazer frente a novas situações (Lévi-Strauss, 1970a). Bispo recorreu também ao tesouro que herdou, de alguma maneira, de seus antepassados para descobrir o sentido (ou a falta de sentido) daquilo que o afligia. Na sua bricolagem intelectual, o horror da morte tomou forma concreta na imagem (retirada do tesouro herdado) do morto que o guiava.

A cultura negra faz parte disto que se convencionou chamar de sociedade "primitiva". Isso significa que tudo o que se refere ao pensamento selvagem manifesta-se, na cultura africana, como transe ou êxtase, que também é conhecido como uma maneira de iniciação xamânica. No interior da cultura africana, da mesma forma que em outras sociedades primitivas, a função primordial do transe é fazer a intermediação entre o sagrado e o profano; no Brasil, uma outra função merece destaque: a da inversão, ou seja, a modificação do *status* social das pessoas inferiorizadas pelas normas cotidianas (Bastide, 1972). Segundo Bastide (1971, p.325),

> [...] A religião africana destrói qualquer outra hierarquia que não se fundamenta na maior ou menor familiaridade com o sagrado, e nos candomblés a situação racial é radicalmente oposta à do país 'profano': é o homem escuro que domina o homem claro. [...] o transe místico, identificando empregadinhas de restaurante, cozinheiras ou pedreiros com os reis do céu, da tempestade ou do mar, faz desaparecer os sentimentos de inferioridade, os ressentimentos contra as humilhações diárias, em resumo, tudo o que pode originar ou alimentar o protesto racial.

No Brasil, o jogo da inversão não ocorre apenas nos terreiros de candomblé, a partir da possessão ou do transe; ele já estava presente na primeira festa do Brasil Colônia, o triunfo eucarístico, e também nas festividades e danças nas quais o negro veste o manto resplandecente e, por um tempo determinado, deixa sua condição de inferioridade para ser o rei:

> É que, no decorrer da festa, brilhantemente vestido, pode êle exibir os seus dons de flexibilidade e habilidade; torna-se o centro de atração de tôda a comunidade, é admirado e felicitado, escapa às misérias da vida cotidiana, êle é rei, é embaixador, é príncipe morto e ressuscitado. (Bastide, 1971, p.477)

E esse jogo é característico da festa mais representativa da cultura brasileira, o carnaval.

A mitopoética de Arthur Bispo do Rosário é uma estruturação de resíduos da cultura católica, das religiosidades africana e afro-brasileira e, também, da cultura popular[32], e seu objetivo é dar uma forma, uma aparência

32 É interessante lembrar que o messianismo no Brasil sofreu forte influência do sebastianismo. As façanhas da figura mítica do rei português Dom Sebastião estão presentes na literatura de cordel, nas cantigas dos repentistas nordestinos e em outras manifestações da cultura popular nordestina. O Nordeste também teve seu próprio movimento messiânico, liderado por Antonio Conselheiro, cuja importância está expressa no conflito entre seus seguidores e a força repressora das oligarquias brasileiras: a Guerra de Canudos (18961897).

à experiência trágica. O Bispo renascido era o Bispo messias, herdeiro de várias tradições, mas também rei que veio para redimir alguns subjugados neste mundo ("aqueles que são meus"); tratava-se, além de uma forma de transgressão, de um não conformismo.

Toda forma de comunicação com o sobrenatural (êxtase, transe, etc.) é, nas sociedades primitivas, assegurada e regulada pela tradição religiosa do grupo, da comunidade, ou seja, é socializada. Todo transe que escapa às convenções e às regras é considerado selvagem, uma forma de loucura, um sintoma do desejo divino (Bastide, 1972). Assim, pode-se considerar que Bispo foi um xamã selvagem na medida em que a sua iniciação não se deu dentro de um quadro proposto por um grupo, por uma comunidade, com base em sua tradição religiosa, o que torna compreensível que seu comportamento gerasse estranheza e, por consequência, não tenha tido recepção positiva e tenha sido tomado como sintoma de alguma patologia. Afinal, o que define ou não uma patologia é de natureza cultural, as formas de perturbação e de desvio são função de cada grupo, de cada sociedade, e do tipo de equilíbrio em que se fundamentam. No dizer de Lévi-Strauss (apud Rodrigues, 1986, p.38),

> [...] o domínio do patológico nunca se confunde com o domínio do individual: os diferentes tipos de perturbações se estabelecem como categorias, admitem uma classificação e as formas predominantes não são as mesmas segundo as sociedades ou segundo tal ou qual momento da história de uma sociedade.

O patológico, em Bispo, se revela, então, como um comportamento não adaptado à sociedade em que viveu.

É importante acrescentar que o xamã é um indivíduo tabu, porém não é um simples doente; é, antes de tudo, um doente que curou a si mesmo porque aceitou a sua nova condição, conseguiu dominá-la e provocá-la voluntariamente (Eliade, 1978); um ser

> [...] fora do comum, que vive de privações, na margem entre a vida cotidiana e o mundo dos espíritos. De um individualismo marcado, se isola do mundo e se distingue dos seus semelhantes por sua subversão e insubmissão. O xamã transgride a ordem social, como uma marca de seu poder. (Brenot, 1997, p.212-3)

Considerando tudo isso, entende-se por que Bispo foi um xamã. Ele tirou partido do insólito que o habitava, utilizou-se da sabedoria trágica para se manter vivo. Tomou as rédeas da sua loucura e, como sugerido na primeira parte deste livro, poderia ter saído do hospício mas não o fez porque, paradoxalmente, na irresponsabilidade imposta pela condição de interno encontrou o exílio necessário para dar asas aos seus desejos. Além disso, ao explorar a fragmentação da sua personalidade, assumiu a angústia que ela comportava, preservando o grupo a que pertencia de tais perturbações — função maior de um xamã —, atuando como um verdadeiro bode expiatório.

Ele ritualizou a vida, procurou uma experiência de encantamento não apenas para romper com a monotonia do tempo que passava, mas também para alimentá-la com o fogo sagrado. Sua busca pelo maravilhoso foi a maneira que encontrou para resolver o conflito entre seus desejos e a realidade. Seu desejo: viver plenamente. Sua realidade: a total impotência perante a vida e a morte. Mais uma vez, o que quis foi afirmar a vida: "Ser sensível ao maravilhoso, ao encantamento, ao êxtase, é, seguramente, o sinal de que a vida ainda vale a pena de ser vivida" (Jeffrey, op. cit., p.82).

Os rituais podem ter várias funções: a passagem, a transgressão, a teatralização, a catarse, a inversão e a mística, entre outras. Essas funções operam por meio de um espaço e de um tempo específicos, com um decoro apropriado que força a emoção a se exprimir, a se teatralizar. Na ritualização da vida de Bispo, todas essas funções estavam presentes e se combinavam, formando esse decoro, permitindo a ele ser o ator cujo papel era representar o seu próprio conflito, encenar sua subjetividade. Sua teatralização, por outro lado, garantiu o seu papel como xamã, deu à sua vida um potencial heróico, permitiu a fundação de sua própria sociedade secreta e se constituiu num ritual de cura.

Como a artista bruta Aloïse, ele, em vez de lutar contra a loucura, encarou-a de frente, tomou para si o papel de louco delirante, teatralizou seu conflito e assumiu a sua direção[33]. Roteirista, produtor, ator e diretor numa só pessoa. Como sinaleiro, o marinheiro dava as coordenadas, orientava os navios ou, no dizer de Hidalgo (op. cit., p.76-7), com bandeirolas nas mãos emitia sinais, dirigia o espetáculo. Da mesma forma, ele dirigiu sua própria loucura, um ritual, no meu entender, que não era a busca da cura, mas a própria cura.

Todo esse processo de sacralização da vida constitui uma trama que surgiu da tomada de consciência da precariedade da existência e do reconhecimento da rivalidade entre ele e Deus. A sua morte-renascimento foi uma troca, uma operação simbólica que não visava conjurar a morte nem exatamente transpô-la, mas transcender a desordem por ela causada. Sua iniciação no sobrenatural veio em resposta à ausência de um sistema simbólico que lhe permitisse essa troca. Com seus rituais, Bispo alimentava, com forte carga de encantamento, o tempo que corre irreversivelmente em direção à morte. Encantar, aqui, significa criar um novo mundo, no qual não há mais fronteira entre sujeito e objeto, realidade e desejo. Assim, a sua obra representa um esforço para vencer a morte, transformando-a em um rito de passagem. Ela o ajudou a dominar os sentimentos de impotência, de medo, de angústia perante o desconhecido, o imprevisível, a morte. O universo renascido das mãos de Arthur Bispo do Rosário é a "obra da passagem".

**33** Jean Dubuffet, numa carta escrita em 1964 a Jacqueline Porret-Forel, médica que teve convivência próxima com Aloïse Corbaz e fez sua tese de doutorado sobre a artista, afirma que esta não era completamente louca, que passou a simular a loucura porque havia se autocurado pelo processo que consistiu em deixar de combater o mal e passar a cultivá-lo, a servi-lo, bem como a encantá-lo e a fazer dele sua razão de viver (cf. Thévoz, 1981, p.165).

Parte III

# A CRIAÇÃO DO MUNDO ENCANTADO

## *A PROMESSA DE FELICIDADE*

Tudo é ritmo, todo o destino do homem é um só ritmo celeste,
como toda obra de arte é um ritmo único, e tudo oscila dos
lábios versificadores do deus...
**Hölderlin**

O sistema mítico conhece rituais e festas cujo objetivo é romper com a homogeneidade do tempo profano e reatualizar o tempo mítico original, permitindo ao homem tonar-se contemporâneo dos deuses, "dando-lhe a segurança de que ele é capaz de abolir o passado, de recomeçar sua vida e recriar o seu mundo" (Brandão, 2001a, p.40). O mesmo ocorreu com o processo de criação de Arthur Bispo do Rosário: ele quebrou o *continuum* do tempo linear e encontrou, entre o passado e o futuro, seu espaço presente.

*
* *

Bispo não desenhou, não pintou nem esculpiu. Nenhuma dessas atividades expressivas tradicionais das "belas artes" foi utilizada por ele. Mas bordou, costurou, pregou, colou, talhou ou simplesmente compôs a partir de objetos já prontos. Nenhum dos materiais "dignos" das artes plásticas foi manipulado por ele; suas obras nasceram das coisas que recolhia por onde andava ou que adquiria no mercado negro do hospício. Na sua maioria, objetos sem vida útil, detritos, sucatas de toda espécie. Na sede compulsiva de criar, quase tudo ao seu redor se transformava em material para criação plástica, e quando necessitava de um tipo específico de material, fios por exemplo, obtinha-o transformando o que havia à mão: uniformes, lençóis, sacos de estopa. Era um *bricoleur* aficionado na ordenação, na catalogação, no preenchimento de espaços e no ato de envolver com fios o corpo dos objetos. Criou vitrines *(assemblages)*, miniaturas, painéis, estandartes bordados, roupas e uma infinidade de outras coisas, difíceis de nomear. Uma aventura poética cuja *beleza* não é *desinteressada*, ao contrário: "o artista vê na sua própria obra somente uma *promessa de felicidade*" (Nietzsche apud Agamben, 1996, p.7). Seu processo de criação remete ao deus Dionísio, que representa, segundo Ehrenzweig (1974, p.235), a autodestruição e o renascimento do espírito criador em sua forma mais pungente.

O primeiro Dionísio (chamado Zagreu) nasceu do amor de Zeus e Perséfone. Hera, mulher de Zeus, tomada pelo ciúme, encarregou os Titãs de raptar e matar Dionísio, e assim eles o fizeram: cortaram-no em pedaços, cozinharam-lhe a carne e a devoraram. Todavia, numa das possíveis interpretações, Atená salvou-lhe o coração e Sêmele o engoliu, o que fez com que Dionísio fosse gerado novamente. Por um artifício de Hera, Sêmele morreu carbonizada, porém Zeus salvou o feto e gestou-o em sua coxa, permitindo a Dionísio renascer (Brandão, 2001b, p.117-20).

Dionísio simboliza as forças obscuras que emergem do inconsciente, liberadas pela embriaguez do "sangue da terra" — o vinho, bebida dionisíaca por excelência —, em que se misturam a morte e a vida multiplicada, da mesma forma que o vinho pode ser "tanto um remédio como um veneno, uma droga pela qual o humano se supera ou se transforma em animal, descobre o êxtase ou afunda na bestialidade" (Detienne, 1986, p.63). A embriaguez leva os adeptos de Dionísio a saírem de si pelo processo do êxtase, ou seja, a grande integração com esse deus. O sair de si implica num mergulho em Dionísio, na superação da individuação, na ultrapassagem do *métron*, na liberação total e, consequentemente, no entusiasmo: identificação com a própria divindade, retorno ao Uno primordial.

Bispo, tomado pelo horror da morte, embriagou-se com o "sangue da terra" e experimentou a desintegração do Eu por meio de um sentimento místico de unidade, de reconciliação com a natureza.

No seu processo de criação, os estilhaços do seu Eu foram projetados na caoticidade dos diversos materiais que utilizou na construção de sua obra. Sua existência se perdeu, então, como uma gota no oceano, e ele experimentou aquela unidade primordial típica da embriaguez dionisíaca. Para Freud, esse sentimento oceânico é característico da experiência religiosa, e, acrescenta Ehrenzweig (op. cit., p.356), é uma das características da experiência criadora. Ao contrário do que se pensa, a perda da individuação não nega a realidade, mas a transforma de acordo com as necessidades sentidas nos níveis mais profundos do ser, tal qual ocorre com a experiência religiosa. O estado oceânico é a não diferenciação ou a ruptura com o princípio de individuação, que, longe de serem caóticas, "servem a propósitos vitais" (Ehrenzweig, op. cit., p.356). Em Bispo, tanto a necessidade de transfigurar a realidade quanto a sugestão dos materiais recolhidos por ele desempenhavam o papel de catalisadores criadores; na medida em que faziam o processo criador se movimentar, aniquilavam o estado de individuação, amenizando a ansiedade e o sofrimento provenientes da experiência trágica.

O estado estético dionisíaco não se encontra na alternância entre lucidez e embriaguez, mas na sua simultaneidade. Conforme Agamben (op. cit.), é esse o ritmo a que se refere Hölderlin, aquilo que parece introduzir no fluxo do tempo uma ruptura, uma parada, uma presença atemporal, uma projeção imersa dentro de um tempo original. Com essa ruptura, o futuro se perde no passado, ou melhor, não há mais futuro nem passado, por isso a obra de Bispo lhe permitia alcançar o além-mundo dentro de uma dimensão mais original. Sua arte suspendia, retinha o tempo linear; remetia a uma dimensão original do tempo, um tempo imensurável:

> Abrindo ao homem sua autêntica dimensão temporal, a obra abre-lhe também, de fato, o espaço de seu existir no mundo, o único espaço

> no qual ele pode tomar a medida original de sua estadia na terra e reencontrar sua verdade presente no fluxo do tempo linear, impossível de estancar. (Agamben, op. cit., p.164)

É nessa etapa que a liberdade de criação[1] age e, por isso, todo princípio de coerência e a noção de tempo e espaço, articulados, desaparecem, pois,

> Na medida em que o ego mergulha para a não diferenciação oceânica, um novo domínio da mente nos envolve; não somos engolfados pela morte, mas somos desligados de nossa existência individual separada. Penetramos no útero maníaco do renascimento, existência oceânica fora do tempo e do espaço. (Ehrenzweig, op. cit., p.162)

Porém, todo esse processo extático apresenta, também, um grande perigo: após o seu efeito vem a tomada de consciência do absurdo que é a vida e da sua fragilidade e, neste sentido, a embriaguez dionisíaca é a "embriaguez do sofrimento". A sabedoria de Sileno, personagem lendário, companheiro de Dionísio, pode então se tornar imperativa: "O bem supremo te é absolutamente inacessível: é não ter nascido, não *ser*, *nada* ser. Em compensação, o segundo dos bens tu podes ter: é logo morrer" (Nietzsche apud Machado, 1999, p.17).

Devido à consciência do absurdo que é a vida, o processo criativo de Bispo envolvia muita dor e a necessidade de criar compulsivamente. A percepção de que seu mundo interno estava estilhaçado e o externo, sem sentido, levou-o à necessidade de recriar algo que fosse percebido como um mundo completamente novo. "Isso é o que todo grande artista faz — criar um mundo" (Segal, 1993, p.96).

Marcel Proust, em seu livro *Em busca do tempo perdido*, descreve o *insight* do processo de criação: "Tive de recapturar da sombra aquilo que eu sentira, reconvertê-lo em seu equivalente psíquico. Mas o modo de fazê-lo, o único que eu podia ver, qual era senão criar uma obra de arte?" (Proust apud Segal, op. cit., p.96).

Mas, contra o perigo da experiência dionisíaca que pode levar à morte, Bispo encontrou um antídoto. Ele a transformou em fenômeno estético: discurso desvairado e obra plástica, uma verdadeira *poética do delírio*. Poética do delírio porque o que a move é a paixão humana por excelência, desmesurada, delirante; porque o artista oferece a si mesmo o espetáculo-simulacro de uma realização, a obra, que, embora pressuponha o advento do seu autor, este não é o seu criador, mas o seu criado. Poética do delírio porque implica uma experiência limite que não é sintoma nem sublimação, mas excesso de alguma coisa que excede para afirmar a vida; porque é experiência paradoxal, de afirmação da vida através da sua negação. Não é a sua condição de louco que o fez artista mas sim a sua capacidade de transfigurar o terrível em aparência, através de uma complexa elaboração simbólica.

1 Liberdade de criação é, aqui, tida como a insubmissão de um olhar ou de um fazer a modelos estabelecidos. Trata-se de uma potencialidade que as crianças apresentam até aproximadamente os 8 anos. Essa potencialidade, embora abafada pelo processo de aquisição de conhecimentos e pela cultura, não foi inteiramente destruída em Bispo e, aliada à sua capacidade de sistematização e elaboração simbólica complexa, dá provas de que não significa uma regressão ao universo infantil nem a sobrevivência de uma mentalidade arcaica no interior da nossa sociedade.

Apolo salvou a vida de Bispo atraindo a verdade dionisíaca para o mundo da bela aparência, transformando seu sofrimento em fenômeno estético. A total embriaguez dionisíaca é um veneno porque, sendo impossível de ser vivida, acarreta o aniquilamento da vida. Mas Apolo controla o que há de desmesurado no instinto dionisíaco, ensina-lhe o *métron*: "Se o dionisíaco puro é aniquilador da vida, se só a arte torna possível uma experiência dionisíaca, não pode haver dionisíaco sem apolíneo" (Machado, op. cit., p.26).

Se a ilusão é necessária para a afirmação da vida, se é preciso dissimular, transfigurar a verdade revelada pela embriaguez dionisíaca, então "Dionísio fala a linguagem de Apolo, mas Apolo, ao fim, fala a linguagem de Dionísio" (Nietzsche, 1992a, p.130). Socorrido pelo deus da ilusão, a arte salvou a vida de Bispo com sua força capaz de se contrapor à vontade de negação da vida: "Vê, disse ela [a vida], eu sou o que deve se superar a si mesmo indefinidamente" (Nietzsche apud Machado, op. cit., p.69).

A obra de Bispo abriu-lhe o espaço de sua existência no mundo, permitindo-lhe viver a experiência da liberdade e da alienação. Ocorreu, então, uma tentativa de fusão do seu mundo interior com o mundo exterior, cicatrizando as fissuras entre ambos, cicatrizando seus fragmentos no espaço unitário da obra. Sua criatividade transformava o aspecto caótico do material com que trabalhava em uma ordem oculta e, ao fazê-lo, reintrojetava o caos material e os estilhaços do seu Eu (já que estes estavam projetados no próprio material); um ato mítico que permitiu o seu renascimento como o criador de um novo cosmo, um Bispo tão transformado quanto a realidade que sua obra representava.

Essa ideia de uma "desordem organizadora" é hoje defendida por muitos pesquisadores como o processo criador em si, e se tornou um novo paradigma da ciência, um princípio elaborado por Morin, o "'tetragrama': ordem/desordem/interações/organização" (Morin apud Pessis-Pasternak, 1993, p.87).

Nessa poética do delírio os poderes antropocêntricos e egocêntricos atribuídos ao artista pela tradição humanista não têm vez. Tal como defendem vários cientistas contemporâneos, qualquer corpo vivo, centro de autonomia, é, por excelência, o lugar de interação da organização e da desordem, e é dessa interação que nasce uma nova vida. Esse raciocínio, transposto para o processo de criação artística, leva a admitir que a inovação procede de um descentramento psíquico em direção ao inconsciente. Todavia, é preciso deixar claro que o inconsciente não é reduzível aos "pensamentos recalcados" e residuais, os quais são objeto da Psicanálise. Tratam-se de turbulências que interferem no pensamento racional e na memória, que escapam ao nosso controle e que nos colocam num processo de interação com fatores aleatórios tais como a resistência dos materiais, os limites impostos pelas ferramentas de trabalho do artista, o acaso, etc., resultando num delírio, numa imaginação delirante que engendra um movimento inventivo, e, não, patológico (Thévoz, 1986, p.96).

Essa relação análoga existente entre o processo de criação artística e a compreensão da natureza pelos cientistas[2] se deve ao fato de que o caos inconsciente é tão desalentador quanto o da realidade externa; em ambos os casos necessitamos dos mecanismos de não diferenciação do inconsciente para apreender sua ordem oculta. Pode-se dizer que a arte de Bispo está para essa nova ciência que propõe uma "nova aliança" com a imaginação como a arte que se quer apreensão objetiva do real e produto da genialidade do Eu criador está para a ciência clássica.

Nesse fenômeno artístico nascido da embriaguez dionisíaca não há lugar para a "ideologia do sujeito". A obra de Bispo não é expressão do seu Eu. Fosse ela acionada pelo pensamento ou pelos materiais com os quais trabalhava — como ocorre com o processo de criação de outros artistas — encontramos somente os estilhaços desse sujeito:

> A obra de arte certamente não é apenas uma projeção pura nem reflexão direta de nosso mundo interior pela 'autoexpressão', como se pretende geralmente. Ela acolhe as projeções fragmentadas de nosso mundo interior apenas para alimentá-las e transformá-las. (Ehrenzweig, op. cit., p.275)

A obra de Bispo não é expressão do seu Eu nem expressão estética objetiva e desinteressada. Essas duas interpretações não cabem nesta análise, pois

> [...] a estética moderna soube apenas acrescentar interpretativamente que aqui, ao artista 'objetivo', se contrapõe o primeiro artista 'subjetivo'. A nós serve-se pouco com essa interpretação, pois só conhecemos o artista subjetivo como mau artista e exigimos em cada gênero e nível da arte, primeiro e acima de tudo, a submissão do subjetivo, a libertação das malhas do 'eu' e o emudecimento de toda a apetência e vontade individuais, sim, uma vez que sem objetividade, sem pura contemplação desinteressada, jamais podemos crer na mais ligeira produção verdadeiramente artística. (Nietzsche, op. cit., p.43)

Bispo renunciou ao seu Eu no processo dionisíaco de criação, e o resultado é uma ilusão, mera aparência: "a imagem, que lhe mostra a sua unidade com o coração do mundo, é uma cena de sonho, que torna sensível aquela contradição e aquela dor primordiais, juntamente com o prazer primigênio da aparência" (idem, p.44). Ao renunciar à sua subjetividade, Bispo tornou-se um médium entre o mundo externo e o seu mundo interno, entre o seu ser limitado e o "infinito do ser" (expressão de Bataille).

As inferências de Nietzsche sobre a arte fornecem elementos importantes para a compreensão do processo criador de Bispo, pois se trata de uma poética dionisíaca:

2 Essa analogia entre processo criador e a criação das hipóteses científicas é defendida por vários críticos da ciência clássica. De Johannes Kepler a Ilya Prigogine, afirma Michel Thévoz (op. cit., p.96), passando por Gerolamo Cardano, Jules Poincaré, Jacques Hadamard e Albert Einstein, são muitos os testemunhos sobre o papel determinante do inconsciente e sobre a necessidade de chamar a imaginação delirante a tomar parte nas descobertas científicas. Segundo Henri Atlan (apud Thévoz, op. cit., p.96): "Toda hipótese científica verdadeiramente nova é de fato da ordem do delírio do ponto de vista do seu conteúdo, no que se refere a uma projeção imaginária sobre o real". E, conforme Paul Feyerabend (apud Thévoz, op. cit., p.97): "É necessário um mundo onírico para descobrir as características do mundo real que nós acreditamos habitar". Enquanto a ciência clássica colocou o homem acima da natureza, isolando-o dentro de um mundo desencantado, a nova ciência descreve um universo fragmentado, rico de diversidades qualitativas e onde o acaso é um princípio organizador. Segundo Morin, a visão científica do mundo fica mutilada se ela não inclui o observador-criador (cf. Pessis-Pasternak, op. cit., p.88-90). Como numa poética delirante, as teorias científicas não são um reflexo do real, mas a projeção do cientista sobre o real. Hoje, ciência e encantamento do mundo são sinônimos porque, como defende Prigogine, o saber científico é extraído dos sonhos, de uma revelação inspirada, sobrenatural; ela é uma "escuta poética" da natureza, aberta à invenção (Prigogine e Stengers, 1997, especialmente as páginas 5, 215 e 226), única forma de conhecer a ordem oculta da natureza.

> Nós, de nossa parte, afirmamos antes que toda essa contraposição do subjetivo e do objetivo, segundo a qual, como se fora uma medida de valor, [...] divide as artes, é em geral inadequada [...]. Mas na medida em que o sujeito é um artista, ele já está liberto de sua vontade individual e tornou-se, por assim dizer, um *medium* através do qual o único Sujeito verdadeiramente existente celebra a sua redenção na aparência. [...] Somente na medida em que o gênio, no ato da procriação artística, se funde com o artista primordial do mundo, é que ele sabe algo a respeito da perene essência da arte; [...] ele é ao mesmo tempo sujeito e objeto, ao mesmo tempo poeta, ator e espectador. (idem, p.44)

Tal como o "coro de transformados", o Bispo demiurgo era um homem transmutado, um duplo criado por ele mesmo e para quem as origens foram esquecidas, tornando-se servidor intemporal de seus deuses, vivendo fora do tempo profano. Ele era uma espécie de ator dramático que representava seu próprio drama fazendo do seu corpo extensão da sua obra e da sua obra extensão do seu corpo, tornando-se sujeito e objeto, roteirista e diretor de sua própria loucura: uma poética do delírio. Ao encantar a si mesmo e a tudo o que fazia, ele "se vê a si mesmo como sátiro e *como sátiro por sua vez contempla o deus*, isto é, em sua metamorfose ele vê fora de si uma nova visão, que é a ultimação apolínea de sua condição" (idem, p.60).

Bispo transgrediu, através da arte, o interdito da morte e, portanto, participou da experiência dionisíaca, sem, no entanto, ser destruído por ela porque a sua poética pôde transformar aqueles pensamentos sobre "o absurdo da existência em representações com as quais é possível viver: são elas o *sublime*, enquanto domesticação artística do horrível [...]" (idem, p.56). Seu processo de criação assemelhava-se àquele do coro trágico, típico da tragédia ática, onde a pessoa via a si própria transformada diante de si mesma (idem, p. 60) e atuando como se na realidade ela tivesse entrado em outro corpo, em outra personagem.

O que explica a gênese da criação artística de Bispo, mais do que o fato de que na sua vida as coisas se passaram de maneira trágica, é a necessidade de transgredir a morte, dando à realidade um suplemento metafísico, a fim de superá-la. Sua arte participava plenamente do intento metafísico de transfiguração da vida — afinal, como diz a máxima de La Rochefoucauld, "A morte, como o Sol, não pode ser encarada de frente".

Segundo Segal (op. cit.), é comum os símbolos representarem, como resultado do conflito intrapsíquico, ideias sobre as relações consanguíneas imediatas e sobre os fenômenos de nascimento, vida e morte. Desse processo nasce um novo mundo de símbolos. A arte de Bispo é, essencialmente, a busca da expressão simbólica. Para ele, os símbolos eram necessários não apenas para a comunicação com o mundo externo, pois sendo autista não necessitava expor sua obra a olhares outros que não o seu; os símbolos eram necessários, particularmente, para a comunicação com o seu interior.

Ele tinha "uma *comunicação* verdadeira com suas fantasias inconscientes. E isso, como qualquer outra forma de comunicação, só pode ser feito com a ajuda de símbolos" (Segal, op. cit., p.55).

Para Bispo, sua missão não era arte, mas obrigação ordenada pelos seus "superiores" que nada tinha a ver com questões estéticas, com a busca de reconhecimento, sucesso ou glória, comum aos artistas profissionais; tampouco visava os olhares de críticos e *marchands* com a expectativa de expor e/ou vender suas obras, como mostra este diálogo que teve com uma mulher, filmado por Hugo Denizart[3]:

> Bispo: Isso é material que pego da terra, que eu represento.
>
> Mulher: Aí você guarda, né? É, ele é muito inteligente, um trabalho desse é coisa que nem uma pessoa normal é capaz de fazer. A pessoa normal não faz isso, não. Coisa fabulosa.
>
> [...]
>
> Mulher: É. Tudo da mente dele, né? Coisa fantástica. O mais interessante é que ele não vende nada pra ninguém.
>
> Bispo: Não é pra vender.
>
> Mulher: É pra ele, recordação dele.
>
> Bispo: É recordação pra mim não, é recordação pras pessoas ..
>
> Mulher: Pras pessoas chegarem e verem que ele é capaz de fazer, viu?
>
> Bispo: Não, pras pessoas que me conhecem.
>
> Mulher: É, isso não é qualquer pessoa que tem capacidade. Isso é uma glória pro senhor, né?
>
> Bispo: Não, não é glória, não. Eu faço isso obrigado. Senão não fazia nada disso.
>
> Mulher: O senhor tem honra em fazer tudo isso?
>
> Bispo: Não, eu sou obrigado.
>
> Mulher: Tá muito bem, eu gostei muito dos seus trabalhos.
>
> Bispo: Eu escuto uma voz e é essa voz que me obriga a fazer tudo isso.

Mas nem por isso seu trabalho é menos original. Sem os seus dados biográficos, sua obra, se colocada ao lado da produção plástica contemporânea, nada fica a dever a esta, e sua participação na XLVI Bienal de Veneza, em 1995, é prova disso.

A missão de Bispo era representar, simbolicamente, as coisas do mundo para o dia do julgamento final. Porém, o símbolo não é equacionado ao objeto simbolizado, pois é o resultado do trabalho psíquico do sujeito e, portanto, este tem a liberdade de seu uso. Assim, a ideia de "representação", utilizada comumente como equivalente à *mímesis*, não se apresenta aqui como simples cópia do real. "Representação", nesse contexto, tem conotação teatral, pois leva em consideração a ação do sujeito-ator e/ou do sujeito-criador que toma parte no processo de representar algo ou alguma coisa.

3 Transcrito por Hidalgo (1996, p.142).

Os objetos de Bispo são uma interpretação absolutamente pessoal do mundo, guiada pelo seu desejo. Se o símbolo não é uma cópia do objeto, então o mundo que o artista cria é criado de outra forma, daí o seu caráter de "reconstrução reparadora". Mas o "reparar", na obra de Bispo, não foi simplesmente o "refazer", o "recuperar", foi muito mais que isso: foi "melhorar", "aprimorar", "corrigir", "inventar" o mundo conforme sua vontade, dando-lhe potência, impregnando-o de forças mágicas.

Única possibilidade de vida para Bispo: a arte. Ao assumir postura artística diante da vida, ele produziu uma arte trágica, dionisíaca. Seu espírito livre reinventou o real, transfigurou a vida. Como expressão trágica da vida, a sua arte está para além do bem e do mal, da verdade e da mentira, de toda moral. Ela foi aprovação, bênção e divinização da sua existência. Na sua poética não havia fronteira entre vida e obra; a relação de sua arte com a vida foi "tanto fisiológica quanto psicologicamente, o grande *estimulante*, aquilo que *impele* eternamente para a vida, para a eterna vida" (Nietzsche apud Machado, op. cit., p.107). Tomando de empréstimo as palavras de Machado, a arte de Bispo não foi para ele um "narcótico", mas um "tônico".

Ao recriar o mundo, Bispo elevou-se à condição de "poder ser", efetuou uma abertura onde foi capaz, justamente, de existir. O criar foi, para ele, jogar com a morte. O criar é, aqui, viver. Sua obra não foi feita para ser destacada ou elevada à sua vida; a relação entre elas não é de dominação (o que não significa que esteja isenta de tensões), mas de ampliação de forças, condição única para fazer da vida uma obra de arte:

> [...] Construir a vida de cada um como obra de arte, não com a intenção de expô-la em museus e galerias. Aqui o trabalho artístico não busca elevar o artista ou a obra, destacando um ou outro perante o mundo. Não se trata de destacar, elevar, separar em alto e baixo, superior e inferior. Mas de relacionar forças, potencializá-las, ampliar suas ressonâncias, realçando ao mesmo tempo o indivíduo e o coletivo, o humano e o não humano, não para colocá-los acima da vida, mas dentro dela... (Sant'Anna, 2001, p.99)

Através de sua experiência criadora, Bispo encontrou, no planeta, o seu verdadeiro sentido. Ele passou a ter um estatuto poético sobre a Terra porque foi a *poíesis* que deu a ele o espaço original de seu mundo. A partir de seu trabalho criador, ele experimentou "o estar no mundo" como condição essencial e, então, um mundo se abriu à sua ação e à sua existência. Nessa poética do delírio a aparência não é o contrário da essência, não oculta a verdadeira realidade; ela é a única realidade. Para Bispo, dizer sim à vida foi dizer sim à ilusão.

Senhor de sua vontade, ele expandiu seu poder transformando várias celas do pavilhão 10 do Núcleo Ulisses Viana no templo de uma nova era, onde ele, o novo messias, criou um novo mundo, sem abismos, só de felicidade: "Minha concepção é que todo corpo específico tende a se tornar mestre de todo o espaço e a estender sua força (sua vontade de potência) e a repelir tudo o que se opõe a esta extensão" (idem, p.69).

Ainda que tentemos medir essa obra desmedida, ela é "fechada" a um total entendimento, pois, mesmo "Que a obra de arte [...] seja ofertada ao prazer estético e que seu aspecto formal seja apreciado e analisado, aquela [a estética] ainda fica longe do acesso à estrutura essencial da obra, isto é, à origem que nela se dá e se reserva" (Agamben, op. cit., p.166). Ou, de acordo com Dubuffet (apud Porret-Forel, 1993, p.134), resta saber se a obra de arte requer ser bem elucidada ou se ela não pode sê-lo por sua própria natureza, como uma forma de se defender contra qualquer tentativa de compreensão; nenhum estudo, por mais minucioso que seja, pode apreender seu poder de intrigar e desorientar, de maneira que ela persiste, para nós e para seu autor, como uma questão, e não como uma resposta.

Talvez a palavra "obra" não seja suficiente para dar conta do universo de Bispo; tratá-lo como "artista" não é "nenhuma desonra para a arte". Não seria a arte traída, apenas Bispo, pois "metade da obra, aquela parte que não quer brilhar, mas transcender, ficaria de fora", como bem notou Castello (1999, p.300-1).

A análise que vem a seguir é mais uma interpretação dentro da pluralidade de interpretações que a obra de Bispo oferece.

## *A FUNDAÇÃO DO NOVO MUNDO*

Desse quarto, mergulhado na noite mais imensa,
eu conhecia tudo, havia penetrado nele, trazia-o em
mim, fazia-o viver uma vida que não é a vida,
mas que é mais forte que ela e que nenhuma
força do mundo poderia vencer.
**Maurice Blanchot**

Transfigurar a dor em arte, criar o mundo conforme seu desejo, significou, para Bispo, a criação de uma nova interpretação da "realidade", a transformação de si mesmo em *homus religiosus* e trágico e, ainda, a fundação de uma moradia sagrada, porque não é possível criar um novo universo senão partindo de um ponto fixo, de uma ruptura com o espaço homogêneo do mundo profano. Por isso, simultaneamente ao início da criação de suas obras, ele fez, dos lugares onde morou (quartos, sótão, celas), templos nos quais, longe dos olhares curiosos e profanos, se escondiam os mistérios de um outro mundo em formação.

Para Bispo havia o seu espaço, que era sagrado e, portanto, forte e significativo, e havia os outros espaços, que se apresentavam sem consistência, amorfos. Enquanto o primeiro apresentava-se como único e *real*, todo o resto era a informe extensão que o cercava. A fundação de seu espaço sagrado consistiu numa experiência primordial e homóloga à "fundação do mundo" (Eliade, [19—], p.35).

*

* *

Bispo morou em vários lugares. Apesar de considerar a Colônia Juliano Moreira como sua segunda casa, os espaços que ocupou no pavilhão 10 do Núcleo Ulisses Viana constituíram, sem dúvida, sua verdadeira casa, porque além de ter residido ali por longo período, ali construiu grande parte de sua obra e ali ficou até sua morte.

A casa é, em larga medida, a topografia do nosso íntimo, morada de nossa alma, cuja complexidade é assim descrita por Jung (apud Bachelard, 1989, p.20):

> [...] seu andar superior foi construído no século XIX, o térreo data do século XVI e o exame mais minucioso da construção mostra que ela foi feita sobre uma torre do século II. No porão, descobrimos fundações romanas; e debaixo do porão há uma caverna em cujo solo encontramos, na camada superior, ferramentas de sílex e, nas camadas mais profundas, restos de fauna glacial. Tal seria, aproximadamente, a estrutura da nossa alma.

Segundo Bachelard (op. cit.), na nossa casa, no nosso aposento, aprendemos a morar em nós mesmos. Ela aloja as nossas lembranças e nossos esquecimentos; estamos nela tanto quanto ela está em nós. Nela nos enraizamos, fazemos dela o nosso canto no mundo, um cosmo em toda a acepção do termo.

As casas podem ter topografias diversas: porão, pavimento térreo e sótão; às vezes, um só andar; outras vezes, três ou mais. Cada espaço tem funções diferenciadas, mundos diversos e é ocupado por seres e objetos distintos. Mas é certo que somos o espaço que habitamos.

Victor Hugo (apud Bachelard, op. cit., p.103) dizia que Quasímodo havia tomado a forma da catedral onde habitou (Notre Dame), "como o caracol toma a forma da concha"; estava colado a ela "como a tartaruga ao casco. A rugosa catedral era a sua carapaça". Alguns sonhadores construíram sua própria casa com tal singularidade que, por causa dela, se tornaram conhecidos. É o caso do carteiro Ferdinand Cheval (18361912), de Hauterives, pequeno vilarejo nas proximidades de Lion, na França, conhecido como Facteur Cheval. Durante trinta anos ele se empenhou na construção de seu palácio, um edifício feito da reunião de conchas e pedras das mais diversas formas e dos mais diversos tamanhos. O resultado é algo absolutamente insólito, um universo fantasmagórico de plantas, animais e templos de várias épocas — um sonho que se tornou habitável. O exterior e o interior são inteiramente ornamentados com relevos, esculturas, mosaicos feitos com conchas, e *assemblages* de pedras. Parece que seu espaço, como ocorre com o caracol, crescia com o corpo que o habitava. Todavia, foi a imaginação do carteiro a única habitante desse palácio, símbolo de uma vida incrustada na pedra.

Com Bispo a história foi diferente. Ele não ergueu paredes nem planejou o ângulo de cada canto de seus aposentos. Ocupou espaços já "prontos", mas, como um arquiteto de interiores, não deixou de fazer deles uma morada íntima, um quarto interior. Sua "casa" na Colônia Juliano Moreira era um pavimento colado ao chão, onde entulhos de objetos pareciam expandir-se por crescimento espontâneo; tal como os porões dos navios, ele era destinado à arrumação de "cargas". Casa-porão porque, ali, eram guardados lembranças e esquecimentos, porque era o espaço onde o tempo não registrava a duração concreta, onde o tempo era abstrato e privado de qualquer espessura. Como num porão, ali "agitam-se seres mais lentos, menos saltitantes, mais misteriosos" e havia "trevas dia e noite" (Bachelard, op. cit., p.37). Um porão de "dramas murados, de potências subterrâneas, de loucura abrigada"; uma casa "ao rés da loucura" (Marcelin apud Bachelard, op. cit., p.38).

Em razão de sua solidão extrema, Bispo também era um eremita diante de Deus. Sua casa estava mais para a solitude e a improvisão da cabana do que para um mosteiro, pois era um espaço de solidão que irradiava um universo fora do universo. No interior de sua casa-porão, ele realizava sua missão — a recriação do mundo. Mas criar um novo mundo implicava fundá-lo, porque nenhum mundo pode nascer da homogeneidade e da relatividade do espaço profano. Para tanto, precisou operar uma ruptura no espaço homogêneo, ou seja, fundar um lugar diferente de tudo o que havia ao seu redor para que tivesse um eixo central de onde se desenvolveria toda a sua orientação futura.

Fora de sua morada, na homogeneidade e relatividade do espaço profano, nenhuma orientação seria possível, pois o "ponto fixo" não goza de um estatuto ontológico único; ele surge e desaparece conforme as necessidades diárias. É como se não houvesse "mundo", mas somente seus fragmentos, "massa amorfa de uma infinidade de 'lugares' mais ou menos neutros onde o homem se move" (Eliade, op. cit., p.38). Por essa razão, em cada lugar onde morou, seja no quarto das casas dos Leone, no escritório de advocacia, na Clínica Amiu ou na Colônia Juliano Moreira, teve necessidade de sacralizá-lo, pois nada se pode fazer sem uma orientação prévia.

Para destacar seu território do espaço circundante, Bispo deveria torná-lo qualitativamente diferente, sensibilizar seus limites. Por isso, a criação do seu espaço sagrado comportou muito trabalho, um esforço do artista para consagrá-lo, um ritual que só foi eficiente porque ele *reproduziu a obra de Deus*. Ele se fez, então, demiurgo, organizador da matéria já existente, criatura intermediária entre a natureza divina e a humana. A fundação do seu espaço sagrado implicava na recriação do mundo, na repetição do ato divino, ou seja, na construção de sua obra, tanto quanto esta necessitava da sacralização do espaço.

Como qualquer outro lugar sagrado, sua morada era diferente do espaço circundante. Entre a porta de seus refúgios e o resto do mundo, não havia continuidade, mas um limiar, a fronteira que os separava e que indicava a distância entre os dois modos de ser: o religioso e o leigo. Esse limiar demarcava o limite mas, paradoxalmente, também era o lugar onde os dois mundos se comunicavam, porque, ao atravessá-lo, Bispo efetuava a passagem entre o mundo sagrado e o profano.

Segundo Eliade (op. cit.), uma função ritual análoga é transferida para o limiar das habitações humanas, e é por essa razão que ele tem importância considerável em qualquer ritual. No nosso dia a dia, numerosos são os ritos que acompanham a passagem do limiar doméstico: limpamos os pés, cumprimentamos as pessoas que se encontram no espaço doméstico, lavamos as mãos, etc. E, por isso, a porta marca, de maneira imediata e concreta, a solução de continuidade do espaço, além de carregar importância religiosa, pois ela é o símbolo e, ao mesmo tempo, o veículo da passagem. Em inúmeras hierofanias[4] encontramos o simbolismo implícito na ideia de porta como lugar de passagem entre o céu e a Terra, lugar que pode estar "aberto", que permite a comunicação com o sobrenatural. Na religião fundada por Bispo não era diferente. Atravessar a porta que dava acesso ao seu espaço era penetrar no seu templo, nau que o levaria a viagens distantes e o colocaria em contato com seres sagrados que lhe sopravam palavras aos ouvidos, deuses-monstros que habitavam águas profundas. Mas, paradoxalmente, viagens que também o devolviam à matéria primeira, da qual surge toda cosmogonia.

Inscrições bordadas em bandeiras coloridas (referência à sua atividade de sinaleiro) e cravadas num isopor branco sinalizavam, aos desavisados, que eles se encontravam no limiar de um território não profano, o templo de Bispo, e, por isso, requeria o seu reconhecimento como lugar diferenciado do mundo ordinário. Da mesma forma que Deus ordena o comportamento de Moisés em relação à terra santa[5], Bispo também chama a atenção para a sacralização de seu espaço,

> PASSAGEM LIVRE PARA TODOS
> PARE NÃO SE MOVIMENTE
> PAZ É O FILHO
> JESUS EU ESTOU
> NUCLO ULISSE VIANA
> 1964

Todo espaço realmente habitado traz a essência da noção de casa e todo lugar sacralizado que permite o contato com o além-mundo traz a essência da noção de templo. Logo, casa, aposento, refúgio, quarto e templo estão aqui amalgamados. E, como em todo templo, o tempo que o rege é

4 Hierofania é um termo que indica as manifestações das realidades sagradas, manifestação de algo de ordem diferente, de uma realidade que não pertence ao nosso mundo, em objetos ou seres que fazem parte do mundo "natural", do mundo profano; e "exprime apenas o que está implicado no seu conteúdo etimológico, a saber, que *algo de sagrado se nos mostra*" (Eliade, op. cit., p.25).

5 "Não te aproximes daqui, disse o Senhor a Moisés, descalça as sandálias; porque o lugar onde te encontras é uma terra sagrada" ( x. III, 5).

sagrado, a-histórico. Não é para menos, pois existe um parentesco etimológico entre *templum* e *tempus*; o primeiro está relacionado ao espacial, enquanto o segundo está relacionado ao temporal, e "o conjunto destes dois elementos constitui uma imagem circular espácio-temporal" (Eliade, op. cit., p.87, nota n. 3). Nesse templo onde o tempo circula, a dicotomia entre lembrança e esquecimento, passado e futuro, real e fantástico, consciente e inconsciente, vida e morte, deixa de existir. Habitá-lo era a maneira de Bispo obter uma fonte de vida, de mergulhar nas águas originárias das quais tudo nasce, porque, para o homem religioso,

> [...] o sagrado é o *real* por excelência, ao mesmo tempo poder, eficiência, fonte de vida e de fecundidade. O desejo do homem religioso de viver *no sagrado* equivale, de facto, ao seu desejo de se situar na realidade objectiva, de não se deixar paralisar pela relatividade sem fim das experiências puramente subjectivas, de viver num mundo real e eficiente — e não numa ilusão. (idem, p.42)

Como outros tipos de templo, o aposento de Bispo era um lugar onde o mundo profano era transcendido. Provavelmente, para olhos leigos o refúgio do artista não passava de um aglomerado de refugos materiais do mundo industrial despossuídos de qualquer aura — pois ele era um colecionador que usava o obsoleto como critério de seleção; para alguém que conhece as atuais formas de manifestação artística, seria uma instalação; com um pouco mais de sensibilidade, alguém pensaria ter caído num buraco que dá acesso a outro mundo, como aquele que levou Alice ao País das Maravilhas:

> Se Bispo fosse um artista de vanguarda, eu diria que estávamos no interior de uma instalação. Mas ele não era um artista de vanguarda. Se fosse um sucateiro, provavelmente estaríamos num ferro-velho. Mas Bispo era, oficialmente, um louco; eu poderia, no máximo, estar dentro do seu delírio. (Castello, op. cit., p.292)

Desde a abertura das portas do hospício na década de 1980, período de sua reestruturação, Bispo havia ocupado todas as dez antigas celas-fortes do pavilhão 10 do Núcleo Ulisses Viana e também o espaço que dava acesso a elas. Um espaço quadrado, com as celas distribuídas ao seu redor, uma espécie de sala de onde se podia ver e vigiar todas as celas com suas portas de resistente material antiarrombamento, grandes ferrolhos e pequena abertura com grades, destinada à comunicação (Fig. 2). Nas paredes, rabiscos, palavras e outros signos se sobrepunham a um branco encardido marcado pelo sofrimento e pela desumanidade vivenciada por aqueles que tinham estado ali. Não é para menos que quase ninguém se arriscaria a pensar num templo onde o sagrado dividia espaço com baratas, umidade, muito pó e marcas de crueldade.

**Figura 2**
Porta das celas-fortes da Colônia Juliano Moreira.

As mãos de Bispo sobre toda a matéria obsoleta não só ordenavam, catalogavam o caos material, preenchiam espaços vazios e envolviam a superfície de certos objetos, mas, também, a transformavam em objetos-tabu prenhes de *mana*[6], guardados a sete chaves, como o relicário de um templo da era industrial, um santuário de segredos.

Com o seu trabalho, o espaço que habitava foi se tornando organizado, "cosmisado". O "seu mundo", o seu cosmo, era, para ele, o verdadeiro mundo e a verdadeira realidade. Para além da porta de seu templo, o que ele encontrava era um espaço estrangeiro e caótico. Ao sair pela porta de seu aposento, o artista não só passava do mundo sagrado para o profano mas também do "cosmo" ao "caos". O "seu mundo" era um universo no interior do qual o sagrado manifestava-se, revelava-se enquanto realidade, ao mesmo tempo em que tornava possível sua orientação. Bispo repetiu o ato divino: fundou o mundo, fixou limites e, por consequência, estabeleceu, no interior de seu templo, a ordem cósmica.

Ao instalar-se num espaço, trabalhava para torná-lo o "seu mundo", transformando, simbolicamente, o caos em cosmo. Sua criação seguia um modelo exemplar: a Criação do universo por Deus. Mas Bispo era o Deus de uma nova era, feito à imagem e semelhança dos homens civilizados e cuja criação só poderia ser a de uma cultura material em total sintonia com sua época. Tal como Deus organizou o caos, dando-lhe estrutura, formas e normas, assim fez Bispo, pois não se faz "nosso" um mundo senão criando-o novamente, já que não se pode viver em meio à desordem. Mas o mundo que ele representava não era o dos elementos naturais, e sim o da cultura material da civilização da qual fazia parte.

Os espaços habitados por Bispo, particularmente aquele(s) do pavilhão 10 do Núcleo Ulisses Viana, representam, na perspectiva aqui traçada, um "verdadeiro mundo", um "centro" de onde toda ordem emana, uma *imago mundi*, imagem do universo e centro do mundo. Bispo experimentou a necessidade de existir num mundo total e organizado, num cosmo. Sendo sagrado, o espaço estava abrigado de toda a corrupção terrestre, e o artista, na sua função de bispo, cuidava para que sua obra não fosse corrompida pelo contato com o mundo profano:

> Alheio às vertentes plásticas mundiais, Bispo não desgrudava de sua obra. Arte ou não, seu trabalho era visceral. Um cotidiano de sacrifícios ditado por anjos. Um rito sagrado. Por essas e outras emoções incontidas, Arthur Bispo do Rosario disse não repetidas vezes. Nenhuma parte de seu templo cairia em desgraça, 'deturpada' pelo mundo lá fora. A obra era vida, a vida era obra. (Hidalgo, 1998, p.153)

Daí a dificuldade enfrentada por aqueles que queriam ver, tocar ou expor sua obra, porque retirá-la do seu espaço original era colocá-la em contato com o mundano, trazendo o risco de contaminá-la, corrompê-la.

6 Os objetos de Bispo são *objetos-tabu* porque faziam parte de um espaço sagrado e não deviam estar em contato com o profano; eles se opunham ao ordinário, ao comum, ao acessível a todos e, portanto, sofriam restrições e proibições. Eram prenhes de *mana* porque eram sede de energia, de uma força incomum, de uma eficácia. O *mana* é o elemento-base do sagrado ou, nos termos de Émile Durkheim, é a fonte do sagrado; tudo o que é sagrado, tudo o que é tabu, tem *mana* (Rodrigues, 1986, p.26-7).

Ter acesso às obras significava submeter-se ao ritual estabelecido pelo bispo, decifrar a senha: a cor do seu "sembrante". Às vezes, fazia concessões:

> Bispo era de lua, sendo a maior de suas exigências a já mencionada triagem na porta para barrar quem não o reconhecesse. Maria Amélia Mattei, organizadora da mostra 'À margem da vida', no MAM, ao conhecer Bispo, hesitou em dizer-lhe a cor da aura. Ele se alterou, mas depois refletiu:
>
> — A ignorância também é sabedoria. Então você pode ser escolhida.
>
> Ela volta e meia o visitava, mas tinha de se comportar de acordo. Bispo implicava com a sua gargalhada estridente.
>
> — Muito riso pouco siso — vaticinou, pedindo-lhe que não risse assim ali dentro porque ela estava 'abalando' o lugar.
>
> Maria Amélia pediu desculpas e passou a rir mais baixo. Os encontros com Arthur Bispo do Rosário eram determinados pelo soberano do palácio. Ele puxava a conversa e a interrompia quando bem entendesse. Se, feita a triagem, o visitante já entrasse mexendo em tudo, sem tato, Bispo não era nada diplomático:
>
> — Pode ir saindo, os seus olhos ainda não sabem ver, não estão preparados.(idem, p.184)

Apesar da inquietação que lhe causava separar-se de sua obra, ele cedeu, entre julho e agosto de 1982, alguns de seus objetos para serem expostos, pela primeira vez, no Museu de Arte Moderna (MAM) do Rio de Janeiro, na mostra *À margem da vida*. Segundo Hidalgo (op. cit., p.153-4), Bispo foi o curador da obra; determinou o que podia e o que não podia atravessar as fronteiras do seu templo:

> [...] Na hora da despedida, ele deu as últimas coordenadas. Conversou com as peças, pediu que tomassem cuidado para não se deturparem mundo afora. Reafirmou que a obra não deveria sair do pavilhão 10 do Ulisses Viana, só devendo ser exibida ali, perto dele. As peças eram como filhos, ele disse. Convidado para visitar a mostra no MAM, Bispo foi enfático:
>
> — Meus olhos não estão preparados para ver aquilo.
>
> Dois meses de exposição e angústia. Arthur Bispo do Rosario era apresentado ao mundo das artes plásticas imbuído de dor e desespero. Nunca apareceu no MAM, mas cercava Maria Amélia e Hugo [organizadores do evento] toda vez que estes apareciam na Colônia. Cravava-os de perguntas sobre as obras: se estariam se comportando direito, gostando da nova casa...

Porém, ele nunca permitiu que seu manto — dos objetos, o mais sagrado, porque era sinal de distinção e, ao mesmo tempo, veículo para o dia da "passagem" para o além-mundo — saísse de seu domínio. Bispo era, ao mesmo tempo, arquiteto de um novo espaço sagrado e guardião de suas relíquias. Sendo aquele espaço o seu templo, o seu centro e o seu mundo, protegia-o e tomava todas as precauções para impedir o acesso dos não eleitos que, porventura, pudessem destruí-lo:

> Bispo só virava bicho quando alguém entrava sem permissão na sua pirâmide de pertences. Zelava por tudo com a altivez de um faraó. Afinal, construía cada milímetro da existência em miniaturas que carregaria junto ao corpo na *passagem*. Só que, naquela pirâmide, Bispo era o único escravo. Apenas ele trabalhava na construção, a serviço dos anjos. Então todo cuidado era pouco. Antes de sair da toca, ele deixava um guardião de prontidão.
>
> Não deixa ninguém mexer, ninguém pode entrar lá — insistia com o enfermeiro Sebastião, antes de se largar pelo mato da Colônia.
>
> Raros os colegas de hospício que desrespeitavam a regra de Bispo. Um dos rebeldes que ousava desafiá-lo não tinha mais de 17 anos e era um dos adolescentes mais desesperados do manicômio. B.T. não sossegava e volta e meia passava nos aposentos de Seu Bispo. Quando encontrava a porta aberta, era sinal verde para as diabruras. O anfitrião o recebia a contragosto.
>
> Muito legal tudo isso aí, mas acho que vou levar um chinelo desse para mim, tá novinho, não vou deixar aí pendurado. Tem um monte de coisa boa aqui — ameaçava B.T., enquanto mexia nas *assemblages* de sapatos e outros objetos preciosos nos domínios do manicômio.
>
> Pode ir saindo, a tua presença aqui é demais — devolvia Bispo, olho vidrado, sem alterar a voz, botando o garoto para correr.
>
> O soberano daquele reino de entulhos não desgrudava o olhar das peças arregimentadas em cansativas andanças ou trocas de interesses. Mas guardá-las era missão dura num reduto de carências. (Hidalgo, op. cit., p.91)

Foi a partir do seu templo, onde podia se comunicar com o transmundo, que ele fundou o "seu mundo", pois o centro tornava possível a *orientatio*. Sem a sua casa-templo, Bispo seria um ser disperso; o abrigo o protegia das tempestades do céu e o amparava nas tempestades da vida; era corpo e alma. Todo espaço estranho ao seu espaço sagrado era, para ele, o caos, lugar da desorientação, da desorganização, cujo terror que engendrava era o terror do vazio, da não existência, do não ser e, portanto, da morte:

> [...] O espaço desconhecido que se estende para lá do seu 'mundo', espaço não cosmisado porque não consagrado, simples extensão amorfa onde nenhuma *orientatio* foi ainda projectada, e portanto nenhuma estrutura se esclareceu ainda — este espaço profano

> representa para o homem religioso o não ser absoluto. Se, por desventura, o homem se perde no interior dele — sente-se esvaziado da sua substância ôntica, como se se dissolvesse no Caos, a acaba por extinguir-se. (Eliade, op. cit., p.76)

A morada de Bispo possui extensa simbologia: templo, porão, cabana e, também, caverna. Caverna porque nela a sombra vive na mais fundamental das ambivalências: a ambivalência da vida e da morte. A sombra da caverna integra "as trevas da germinação" e as "trevas da morte" (Lawrence apud Bachelard, 1990, p.158), porque ela é, ao mesmo tempo, a primeira e a última morada. Tal como em muitos mitos, a caverna de Bispo era uma espécie de matriz universal, uma casa de produção, "palco onde a luz do dia trabalha as trevas subterrâneas" (Bachelard, 1990, p.158). Quarto-templo, quarto-caverna, adequado aos cultos secretos de morte e renascimento como as cavernas de Dionísio. Sua casa era, sucessivamente, segurança e aventura, cela e mundo.

Essa nostalgia religiosa de habitar um mundo encantado e, portanto, divino, revela o desejo de Bispo: viver plenamente a sua existência num cosmo puro e santo, tal qual era no começo, quando saiu das mãos do Criador.

## *A CRIAÇÃO DO MUNDO ENCANTADO*

> Inventar (de *inventare*, frequentativo de *invenire*, achar) é encontrar na mesma medida em que se busca...
> **Davi Arrigucci Jr.**

A invenção dos seus rituais, a fundação de seu templo e a criação de suas obras ocorreram simultaneamente; elas fazem parte da mitopoética de Bispo e são artifícios que tinham um mesmo objetivo: engendrar um novo tempo, encantar a vida.

Para o homem religioso, toda criação começa no "começo do Tempo": *"antes que uma coisa exista, o seu tempo próprio não podia existir"* (Eliade, op. cit., p.88). É por essa razão que toda criação é imaginada como tendo tido lugar *no começo do Tempo*, no princípio de tudo. Sendo o tempo da criação um tempo mítico, a obra de Bispo se dava num tempo circular, num processo incessante de morte e vida, permitindo ao artista se preparar para a "passagem" para outra vida.

A cosmogonia é o arquétipo de toda "criação", de toda espécie de "fazer", porque "*é a suprema manifestação divina*, o gesto exemplar da força, de superabundância e de criatividade" (idem, p.92). Assim é a obra de Arthur Bispo do Rosário. A sua sede não era sede de qualquer realidade, mas da realidade primordial, de um mundo *in statu nascendi*.

*

* *

Na criação de seu próprio mundo, Bispo criou uma infinidade de coisas:

- objetos recobertos por fios azuis (Orfas)[7] e que representam as mais diversas coisas que podem compor um inventário do mundo em que viveu;
- objetos não recobertos por fios ou parcialmente recobertos;
- objetos em que a técnica de mumificação se mistura a muitas outras técnicas;
- escritos bordados com nomes de países, pessoas, ruas, datas, etc.;
- estandartes bordados que combinam escritura e figuras;
- vitrines *(assemblages)*;
- roupas bordadas, como o *Manto da apresentação* e jaquetas militares;
- barquinhos, naves, navios, enfim, os mais variados tipos de embarcações;
- brinquedos;
- objetos;
- a *Cama de Romeu e Julieta* ("nave" ou "leito nupcial"), ornada com tecidos, fitas, plástico e tantos outros materiais; e uma infinidade de coisas que não saberíamos nomear.

No inventário de suas obras, realizado em 1992 por Denise de Almeida Corrêa[8], constam oitocentas e duas peças. Elas resistem a qualquer tipo de classificação; a tentativa de colocá-las em uma ordem para que se possa analisá-las é sempre artificial, porque encontramos objetos mumificados dentro das vitrines, bordados sobre os objetos mumificados que não são miniaturas, e assim por diante. Por isso, o que proponho não é exatamente um sistema classificatório, mas uma interpretação que se quer coerente com o fio condutor desta análise.

## *O Encanto das Miniaturas*

Os velhos dedos carregados de virtudes, a palma generosa extraíam do bloco maciço e das fibras inanimadas as forças vitais latentes. Era a criação de um objeto, a obra da fé diante dos seus olhos maravilhados.
**Henri Bosco**

No interior de sua casa-porão, templo da era industrial, uma das atividades de Bispo era a criação de miniaturas: representação, em tamanho pequeno, das várias coisas que compõem a cultura material da nossa sociedade, um microcosmo, espécie de altar das coisas feitas pelas mãos

7 Termo criado pelo crítico de arte Frederico Morais.

8 Em 1992, as obras de Bispo foram tombadas pelo Instituto Estadual do Patrimônio Artístico e Cultural (Inepac) e estão reunidas no Museu Bispo do Rosário, localizado na Colônia Juliano Moreira.

dos homens e necessárias para a nova vida que deveria nascer. Miniaturas feitas de materiais diversos: madeira, lata, tecido, papelão, etc. Muitas delas são encapsuladas por linhas, outras foram produzidas a partir de técnica mista (Figs. 37).

O microcosmo tem por centro o nosso lar. No interior da nossa casa, o trabalho doméstico é o cuidar desse microcosmo, o recriá-lo constantemente, encantando com nosso toque — no sentido tátil do termo e também no sentido de acrescentar-lhe um pouco de nós mesmos — os objetos domésticos, dando vida a eles. De certa maneira, Bispo se entregava, obsessivamente, a esse trabalho doméstico.

Na sua rotina doméstica, Bispo, em vez de esfregar os móveis com um paninho que aquecesse tudo o que tocasse, que retirasse do objeto sua opacidade (como diria Bachelard), aumentando sua (do objeto) dignidade humana, acariciou muitas das suas miniaturas, aqueceu-as com fios de cor azul, desfiados do seu uniforme manicomial. Com a paciência de quem vive num tempo onde os ponteiros do relógio não são a referência, porém com a impaciência e a obstinação de quem tem uma grande missão a cumprir, ele encobria com fios azuis muitos desses pequenos objetos até esconder por completo o material do qual eram feitos. Eles são chamados de objetos mumificados, encapsulados ou Orfas (entre outras, Figs. 36, 8 e 9).

Essas miniaturas envolvidas por fios lembram os objetos de Judith Scott[9]. Tanto ela como Bispo utilizam uma técnica que remete à mumificação, prática realizada pelos antigos egípcios e também por outros povos, que consistia em envolver o corpo do morto com faixas de tecido, a fim de preservá-lo na sua forma e identidade. É o que Bispo fazia ao envolver com fios azuis um objeto. Quanto a Judith, esta agrupa vários objetos que rouba e, num movimento quase infinito, os envolve com um trançado anárquico de linhas, lãs e toda espécie de fios. Não é a identidade nem as propriedades dos objetos encobertos que ela quer preservar, pois, ao agrupá-los e justapor os fios, faz nascer formas outras, de grande dimensão, que se querem visíveis com toda a sua estranheza, como um jogo de dissimulação e exibição. Seus objetos parecem reivindicar uma outra vida e alimentam o prazer que a atividade motora de envolvê-los freneticamente lhe proporciona. O procedimento de Bispo era diferente, de simbologia mais complexa, pois estava impregnado dos princípios da magia: a lei da similitude e a lei do contato ou contágio. A lei da similitude consiste no fato de que tudo o que se assemelha a alguma coisa, "chama" essa coisa. Quanto à lei do contágio, ela garante que coisas que estiveram uma vez em contato continuam a agir umas sobre as outras (Frazer, 1920, p.35).

Como um mágico, ao reproduzir coisas em tamanho menor, Bispo colocava em prática a lei da similitude, ou seja, passava a ter poder sobre elas porque as havia criado à semelhança dos objetos já existentes. Os vodus, comuns nas sociedades arcaicas, nascem desse princípio; ao espetar um objeto pontiagudo no boneco criado à imagem e semelhança de alguém, simbolicamente ferimos essa pessoa. É uma prática antiga, manifesta nos

9 Judith Scott nasceu em 1943, em Cincinnati, Ohio, nos Estados Unidos. Portadora da Síndrome de Down, surda e muda, a partir de 1986 se engajou espontaneamente na criação de esculturas têxteis, que constituem seu único meio de expressão. Suas obras foram objeto de uma exposição na Coleção de Arte Bruta, em Lausanne, Suíça, em 2002.

desenhos encontrados em cavernas como Lascaux, onde a representação do animal flechado "garantia" a sua caça. Uma prática presente no pensamento selvagem e no infantil, e que realizamos inconscientemente quando, por exemplo, rasgamos a fotografia de alguém de quem estamos com raiva — simbolicamente, estamos destruindo a pessoa representada na imagem.

A eficácia das práticas de magia está ligada à crença do mágico no gesto simbólico. Mas, para que ela se efetive, é preciso, ainda, a intervenção de um outro elemento: a ação do sobrenatural — que, segundo Freud, nada mais é do que a potência do desejo (cf. Cazeneuve, 1971, p.152). Ao representar as coisas do mundo, Bispo criava um novo mundo, cujos poderes estavam "em suas mãos" e no qual brincava de organizá-las conforme sua vontade; eliminava sua função utilitária transformando-as em objetos ritualísticos.

As miniaturas mumificadas tinham ainda mais poder porque combinavam a lei da similitude com a do contágio. Os fios adquiridos do "mundo real" contagiavam os objetos que encobriam, garantindo maior eficiência na alteração desse mesmo "real". São como vodus cujos fios de cabelo foram retirados da pessoa que o mágico quer possuir; o contágio potencializa a magia. Contudo, na obra de Bispo, a técnica da mumificação tinha também uma outra significação simbólica: ainda que conservasse a silhueta e a identidade de cada objeto, ela os sufocava, os matava. Todavia, como a morte era condição para a nova vida, esses objetos, privados da antiga função que desempenhavam no mundo "real", renasciam com novas qualidades. É desta forma que Bispo realizava uma espécie de renúncia das funções dos objetos, de sua servidão ao homem, e fundia-os em um mundo de forças transcendentais. Bispo potencializava as coisas que na nossa sociedade tinham tido suas forças mágicas extraídas pelo desencantamento do mundo.

Ele representou em tamanho pequeno todo o necessário para a nova vida. A maioria dos objetos refere-se aos ofícios ou ao universo doméstico: escada (Fig. 6); sinalização de trânsito, placas com nomes de ruas (Fig. 8); moinho de cana (Fig. 9); Ferramentas como o martelo e a foice (Figs. 7 e 10); utensílios hospitalares (Fig. 11); objetos ligado à prática esportiva (Fig. 12); carro de boi (Fig. 13); curral com boi (Fig. 14), e uma infinidade de outras coisas.

Não nos enganemos com a potência desses pequenos objetos. É preciso ultrapassar a lógica para ver o que há de grande no pequeno. Nas miniaturas, os valores se condensam e se enriquecem; são objetos prenhes de *mana* e, portanto, objetos-tabu. São signos de um novo mundo que estava em construção, de um mundo que, como todos os outros, continha atributos de grandeza. "A miniatura é uma das moradas da grandeza", afirma Bachelard (1989, p.164).

A redução das coisas parece resultar da inversão do processo de conhecimento, porque para conhecer o objeto na sua totalidade temos a tendência de proceder começando por suas partes. Com a redução do objeto, sua totalidade parece menos perigosa; esta, por estar quantitativamente diminuída, parece-nos qualitativamente simplificada. Essa transposição qualitativa aumenta nosso poder sobre o seu homólogo, porque, por intermédio dele, o objeto pode ser apreendido mais facilmente. Através do modelo reduzido, o conhecimento do todo precede o das partes. E, segundo Lévi-Strauss (1970a, p.45), "mesmo se isso é uma ilusão, a razão do procedimento é criar e manter essa ilusão que gratifica a inteligência e a sensibilidade com um prazer que já pode [...] ser chamado estético". O modelo reduzido possui um atributo suplementar pelo fato de ser feito à mão, constituindo uma verdadeira experiência sobre o objeto; a compreensão de como ele é feito acrescenta uma dimensão suplementar ao seu ser.

A fascinação pelas miniaturas é bem antiga. Temos notícias de sua existência desde meados do século XV, quando miniaturas de madeira feitas por artesãos de Nurembergue, na Alemanha, tornaram-se famosas em toda a Europa. Não se sabe ao certo se antes de se tornarem objetos destinados às crianças eram peças compradas por colecionadores ou se sua difusão no mundo dos adultos e no infantil ocorreu paralelamente. Segundo Benjamin (1984, p.68), desde a Reforma, naquele país, as coisas pequenas faziam a alegria das crianças nas estantes de brinquedos, e dos adultos nas salas de "arte e maravilhas". Por volta do século XVI deu-se a especialização infantil dos brinquedos, e as miniaturas passaram a ser tidas, junto com o cavalo-de-pau, o cata-vento e o pião, entre outros objetos, como brinquedos da primeira infância.

Embora as miniaturas de Bispo não apresentem dimensões liliputianas, elas remetem a essa antiga tradição de reproduzir as coisas em tamanho reduzido. Elas nos levam de volta à infância, à participação nas brincadeiras, à "realidade dos brinquedos". O lúdico e o mágico nelas se concentram. Elas simbolizam, também, uma espécie de vingança redentora, a conquista de coisas que, no passado, lhe foram inacessíveis; eis o que o artista revelou, numa entrevista a José Castello, sobre sua vida anterior ao internamento: "Eu não tinha nada que fosse meu... E Deus só escolhe os que nada têm" (Rosário apud Castello, op. cit., p.298).

Com as suas miniaturas o mundo se curvava aos seus pés. A criança possui o mundo porque o tem em miniatura. Para Bispo, quanto maior sua habilidade em miniaturizar o mundo, tanto melhor ele o possuiria. Como os brinquedos, suas miniaturas estão submetidas à dialética do real e do maravilhoso. Parafraseando Bachelard (1989, p.178), Bispo criou um mundo encantado e cuidava de suas miniaturas como "ninhos de solidão onde sonhava viver".

O universo infantil é significativamente presente no trabalho de Bispo. Antes mesmo de ser ordenado a recriar o mundo, ele fazia brinquedos para as crianças da família Leone. No período de internamento, não abandonou esse universo; brinquedos tradicionais dividiam o espaço com outros tantos objetos por ele produzidos. Seus brinquedos não foram feitos com base, unicamente, na sua experiência prática. Além dela, havia uma sabedoria acumulada da atividade artesanal, fruto do trabalho e do conhecimento prático herdados das gerações que o precederam. Encontramos nessa sua atividade artesanal uma conexão com o seu passado.

Ainda hoje, nas regiões mais pobres do Brasil, a fabricação de brinquedos é da ordem do doméstico. Adultos fazem brinquedos para suas crianças com os materiais que têm às mãos, e as crianças tomam parte ativa nesse processo de criação, transformando, por exemplo, espigas de milho em boizinhos, latinhas puxadas por barbantes em carrinhos. As crianças não constituem uma comunidade isolada, são parte do povo e da classe dos quais provêm. A infância de Bispo foi semelhante à de tantas outras crianças nordestinas pobres, que herdaram esse *savoir-faire* da artesania de brinquedos que combina técnicas tradicionais com material rudimentar.

Provenientes dessa tradição, encontramos o *Cavalinho*[10] (Fig. 15), o *Iôiô* e o *Pião* (Fig. 16), brinquedos que sobrevivem há séculos. Eles foram representados, junto com outros brinquedos e jogos tradicionais, por Pieter Bruegel em sua obra *Jogos infantis* (1560), um estudo antropológico das atividades lúdicas das crianças flamengas do século XVI. Eles são, também, citados no *Journal sur l'enfance de Louis XIII*, publicado em 1868, um registro minucioso feito pelo médico Heroard sobre as façanhas do pequeno nobre Luís XIII, que viveu nos primeiros anos do século XVII (Ariès, 1981, p.83).

No inventário de Bispo encontramos, também, o *Chocalho* (Fig. 17), representação do objeto que, equivocadamente, foi atribuído aos primeiros anos de vida da criança porque se acreditava que a audição é o primeiro sentido a exigir atividade. Mas, originalmente, ele é um instrumento de defesa contra os maus espíritos e, por isso, era dado aos recém-nascidos.

No seu trabalho de criar um mundo encantado, Bispo devolveu aos brinquedos sua origem sagrada; foram transformados em objetos de culto, pois vários deles (é o caso do chocalho e da boneca) eram objetos ritualísticos antes de pertencerem ao universo infantil[11]. Que significado podemos atribuir a esse gosto de Bispo pelos brinquedos? Nostalgia de sua infância, prazer pela atividade artesanal? É mais do que isso. O brinquedo recupera algo que ficou perdido na infância, a saber: a superação, segundo Freud, do desprazer e da angústia causados pela ausência da mãe (cf. Oliveira, 1986); mas, também, na opinião de Melanie Klein, há o prazer e a satisfação da realização dos desejos, que o ato de brincar possibilita, e o domínio de situações penosas, difíceis, que se engendram com os objetos reais (idem).

**10** O *Cavalinho* de Bispo possui rodinhas que servem para que as crianças o puxem, e lembram um outro brinquedo tradicional, o pássaro com rodinhas, que desde meados do século XVI aparece nas iconografias acompanhado de seus pequenos proprietários.

**11** Para maiores informações sobre essa questão, ver Benjamin (1984, p.71-5) e Ariès (1981, p.82-92).

Segundo a teoria freudiana, as crianças reproduzem em seus brinquedos "tudo o que as impressionou na vida por uma espécie de ab-reação contra a intensidade da impressão que procuram, por assim dizer, dominar" (Freud apud Oliveira, op. cit., p.20). É isso o que ocorria com Bispo.

Ainda no domínio das atividades lúdicas, encontramos a representação do carrossel, *Carrossel* (Fig. 18). Não é preciso ser criança para se deixar fascinar por esse maquinário que nos leva a rodopiar embalados pela música, num descer e subir de cavalinhos, num retorno permanente ao ponto de partida e de onde vemos o mundo de uma ótica diferente. No mundo de Bispo havia lugar para essa diversão coletiva e na qual o devaneio de cada um acha inspiração.

De suas fortes mãos, hábeis como as dos artesãos que ainda hoje encontramos no Nordeste — *bricoleurs* que criam utensílios porque, muitas vezes, não possuem os meios para adquiri-los —, nasceram, também, objetos que não são nem miniaturas nem brinquedos, e que colocam Bispo, mais uma vez, em conexão com as suas raízes (Fig. 19).

## *As Vitrines*

> Inúmeros artistas colecionaram fragmentos de coisas aparentemente sem valor, recriaram uma miríade de formas utilizando materiais abandonados e descartados pela sociedade de consumo. De Picasso a Annette Messager, passando por Schwitters, por Miró, que possuía 'um amor quase franciscano pelas coisas', e por Dubuffet, que toma o partido da matéria para nela perceber infinitas possibilidades, a lista de artistas voltados a expressar novas significações ou a alma de coisas relegadas à indignidade e à ilegalidade do descartável é longa e diversificada. (Sant'Anna, op. cit., p.113)

A essa lista de artistas podemos acrescentar Arthur Bispo do Rosário, que encantava toda matéria obsoleta, retirando-a de sua (da matéria) tendência a ser um fracasso.

Nossa sociedade produz detritos em larga escala. À margem das cidades encontramos tudo o que está à margem da sociedade: grandes lixões de seres e objetos. Na lógica da "genealogia da discriminação", os hospícios, até a primeira metade do século XX, colecionavam seres humanos que, segundo a visão médico-higienista vigente na época, consistiam em lixos humanos porque eram considerados inaptos ao trabalho e, portanto, não possuíam mais qualquer função social. Tal como acontecia com os objetos industriais quando deixavam de cumprir o seu papel, os seres humanos eram descartados, jogados fora como lixo. Bispo fez parte dessa lógica. Era ele, também, colecionador e objeto colecionado. Dejeto humano e acumulador de dejetos industriais. Mas, enquanto o hospício destituía as pessoas de sua singularidade, produzia e preservava a demência orgânica, o Bispo colecionador reconhecia, em cada objeto descartado e obsoleto, as particularidades de sua existência e, através de sua intervenção, dava-lhes nova aura. Tal como ele havia se revelado em sua singularidade como ser aurático, assim eram revelados os objetos por ele acumulados no espaço diferenciado de seu aposento.

Já dizia André Breton que *o olho existe em estado selvagem*, ou seja, não que ele tenha escapado, necessariamente, a toda forma de adestramento, mas ele convoca uma espécie de "selvageria" que se opõe ao olhar civilizado ocidental, particularmente naquilo que concerne às finalidades e às modalidades da atividade artística: "O olho não advertido, quero dizer, não instruído para isto que vai ver, mas também não deformado pela 'maneira de ver' o que, no Ocidente, é um consenso há séculos..." (Breton apud Pierre, 1987, p.254). Assim era o olho de Bispo, um olho não prevenido, que não sofreu a tirania do império da educação visual; um olhar de quem tinha suas capacidades antropológicas polimorfas em dia, tal como as crianças, que

> [...] sentem-se irresistivelmente atraídas pelos destroços que surgem da construção, do trabalho no jardim ou em casa, da atividade do alfaiate ou do marceneiro. Nesses restos que sobram elas reconhecem o rosto que o mundo das coisas volta exatamente para elas, e só para elas. Nesses restos elas estão menos empenhadas em imitar as obras dos adultos do que em estabelecer entre os mais diferentes materiais, através daquilo que criam em suas brincadeiras, uma nova e incoerente relação. Com isso as crianças formam seu próprio mundo de coisas, mundo pequeno inserido em um maior. (Benjamin, op. cit., p.77)

Por isso ele pôde ver as coisas como elas são, com todo o seu mistério e profundidade, sem considerá-las opacas, mas entendendo que

> [...] as coisas e os seres possuem forças, apelos, latências, cujas singularidades a compreensão humana não consegue esgotar. Se vegetais, minerais e objetos em geral são mais complexos do que parecem, muitos rituais e cerimônias que os utilizam não poderiam ser outra coisa que a repetição do que difere. (Sant'Anna, op. cit., p.114)

No seu ritual de criação, era a qualidade diferencial das coisas que seus olhos enxergavam. De seus olhos selvagens nasceram as vitrines.

Saímos do domínio do artesanal. Nas suas vitrines, não é mais o saber técnico herdado que conta, mas o gesto. Elas nasceram da eleição e da organização de objetos que compunham sua anárquica "coleção do obsoleto" e que foram desalojados de seu contexto original.

Vitrines, nome dessas *assemblages*, trazem em si uma contradição. Diante de uma vitrine nossos olhos são convocados à contemplação: os objetos-fetiche nela expostos nos seguem com seus "olhos", pedem para que sejam adquiridos, impõem a necessidade de consumi-los. As vitrines de Bispo não requerem olhar contemplativo, não são obras retinianas; elas exigem o trabalho do pensamento e a descoberta do que ocultam. Os objetos expostos não possuem mais função, não convocam o gosto pelo consumo e nem mesmo para a admiração do belo; agora eles falam uma outra língua, aquela da sua materialidade, das suas cores, formas e musicalidade. Essa organização se opera — na maioria das vezes — a partir do que lhes sugeriam os materiais ou a partir de relações análogas existentes entre eles; ou, ainda, suas vitrines podem apresentar outras formas de organização que escapam ao nosso entendimento.

As vitrines fazem contraponto com os objetos mumificados; nelas o mundo não é mais representado — as sobras da realidade, seus fragmentos, são a sua matéria-prima. E, enquanto os Orfas preservam, ou melhor, elevam a identidade de cada objeto, certas vitrines procedem da negação da identidade do objeto em proveito de sua categoria como espécie.

Em *Canecas* (Fig. 20), por exemplo, o que é mostrado não é a caneca, mas várias canecas. O particular é transformado em genérico, e mesmo que nem todas as canecas sejam absolutamente iguais, o que apreendemos delas é o seu conceito. Bispo desconhecia a teoria do "mundo das ideias", de Platão, porém sabia que "Cada coisa na Terra recebe um nome", que "Uma cadeira não pode ser chamada de peixe, e um peixe não pode ser chamado de vinho" (Rosário apud Castello, op. cit., p.290). Ainda que o nome das coisas seja uma convenção, só podemos reconhecer uma cadeira, um peixe ou uma caneca na medida em que eliminamos as suas particularidades, suas singularidades, para que reste somente o que há de comum entre eles. Essa situação se repete em *Botas* (Fig. 21). Essas vitrines parecem denunciar que "Uma pedra é igual a outra pedra e um saca-rolhas é igual a outro saca-rolhas. A semelhança entre as pedras é natural e involuntária; entre os objetos manufaturados é artificial e deliberada" (Paz, 1977, p.25).

Em *Congas e havaianas* (Fig. 22), outras relações são estabelecidas. Enquanto em *Canecas* a monotonia prevalece ainda que os objetos não estejam rigorosamente alinhados, em *Congas e havaianas* a monotonia dos congas azuis é quebrada pelos chinelos havaianas (um, inclusive, de ponta cabeça) e pela interferência de dois maços de cadarços que pendem de determinada altura da vitrine. Ao organizar o caos material, Bispo explorava as diversas formas de combinação. Descobre-se que algumas coisas só funcionam em par: congas azuis com congas azuis, havaiana branca com havaiana branca, havaiana preta com havaiana preta. Mas também há lugar para a diferença: as havaianas pretas estão em posições opostas — a dissonância faz parte da musicalidade de seu mundo.

Já em *Sapateira masculina* (Fig. 23), Bispo ensaiou outra possibilidade. Ele parece testar os conceitos. Está contida na ideia de sapatos masculinos uma diversidade de formas, materiais, cores. Novamente encontramos um ruído, um par de sapatos que não é um par, obstruindo a sequência de uma cadeia artificial.

Na sua vitrine *Talheres* (Fig. 24), os objetos podem estar reunidos ou porque são objetos que nos auxiliam a comer, ou porque são de metal, ou, ainda, porque são objetos ligados a um dos pecados capitais: a gula. Talvez seja o conjunto de todas essas possibilidades, o que não impede outras interpretações. A distribuição dos talheres sobre o suporte de papelão não é aleatória. Diferente das outras vitrines que acabei de citar, nas quais a sequência dos objetos é clara, aqui nossos olhos percorrem toda a vitrine a fim de achar um alinhamento. O jogo da disposição faz com que não olhemos mais cada talher; a unidade é abolida em prol do todo.

*Butões para palitó, sobretudo e pereline* (Figs. 25 e 26) talvez não seja considerada como vitrine, porque enquanto as demais têm, como suporte, madeira e papelão, que formam uma estrutura que lhes permite ficar de pé, essa composição de botões foi organizada sobre quatro cartelas de papel envolvidas com plástico, presas umas às outras por linhas e dispostas verticalmente. Todavia, como já adverti anteriormente, qualquer tentativa de classificação de sua obra se mostra insuficiente. De qualquer forma, trata-se de uma vitrine. Todo o espaço é coberto por uma constelação de botões de vários tamanhos, cores, texturas e materiais. Aqui a quantidade altera a qualidade do material; os botões transparentes ficam mais cintilantes e a sua luz, ondulante. Um olhar pouco atento poderia concluir que sua organização parte de cima para baixo, com os botões maiores embaixo. Com um pouco mais de atenção, descobrimos pequenos botões em meio aos médios, uma concentração de botões médios rodeados por botões menores. E se nos detemos ainda mais, percebemos carreiras de botões de mesmo tamanho, cor, forma e matéria, como se insinuassem linhas que nada chegam a desenhar. Como quando olhamos para uma constelação, procuramos, nessa obra, "desenhar" com os olhos o alinhamento de alguns botões para descobrir que figura ele sugere. Mais do que à imaginação de Bispo, é à nossa que o seu trabalho faz apelo.

*Cestas e canecas coloridas* (Fig. 27) é um conjunto de utensílios domésticos, na sua grande maioria, de plástico. Como não lembrar das "vitrines" improvisadas das barracas das feiras nordestinas que vendem, justamente, esses tipos de objeto? Reminiscências do passado de Bispo, de sua terra natal. As formas são cores-forma. É um carnaval de cores cujo repertório seu autor conhecia bem. Objetos *kitch* como as cestas de pão são transformados em formas geométricas: círculos, quadrados e retângulos formando quase que um eixo central vertical. A distribuição dos objetos é clara e não deixa margem de dúvida sobre a ordem dada pelo autor.

O sincretismo[12] presente na religiosidade afro-brasileira é homenageado na vitrine *Macumba* (Fig. 28). A deusa ioruba do mar, Iemanjá — que simboliza a imagem maternal e representa o elemento líquido sem especificação, às vezes identificada à Virgem Maria —, ocupa lugar central nessa obra. Objetos ritualísticos típicos da religiosidade afro-brasileira (como os colares das mais variadas contas e as pequenas bonecas que simbolizam vodus) dividem o espaço com objetos da cultura católica (como os santinhos e o terço). Os

**12** Ao falar de "sincretismo" é preciso lembrar que não se trata de uma simples fusão dos deuses africanos com os santos católicos; trata-se, segundo Bastide (1973), de uma participação do candomblé com a vida católica e que está inscrita nos gestos e ritos de um povo. O catolicismo serviu para os negros, no Brasil, como disfarce para suas crenças tradicionais; é "a famosa ilusão da catequese de que fala Nina Rodrigues", enfatiza Bastide (op. cit., p.177). Ele explica que o sincretismo entre a cultura africana e a cultura católica brasileira encontra sua justificativa num certo tipo de mentalidade do negro: mentalidade regida pelo pensamento analógico, indiferente à contradição e que se manifesta nos ritos mágicos, nas danças e nas representações coletivas. Lucien Lévy-Bruhl a denominou de "lei de participação"; Émile Durkheim e Marcel Mauss acrescentaram que para essa mentalidade o universo está dividido num certo número de compartimentos estanques — as chamadas classificações primitivas — e que as participações dão-se no interior dessas divisões; elas podem estar presentes entre diversos elementos que pertencem ao real, ao social e ao sobrenatural. Bastide (op. cit.) defende a tese de que o sincretismo afro-brasileiro conserva resíduos dessa maneira de pensar. A respeito, ver, também, Cazeneuve (1961, p.11-3).

óculos simbolizam as oferendas que, no terreiro de candomblé, são destinadas às divindades sobrenaturais. A estátua da cigana e outros elementos não deixam dúvidas de que se trata de uma síntese das pluralidades cultural e religiosa brasileiras, e os ornados de papel e plástico, particularmente as duas flores, dão prova do seu barroquismo. O procedimento dessa vitrine é análogo àquele da magia presente no sincretismo afro-brasileiro, que tende sempre ao quantitativo: a reunião, num mesmo suporte, de vários balangandãs de origem e crenças diversas, um sistema acumulador de elementos tomados de vários cultos, mas desempenhando a mesma função: o princípio de eficiência. A meu ver, essa vitrine é a representação plástica da própria mitopoética do artista, pois se trata de elaboração a partir dos fragmentos de sua cultura religiosa.

Todo colecionador tem critérios para escolher este ou aquele objeto que quer acrescentar à sua coleção, e Bispo não era diferente. Algumas vezes procurava adquirir objetos que pudessem enriquecer determinada ideia. Imagino que em *Macumba*, por exemplo, ainda que alguns objetos tenham sugerido a sua composição, houve uma busca deliberada por alguns deles. Sua obra dá provas de um árduo trabalho, e não de ser mero passatempo: recolhia materiais, selecionava-os, organizava-os e, quando necessitava de um tipo específico, que não constava na sua coleção, buscava encontrar um meio para adquiri-lo — e sua posição de *xerife* do pavilhão facilitava essa empreitada.

A montagem é um dos procedimentos utilizados por Bispo. Ela consiste na organização de fragmentos ou cacos esparsos da realidade presente ou passada; ela viabiliza a representação de objetos díspares e diversos que, colocados lado a lado, apresentam-se desconexos; ela "não possui qualquer espécie de coração lógico cujo pulsar possa unir, ainda que fugazmente, seu heterogêneo material" (Franco, 1998, p.128). Em razão de sua caoticidade, o princípio da autoridade do todo sobre as partes é extinto, as partes se tornam autônomas, independentes. Assim é *Crânio* (Fig. 29), vitrine com um crânio de plástico em miniatura, um Orfa, velas, saboneteira e outros objetos distribuídos sobre quatro retângulos de papelão unidos por fios. Não há diálogo entre os objetos que se encontram nas quatro partes nem entre elas. Essa vitrine representa pedaços desconexos de um mundo incompreensível, fragmentos de um mundo em ruínas. Revela a impossibilidade de construção de uma cadeia significativa entre o passado, o presente e o futuro, a impossibilidade da reconstrução de uma totalidade. Na verdade, trata-se de um procedimento presente em várias obras modernistas, radicalizado na década de 1960 e justificado por vários teóricos como representação da própria caoticidade do mundo externo. Porém, na obra de Bispo a caoticidade provém de uma "rua de mão dupla": ela é transfiguração tanto do mundo externo quanto do seu mundo interno. Poderíamos atribuir essa característica à sua esquizofrenia, mas, por se tratar de um procedimento comum a vários artistas, provavelmente Fredric Jameson tenha razão quando aponta para uma "esquizofrenização" da sociedade contemporânea (cf. Franco, op. cit., p.132). Essa obra revela menos a esquizofrenia de seu autor do que a nossa própria.

A obra de Bispo nada deve à cultura artística. Ela é como um diamante não lapidado; é tosca, rude, bruta, mas também de rigor estético e ousadia formal. Diante dela, qualquer um que conheça, mesmo que superficialmente, a arte contemporânea, termina por estabelecer, quase que automaticamente, relações entre sua produção e a produção de artistas profissionais. A contemporaneidade da sua obra é incontestável; ela alude ao que há de mais radical e criativo em algumas das vanguardas da segunda metade do século XX.

Em um dos textos que escreveu sobre Bispo, o crítico de arte Frederico Morais afirmou: "Sua obra transita [...] com absoluta naturalidade e competência, no território da arte mais contemporânea" (Morais, 1990, p.25). O autor aproxima a obra de Bispo a vários movimentos e artistas contemporâneos: ao Novo Realismo, a alguns expoentes do Fluxus, a Tony Cragg, a alguns representantes das tendências arqueológicas da arte francesa, à arte conceitual, a Hélio Oiticica (entre outros) e àquele que precedeu e influenciou todos esses: Marcel Duchamp. Ainda podemos remetê-la à Pop Art e à Arte Povera. Sua obra permite estabelecer múltiplos diálogos com a arte contemporânea, porém não é objetivo deste livro estabelecer exaustivas relações entre elas. Abordarei somente alguns desses diálogos.

A proximidade entre as vitrines de Bispo e as "acumulações" do artista francês Arman é surpreendente, mas não vou, aqui, estabelecer um diálogo entre ambas para valorizar ou "iluminar" a obra de Bispo a partir de uma produção em constante diálogo com a história da arte, como é a daquele.

Arman era filho de donos de antiquário, cresceu cheirando o pó de objetos velhos e usados e em meio às quinquilharias dos *mercados de pulgas*. Esse dado biográfico teve consequências: "O objeto está no coração da criação armaniana", afirma Moulin (1998, p.31). Sua relação com os objetos se situa no interior de um triplo contexto: o da história da arte, o de certa reflexão sociológica e o de sua história pessoal. Seu trabalho, como o dos outros representantes do Novo Realismo, é fruto da consciência da "natureza moderna, industrial, urbana e midiática" da nova paisagem urbana europeia da década de 1960, como explica Restany (1999, p.84); ele provém, como as vitrines de Bispo, de um gesto de apropriação do real. Mas esse gesto tem raízes no passado: nas colagens cubistas e dadaístas, nos objetos surrealistas, nas experimentações de Kurt Schitters e em Duchamp. Arman chegou a declarar: "Um artista, na sua juventude, toma partido face à história da arte, produz obras teóricas, depois constrói variações que são possivelmente obras-primas, mas levando em consideração dados existentes" (apud Moulin, op. cit., p.30-1). Enfim, uma trajetória radicalmente diferente daquela de Bispo.

Entretanto, ao vermos as acumulações de Arman, como *Artériosclérose [Arteriosclerose]* (1961), acumulação de colheres e garfos; *Retour des croisades [Volta das cruzadas]* (1961), acumulação de cadeados; e *Madison Avenue [Avenida Madison]* (1962), uma *assemblage* de escarpins, logo lembramos das vitrines de Bispo. Nas acumulações desse francês, objetos semelhantes são imbricados, como se tivessem sido jogados aleatoriamente, embora sejam, de certa forma, arranjados pelo artista. Francblin (1999) chama isso de "coreografia de objetos", jogo que interessa mais ao artista do que a unidade de cada objeto, o qual sofre uma espécie de metamorfose que provoca, na maioria das vezes, sua transformação. Bispo e Arman são colecionadores de coisas e, como tal, apreciam as singularidades dos objetos, mas tanto nas acumulações como em algumas vitrines a identidade do objeto é abolida, há uma operação de abstração que transforma o particular em genérico. Em 1961, Arman declarou à revista *Zero*: "Mil conta-gotas são mais conta-gotas que um só conta-gotas" (Arman apud Francblin, op. cit., p.11).

O genérico é o conceito. E tanto em Arman como em Bispo qualquer objeto pode se transformar em objeto estético que serve para formar figuras, construir formas, evocar movimentos. Mas há diferenças. Como observou Morais (op. cit., p.25), "o modo" de organizar as vitrines, em Bispo, é "mais radical e menos aleatória [sic] que o de seus colegas franceses", e o que importa é tanto a quantidade quanto a qualidade: "Observe-se, por exemplo, o caráter despojado da 'vitrine' que reúne canecas de alumínio, na qual a forma revela uma notável unidade visual, resultando numa estrutura geométrica e ótica".

Mas não esqueçamos que a obra de Bispo não possui apenas esse caráter construtivo, ou melhor, esse caráter responde à necessidade de criar um novo mundo, de experimentar diversas formas de organização; sua manipulação do real estava muito próxima da prática da magia. Sua obra se encontra no ponto zero da história da arte, ou seja, antes de qualquer inferência formal ela foi objeto de culto, de manipulação de poderes. E não será isto que Arman buscava nas suas acumulações? Numa carta a William Rubin, datada de 1983, ele revela que seu interesse pela arte africana (a ponto de colecioná-la) provém de seu interesse pelos objetos investidos de poder mágico; ele percebeu certa semelhança entre os objetos-fetiche e suas acumulações, vai mais além e confessa: "Minha longa relação com e escultura africana, enquanto colecionador, me permitiu compreender melhor o que devia ser a 'boa arte'" (Arman apud Rubin, 1991, p.69). Para além das questões estéticas e sociológicas,

> [...] é certo que as pesquisas de Arman, no início dos anos 60, são uma tematização artística antecipada do programa crítico de uma sociologia do consumo que se desenvolverá nos anos seguintes. A crítica implícita das sociedades contemporâneas, em direção à abundância, obcecadas pela produção, que parecem sem objetivo nem razão, subentende tomadas de posição estéticas. (Moulin, op. cit., p.30)

A obra de Arman busca algo que se encontra na origem da arte. Em *Fétiches de la secte des théophages [Fetiches da seita dos teófagos]* (1960), uma reunião de crucifixos, e *À Lourdes [Em Lourdes]* (1962), *assemblage* de muletas, isso é explícito. Umberto Eco notou que a maneira como o artista francês expõe esses objetos lembra capelas cheias de ex-votos:

> [...] a técnica de exposição de Arman assemelha-se àquelas capelas desmoronando sob o peso de ex-votos, quer sejam figurativos (um quadro lembrando o acontecimento milagroso), objetos metonímicos (a muleta para a cura do estropiado, o olho de vidro para o cego). Existem lugares que poderiam ser relicários de Arman, como o Nosso Senhor do Bonfim, na Bahia, onde florestas de membros artificiais pendem do teto. (Eco, 1998, p.19)

Eu diria que a obra de Arman acaba onde a de Bispo começa. Enquanto o artista francês dialoga com a história da arte, se posiciona criticamente contra a sociedade de consumo, coleciona objetos de arte africana — extraindo deles as funções que desempenhariam nas sociedades tradicionais — e busca, nas suas acumulações, aproximar-se do culto, do rito e da magia, Bispo fez o caminho inverso. Toda a sua obra nasceu da necessidade de fundar e encantar um mundo a partir dos destroços deste de que fazemos parte; nenhum diálogo existe com a tradição artística ocidental, embora possamos atribuir ao seu trabalho um sentido mais sociológico e mesmo crítico. Contudo, justamente por estar distante de tudo isso, ela termina por questionar a história da arte em vez de ser questionada por ela; passa a ser objeto de interesse da sociologia e, não, obra sociológica; ao fazer, de sua vida, obra, é a sociedade que, diante dela (obra), a ela deve explicações.

### *A Vida dos Objetos*

Para Bispo, este mundo, tanto quanto o seu, parecia carecer de ordem. Na construção de seu universo, todo material feito pelo homem era necessário, mas era preciso dar-lhe sentido, novas finalidades, organizá-lo, ordená-lo. No interior de seu templo, porão de uma nau à deriva, ele navegava não mais como o marujo de antes, mas como o capitão que tudo governava.

Utilizando os fragmentos do nosso mundo, testemunhas fósseis da sua história como indivíduo e de nossa sociedade, Bispo criou objetos. De todos eles, o que mais chama a atenção é a *Roda da fortuna* (Figs. 3032), em razão de sua semelhança com a *Roda de bicicleta* (1951) de Marcel Duchamp.

Arthur Bispo do Rosário não é o nosso Duchamp, tampouco o nosso Van Gogh. É preciso concordar com Braga (2006, p.1), de que essas aproximações, "triste mecanismo de justificação da vida e da obra dos artistas nacionais, ainda pretenda ser uma forma de *Elogio*". Porém, Braga (op. cit., p.2) entende que, "olhando com atenção para a obra de Duchamp, vamos compreender melhor a de Bispo do Rosário, pois, apesar dos sotaques, ambos conversam no mesmo registro, falam do mesmo modo e dos mesmos assuntos". Pergunto: por que somos incapazes de pensar a produção marginal e singular de artistas como Bispo sem referendar a "grande arte"?

O incompreensível não está na emissão da mensagem artística, mas na sua recepção, na nossa resistência, na nossa rejeição em aceitar aquilo que se desvia das normas; então, corremos a localizá-la numa tradição, a tecer comparações que amenizem a distância que pensamos existir entre ela e nós. As proximidades entre esses dois artistas existem, mas somente no nível do visível, daquilo que nossos olhos constatam à primeira vista.

O difícil é admitir que o processo artístico produz formas surpreendentes como a *Roda da fortuna*. Aguilar (1995, s/p) adverte: "o objeto de Bispo traz um sentido alquímico, de mandala, onde o pedestal modesto compõe um altar, avesso ao mundo industrial do artista francês".

Tanto Bispo como Duchamp eram apreciadores do jogo de xadrez, mas, no caso do primeiro, o xadrez serve como metáfora do seu universo, pois, tal como nesse jogo, todas as peças de sua obra se relacionam, todas estão vinculadas à sua missão, fazem parte de sua mitopoética, da formação do seu cosmo. Na tentativa de impedir que sua louca nave naufragasse em águas profundas, Bispo transformou a roda de bicicleta, sustentada por uma base de madeira, em um "timão", "mandala tropical", no dizer de Aguilar. Para muitos, a semelhança dessa obra com a *Roda de bicicleta* de Duchamp é o resultado da apropriação da imagem desta última através de algum meio de comunicação, como as revistas, tão apreciadas por Bispo.

Mandala ou não, cópia do objeto duchampiano ou não, que diferença faz? Caso Bispo fosse um *ladrão* de ideias, isso em nada diminuiria seu mérito. Que crime esse *bricoleur*, que criava a partir do que estava dado, estaria cometendo se se apropriasse de uma imagem ou de uma ideia? Bispo possuía um repertório de imagens proveniente das revistas que chegavam às suas mãos e, para ele — como para tantos outros criadores marginais —, a cultura não era propriedade de ninguém, sendo permitido se apropriar de uma ideia ou de uma imagem como se apropriava das sucatas e de outros materiais encontrados ao acaso. Ao contrário do que muitos pensam, isto revelaria o caráter subversivo da sua obra, uma relação predatória e conflituosa com a cultura dominante. E mesmo que assim tenha sido, a *Roda da fortuna* seria outra coisa, não um arremedo de Duchamp. Numa entrevista concedida a Pierre Cabanne, o artista francês fez esta declaração:

> A palavra *ready-made* só apareceu em 1915, quando fui aos Estados Unidos. Ela me interessou como palavra, mas quando coloquei uma roda de bicicleta sobre um banco, [...], não havia ainda qualquer ideia de *ready-made* ou coisa parecida, era apenas uma forma de distração. Não havia uma razão determinada para fazer aquilo, ou alguma intenção de exposição, de descrição. Não, nada disso... (Duchamp apud Cabanne, 1997, p.79)

Essa aleatoriedade, essa gratuidade do gesto, do ato, da escolha, não estão presentes na obra de Bispo. Nada impede que a *Roda da fortuna* seja a representação simbólica e inconsciente da mandala, arquétipo que expressa a totalidade da psiquê e cujas forças "ligam e submetem os poderes sem lei pertencentes ao mundo da escuridão e configuram ou criam uma ordem que transforma o caos em cosmos" (Jung apud Silveira, 1981, p.55). Afinal, "Os artistas em particular [...] combinam uma enorme capacidade de uso simbólico do material para expressar suas fantasias inconscientes com um senso extremamente apurado das características reais do material que utilizam" (Segal, op. cit., p.54). Na minha opinião, ela é a representação do objeto que leva seu nome, afinal era sua missão representar as coisas do mundo. No Brasil, até a década de 1970, a roda da fortuna era comum em quermesses e parques de diversão; muitas vezes improvisada com uma roda de bicicleta, trazia o exterior do aro numerado, uma espécie de roleta vertical, tal como a representação de Arthur Bispo do Rosário.

Outras obras de Bispo remetem àquelas do criador do *ready-made* e vice-versa. Sua *Caixa dos escolhidos* (Figs. 33 e 34), caixa de madeira caiada cheia de fichas com nomes, espécie de arquivo, lembra a *Caixa verde* (1934) e a *Caixa em mala* (1935–1941), de Duchamp. Todas têm caráter documental, mas enquanto a de Bispo é uma espécie de memória artificial dos nomes das pessoas que seriam salvas no dia do julgamento final, as de Duchamp manifestam a preocupação de reunir a sua obra e preservá-la. Para proteger seus objetos da umidade de sua cela, Bispo criou capas de plástico que passaram a fazer parte da obra (Fig. 32), e, por coincidência, o *ready-made Dobrável de viagem* (1916), de Duchamp, é uma cobertura de máquina de escrever da marca Underwood. O *Vaso sanitário* (Figs. 35 e 36) poderia nos remeter à *Fonte* (1917–1964), assim como o porta-garrafas de Bispo poderia nos remeter ao *Suporte de garrafas* (1914–1964), ambos de Duchamp. Todavia, eles não pertencem ao mesmo mundo, não nasceram das mesmas referências, não têm a mesma finalidade. Os *ready-made* de Duchamp são objetos anônimos que o gesto gratuito do artista, pelo fato de escolhê-los, converteu em obra de arte ao mesmo tempo em que colocava em crise a noção de obra. Na poética duchampiana, a contradição é o seu coração pulsante. Paz (op. cit., p.22) afirma que ele foi um "pintor de ideias", pois seu interesse não era pelo plástico, mas pelo crítico ou filosófico:

> O *ready-made* não postula um valor novo: é um dardo contra o que chamamos valioso. É crítica ativa: um pontapé contra a obra de arte sentada em seu pedestal de adjetivos. A ação crítica se desdobra em dois momentos. O primeiro é de ordem higiênica, um asseio intelectual: o *ready-made* é uma crítica do gosto; o segundo é um ataque à noção de obra de arte.

A criação do *ready-made* está inserida num debate que se coloca contra a arte retiniana e manual; seu criador queria que as obras não fossem mais manufaturas, e sim atos. O *ready-made* nasce de um gesto que só um artista poderia realizar — não qualquer artista, enfatiza Paz, mas Marcel Duchamp. A operação do artista francês, de descontextualizar o objeto, revela a negatividade do objeto manufaturado; através da ironia, tônica da sua poética, ele nega a técnica ao converter o objeto manufaturado em coisa inútil. Além disso, a prática do *ready-made* exige desinteresse pelo objeto:

> O grande problema era o ato de escolher. Tinha que escolher um objeto sem que este me impressionasse e sem a menor intervenção, dentro do possível, de qualquer ideia ou propósito de deleite estético. Era necessário reduzir o meu gosto pessoal a zero. (Duchamp apud Paz, op. cit., p.27)

Segundo Schwarz (1999, p.28), para que um objeto comum, um *ready-made*, venha a se tornar uma obra de arte, é preciso reunir, basicamente, três condições: a primeira, e talvez a mais importante, é a necessidade de dar ao objeto escolhido um título, e este é determinante; a segunda condição é aquela preconizada pelo Conde de Lautréamont em *Cantos de Maldoror*, uma beleza que resulta do "encontro fortuito de um guarda-chuva e uma máquina de costura sobre uma mesa de dissecação" (Lautréamont apud Schwarz, op. cit., p.28), em outras palavras, a necessidade de descontextualizar o objeto; a terceira condição é de caráter temporal, isto é, o encontro imediato com o objeto, evitando que ele seja escolhido por uma questão de gosto ou de ausência de gosto, e é esse caráter temporal que lhe confere neutralidade.

Bispo não conhecia Lautréamont nem as ideias que compunham a cartilha dos surrealistas, mas alguns de seus objetos nasceram de um encontro fortuito, da aproximação de realidades distantes, como *Carrilhão* (Fig. 37).

Mas o gesto, aí, não é um ato de provocação; o que se busca não é uma "beleza convulsiva" que pretende provocar um choque no observador. No mundo hierarquizado de Bispo, mesmo o que parece ser aleatório tem papel importante, cumpre uma função. Por exemplo, na luta contra o tempo, contra o fim da existência, o que mais se quer é subverter a função do relógio. O relógio sem função (porque não marca mais o tempo) ganhou um pedestal e uma nova configuração: dentro de seu templo, o tempo cronológico não comandava, o relógio parado desmascarava o fato de que medi-lo é uma convenção contra a qual o artista travou uma luta.

*Gaiola* (Fig. 38) é uma peça na qual a intervenção do artista foi mínima: talvez o ninho e, seguramente, a etiqueta de metal em que se lê "2030 GAIOLA DE PASSARINHO". Embora pareça ter nascido da terceira condição citada por Schwarz, ela é fruto daquilo que os surrealistas chamaram de "acaso objetivo" ou "objeto achado" *(objet trouvé)*, ou seja, do encontro de um desejo inconsciente com a possibilidade de sua concretização no real. Na reconstrução do seu mundo, nada deveria faltar, nem mesmo gaiolas de passarinho. A inscrição na etiqueta reforça, reafirma a função do objeto, e lembra o procedimento do artista conceitual Joseph Kosuth, que em *Uma e três cadeiras* (1965) expõe, ao lado do objeto, a foto e a definição do mesmo. Mas, no caso de Bispo, a etiqueta é mais do que mero exercício da linguagem, mais do que uma redundância, é um método de catalogação; o número faz parte da ordem oculta estabelecida pelo criador na organização de seu cosmo.

Não encontramos nos objetos de Bispo a reunião das três condições descritas por Schwarz num mesmo objeto. Eles nada têm em comum com o ideal ascético de Duchamp. A sua obra é a união com a divindade, não é gesto desinteressado, mas a contemplação de uma nova vida; os *ready-made* de Duchamp são "um encontro com ninguém e sua finalidade é a não contemplação" (Paz, op. cit., p.28). Em Bispo, o gesto é o de sacralizar o objeto ao destituí-lo de suas funções originais, é o de transformar o lixo em objeto sagrado; em Duchamp, é o de dessacralizar a arte, dar a ela um caráter de antiarte. Embora, em ambas, o que se revela não seja o *homo faber*, o "jogo de um [Duchamp] não guarda nenhuma relação com o totem do outro [Bispo]. Quer dizer, o gesto provocantemente gratuito e iconoclasta de um tem pouco ou nada a ver com o gesto seriamente determinado o iconográfico do outro" (Barreto, 1999, p.12).

Bispo era um *bricoleur*, estava apto a executar tarefas diferentes sem se subordinar, em cada uma delas, à obtenção de matérias-primas e de ferramentas, concedidas e procuradas na medida de sua intenção. Aliás, não havia um plano preconcebido. A regra do seu jogo era arranjar-se com os meio-limites, isto é, com um conjunto restrito de utensílios e de materiais heteróclitos, resíduos de obras humanas, uma espécie de subconjunto da cultura. Seus objetos não eram definidos por um projeto, mas por sua instrumentalidade, porque os elementos da composição eram recolhidos e conservados a partir de um princípio: "isto pode servir" para a representação do mundo no dia da "passagem". Seu trabalho como *bricoleur* não se limitava a executar coisas ou unicamente a descontextualizá-las: ele não apenas "falava" com as coisas, mas também "falava" por meio delas, contando, através das escolhas que fez, fragmentos de sua experiência, de sua vida; ele punha algo de si nos seus objetos. Duchamp busca ser um *bricoleur* na medida em que também se apropria de resíduos de obras humanas típicos da era industrial para com eles criar outros objetos, e, embora sua obra não apresente todas as características da bricolagem, que é o *modus operandi* da reflexão mitopoética, é essa aproximação que explica a semelhança dos resultados estéticos de ambos.

Tal como as acumulações de Arman, os objetos de Duchamp terminam onde os de Bispo começam. Quando Cabanne perguntou a Duchamp sobre sua atitude antirretiniana, eis o que obteve como resposta:

> Desde Courbet, acredita-se que a pintura é endereçada à retina; este foi o erro de todo o mundo. O *frisson* retiniano! Antes, a pintura tinha outras funções, podia ser religiosa, filosófica, moral. [...] todo o século é completamente retiniano, exceto os surrealistas que tentaram, um pouco, sair disso. [...] É absolutamente ridículo. Isso tem que mudar; não foi sempre assim. (Duchamp apud Cabanne, op. cit., p.73)

Talvez, tanto quanto a crítica ao artista como *homo faber* e ao sistema das artes que o sustentam, o polêmico artista francês pretendesse mostrar que a arte não se endereça aos olhos, mas ao espírito; e acabar com a sua aura de objeto único, seu "aqui e agora" (expressão de Walter Benjamin), para, contraditoriamente, devolvê-la à sua função original.

### *Entre a Ordem e o Caos*

Para fundar o seu mundo, Bispo fixou limites, estabeleceu uma ordem, enumerando, catalogando coisas e hierarquizando-as; trabalhou para tornar um cosmo o que lhe parecia caótico. Neste mundo onde a normalidade é doente, afirma Delacampagne (1974, p.165), o louco é o homem são que tenta, para se recuperar, recuperar as coisas, fixá-las, uma a uma, no seu lugar: "Um lugar para cada coisa, e para cada lugar uma coisa".

A poética da enumeração e da catalogação é uma tendência constante na história da arte e na da literatura. Segundo Eco (op. cit.), ela parece caracterizar um tempo em que a forma e a natureza do mundo são colocadas em dúvida; ela se opõe à poética da "forma acabada", típica dos momentos de certeza sobre nossa identidade. Embora opostas, essas duas tendências podem coexistir num mesmo período histórico e numa mesma obra, como em *A ilíada*, de Homero.

O escudo de Aquiles (personagem de *A ilíada*), por exemplo, representa um microcosmo organizado de forma redonda e onde figuram a Terra, o céu, o mar, o Sol, a Lua e as constelações, mas também há uma cidade e suas atividades, o campo, os animais selvagens — enfim, tudo se apresenta em harmonia. Esse escudo é uma enciclopédia da civilização da época, que não se interroga sobre a forma do mundo. Como exemplo dessa poética da forma acabada, Eco cita, ainda, a *Vênus de Milo*, o Pathérnon, *A divina comédia* (de Dante Alighieri), as obras de Rafael, o Jardim de Versalhes e a arte abstrata de Mondrian.

O mundo organizado do escudo de Aquiles se opõe ao "famoso catálogo de navios de guerra" dos gregos, também descrito por Homero. Esse catálogo não oferece uma forma acabada, mas uma enumeração; ele não informa quem foram os gregos — que só se reconhecem no decorrer da guerra contra Troia — nem como era a Grécia, simplesmente enumera os diversos tipos de naus de guerra. Eco (op. cit., p.12) conclui:

> [...] construímos formas acabadas quando somos seguros de nossa própria identidade cultural, fazemos enumerações quando nos encontramos frente a uma série desconexa de fenômenos no interior dos quais procuramos uma regra que ainda está para ser definida.

*Ulisses*, de James Joyce, e as pinturas de Hieronymus Bosch, que apresentam paisagens múltiplas e criaturas bizarras oriundas das mais diversas mitologias, são alguns exemplos de uma espécie de poética da catalogação. Essa poética está presente na obra de Bispo. Ela não consistia num meio de escapar à realidade que o cercava, não era uma fuga, mas revela o desejo de liberdade do criador para sonhar, imaginar disposições diferentes, organizações outras, para que nela pudesse se encontrar e estabelecer outros sentidos. Ela é a enumeração e a organização do diferente à luz de um motivo unificador — o inventário das coisas do mundo dos homens para o dia da "passagem" — em busca de uma nova ordem, construção de uma nova identidade.

Mesmo quando ele reunia objetos da mesma espécie, como em *Canecas* (Fig. 20), trata-se de uma catalogação, porque esses objetos multiplicados não são um único e mesmo objeto, a réplica é sempre um outro objeto.

*Talcos* (Fig. 39) apresenta outro tipo de composição, dado pelo formato idêntico, pela padronização das embalagens de talco de marcas diversas. Já *Super-Cid* (Fig. 40) é uma *assemblage* de caráter diferente, pois é a repetição, a seriação de um mesmo produto — inseticida — e de uma mesma marca. Elas se aproximam da Pop Art, particularmente das pilhas de Brillo Boxes e das latas de sopa Campbell, de Andy Warhol. Todavia, *Talcos* e *Super-Cid* são outras possibilidades de arranjo, de organização dentro do processo de catalogação de Bispo, ainda que a questão estética desses produtos (o próprio material) tenha sido o motivo desencadeador dessas *assemblages*. Já a atitude de Warhol era tratar a obra de arte como objeto de consumo, impessoal e fabricado sem a intervenção da mão do homem. Mas é certo que o universo da obra de ambos os artistas está intimamente ligado àquele da publicidade, onde o aspecto visual é mais importante do que o conteúdo, uma espécie de realismo contemporâneo. Embora atento ao mundo da massificação e até mesmo às questões que ela implica, Bispo não considerava o que fazia como sendo obra de arte nem pretendia mudar o estatuto da arte; seu trabalho consistia na reconstrução de si e do mundo, única maneira de não sucumbir à morte.

A catalogação, para Eco (op. cit.), jamais pode ser de objetos iguais. *Super-Cid* faz parte de uma catalogação maior, aquela da cultura material do século XX, e, portanto, as seriações de Warhol se situam no lado oposto das suas *assemblages*, do lado da poética da "forma acabada".

A enumeração é um método que parece ter auxiliado Bispo na organização do seu mundo em construção. Da relação de oitocentas e duas peças que constam no inventário de suas obras, quantidade significativa apresenta numeração: às vezes ela é acompanhada de letras, outras vezes, de letras e o nome do objeto, um discurso escrito que nem sempre possui autonomia em relação à representação do objeto (Figs. 8, 11, 18, 19, 26 e 41). Essa prática constitui um processo complexo e cujo funcionamento nos é ocultado. Quanto à hierarquia, muitas vezes a própria organização do objeto a deixa explícita, como em *Podium I* (Fig. 42).

Não eram somente as coisas passivas de catalogação, nomes de ruas e pessoas que deveriam acompanhá-lo no dia da "passagem", como é apresentado na *Vitrine-fichário* (Fig. 43). Nesse trabalho, ele não só literalizou as coisas e coisificou a linguagem mas, também, pessoas, como bem observou Quinet (1998, p.11). Em várias peças que produziu, Bispo escreveu o nome de Rosângela Maria (Figs. 10, 12 e 17), transformando-a em um objeto-pessoa, em mais uma coisa que ele deveria apresentar a Deus no dia do julgamento final[13].

Sua aventura em repetir o gesto criador de cosmisar o caos beirava a obsessão, mas parece ter se operado dentro de uma mística. Em *Tiras numeradas* (Figs. 44 e 45), montagem com coleções de tiras de papel numeradas, os números se afirmam não só como método de ordenação e hierarquização, eles também estão prenhes de propriedades mágicas e misteriosas, à semelhança dos números cabalísticos.

Segundo Lévi-Strauss (op. cit.), a exigência de ordem está na base de qualquer pensamento. No pensamento mítico e/ou no do homem religioso — e, neste último, Bispo se insere —, cada coisa sagrada deve estar em seu lugar, e é isso que a torna sagrada; se suprimirmos o lugar de cada coisa, o universo fica destituído de ordem, restando somente o caos. Eis o porquê de tanto os homens da ciência quanto os homens que denominamos "primitivos" se esforçarem para não deixar escapar nenhum ser ou aspecto dentro do processo taxionômico (Lévi-Strauss, op. cit., p.30).

Bispo percebia um encantamento especial em cada coisa; punha-se a colecionar materiais obsoletos porque estes poderiam socorrê-lo. O seu Deus tinha muito em comum com o de Daniel Paul Schreber[14]. Ele nada conhecia sobre a vida dos homens, sobre as coisas da Terra, pois lidava com sombras ou com cadáveres; cabia a Bispo informá-lo. Daí a sua exaustiva preocupação em tudo inventariar. Essa exigência de organização é uma necessidade comum à arte e à ciência, e, consequentemente, a taxionomia, que é a organização por excelência, possui um valor eminentemente estético e não é surpreendente que esse senso estético possa, muitas vezes, antecipar os resultados da taxionomia (idem, p.33).

Hoje sabemos que a origem da tradição científica se encontra no pensamento mágico, e que este não é uma modalidade tímida e balbuciante da ciência, não constitui uma etapa da evolução técnica e científica. A mesma vontade de experimentar e conhecer as coisas, de arranjá-las de forma imaginativa como fez Bispo, como ocorre na produção artística e na magia, um ajustamento entre a percepção e a imaginação, é o que explica a transformação da erva silvestre em planta cultivada, do animal selvagem em animal doméstico, da argila informe em louça sólida. Teóricos da ciência contemporânea como Henri Atlan, Ilya Prigogine, Edgard Morin e Paul Feyerabend[15], entre outros, admitem que não há conhecimento sem encantamento.

Toda e qualquer classificação é superior ao caos, afirma Lévi-Strauss, (op. cit.), pois é o caminho em direção a uma ordem racional. A arte de

13 Antonio Quinet, psiquiatra e psicanalista brasileiro, que interpreta a obra de Bispo a partir de uma leitura lacaniana, toma-a como "sintoma" e faz a seguinte observação: ao dedicar várias peças a Rosângela Maria, que dizia ser "diretora de tudo o que tenho", Bispo, aparentemente, contradiz a tese de que na criação como sintoma psicótico não existe relação de alteridade; todavia, adverte o psiquiatra, as peças que ele presenteou à estagiária de Psicologia eram "duplos", cópias daquelas que ele fazia para o dia da passagem (Quinet, op. cit., p.3).

14 Schreber (18421911) foi presidente do Tribunal de Apelação de Leipzig até o momento em que uma crise o conduziu ao internamento. Nos últimos anos de seu exílio em uma clínica psiquiátrica escreveu o livro *Memórias de um doente dos nervos* (Schreber, 1995), que foi publicado pela primeira vez em 1903. Trata-se de uma autobiografia cujo objetivo é participar a sua experiência delirante à humanidade, transmitir as revelações que ela comporta. A partir dos seus relatos, Freud publicou, em 1911, *Memória sobre a autobiografia de um caso de paranoia delirante*, um estudo sobre a psicose. Quinet (op. cit., p.3) cita uma coincidência: o ano de nascimento de Bispo é o mesmo da publicação do caso Schreber por Freud.

15 Conforme pode ser visto em Pessis-Pasternak (op. cit.), onde esses autores são entrevistados, e em Prigogine e Stengers (op. cit).

Bispo encontra-se, então, a meio caminho entre o pensamento mítico (ou mágico) e o conhecimento científico. Ele tinha algo do cientista e do *bricoleur*, pois, com fragmentos da realidade, produziu um objeto material que é, ao mesmo tempo, objeto de conhecimento. Entretanto, adverte Lévi-Strauss (op. cit., p.43-4), enquanto o cientista cria acontecimentos (muda o mundo) por meios de estruturas, o artista cria, através de um ou vários objetos, um ou vários acontecimentos, e, via experiência estética, lhes dá caráter de totalidade, põe em evidência uma estrutura.

O sentido de toda a organização da obra de Bispo nos escapa. Aliás, parece paradoxal a ideia de uma lógica cujos termos consistem em sobras e pedaços, em vestígios de processos psicológicos e históricos. Mas tudo isso é paradoxal aos nossos olhos, e não sob o ponto de vista da lógica de Bispo, a quem essa organização serviu. Essa lógica (entendida como a instauração de relações necessárias) funcionou como caleidoscópio que realizava arranjos estruturais por meios de restos e cacos, necessários e suficientes para a formação de um novo mundo, de um novo ser.

### *Escritos Brutos, Figuras, "Escritemas e Figuralidade": os Bordados*

A escrita não visa somente comunicar uma ideia, um pensamento, um sentimento a outra pessoa:

> Escrevemos não apenas para formular ideias. Não apenas para comunicar qualquer coisa aos leitores ou para agir sobre eles. Nem necessariamente para exteriorizar e exprimir nossa sensibilidade. Escrevemos também, às vezes, e num outro sentido, para nos libertarmos de nós mesmos, para nos aventurar fora da esfera pessoal, num espaço imaginário onde os pólos de emissor e de destinatário das mensagens são arruinados. A linguagem, enquanto sistema convencional de comunicação, é então colocada à prova. Sem os pontos de captação que constituem o *eu*, o *tu* e o *ele*, que organizam as instâncias individuais diferenciadas, a linguagem fica à deriva e enlouquece, perdendo, às vezes, seu senso e sua função. (Thévoz, 1978, p.9)

A escrita é um instrumento de recepção que reforça a hierarquia entre emissores e receptores. O discurso, escrito ou falado, é aquilo que manifesta ou oculta o desejo; mas é também aquilo que é objeto de desejo. Ele não é unicamente um intermediário entre o pensar e o falar; nem apenas um pensamento revestido de signos e tornado visível através das palavras. Também "não é simplesmente aquilo que traduz as lutas ou os sistemas de dominação, mas aquilo por que, pelo que se luta, o poder do qual nos queremos apoderar" (Foucault, 1998, p.10). Ele é, entre outras coisas, instrumento de poder. Afinal, o que é um sistema de ensino — pergunta Foucault — senão uma ritualização da palavra, "senão uma qualificação e uma fixação dos papéis para os sujeitos que falam; senão a constituição de um grupo doutrinário [...]; senão uma distribuição e uma apropriação do discurso com seus poderes e seus saberes?" (idem, p.44-5).

Aquele que detém o verbo pertence à classe dominante, na medida em que tem o privilégio de definir e classificar. Aquele que é trancafiado numa instituição psiquiátrica e classificado a partir de uma nosografia deixa a posição de sujeito para se tornar o objeto do qual se fala ou do qual se dispõe.

Comer ou ser comido é a lei da selva; definir ou ser definido é a lei do homem, afirma Szasz (apud Thévoz, 1978, p.112), e, logo, conclui Thévoz (1978,), não é por acaso que muitas das vítimas do sistema psiquiátrico escrevem textos por vezes ilegíveis; sua resposta contra a etiqueta psiquiátrica aparece no campo da linguagem: é a guerra do verbo.

A linguagem ocupa lugar determinante na nossa sociedade; ela é o elemento básico constitutivo do sujeito, do indivíduo. No seu *Discurso do método*, Descartes explana sobre as diferenças fundamentais entre os animais-máquinas e os autômatos, em relação ao homem; a linguagem seria justamente o elemento dessa distinção (cf. Moraes, 2002, p.96).

A formação do indivíduo, do Eu, anda de mãos dadas com a aprendizagem escolar e a cultural, que visam sustentar as palavras, as frases, os parágrafos, e reduzir o indício de flexibilidade do texto, protegendo-o contra toda força estranha e incontrolável, ou seja, contra tudo o que parece extrapolar as fronteiras do "idealizado" Eu. É essa força que deve ser neutralizada pelo domínio consciente de todos os elementos discursivos: "Esse edifício neogótico da linguagem não é senão isto que chamamos de Eu" (Thévoz, 1978, p. 179).

Assim, a oposição entre razão e loucura passa pela questão da linguagem. A psicose, afirma Lacan (1988, p.75; 110), não se reduz a um simples fato de linguagem, mas para que possamos detectar o sujeito psicótico é preciso que ele apresente distúrbios de linguagem.

Desde a alta Idade Média, o louco é aquele cujo discurso não pode ser considerado em pé de igualdade com o dos outros. Através da linguagem se reconhecia a loucura e se exercia sua exclusão. No Ocidente, durante muitos séculos, duas possibilidades apresentavam-se para as palavras saídas da boca do insano: ou eram consideradas nulas ou como discurso a ser escutado porque carregava estranhos poderes, como o de dizer uma verdade que estava oculta. Antes do final do século XVIII nenhum médico teve a ideia de saber o que ele dizia, como dizia, por que dizia (Foucault, op. cit., p.10-2). Todavia, embora a modernidade tenha aberto os ouvidos para o discurso do louco, "é sempre na manutenção da censura", enfatiza Foucault, "que a escuta se exerce" (idem, p. 13).

A condição de objeto impõe, àquele que foi rotulado, a impossibilidade de intervenção ativa ou significativa sobre a realidade. Consequentemente, as funções da linguagem, o sujeito, o predicado, o tempo verbal, a sintaxe, perdem, deliberadamente, seu valor instrumental. O estatuto de irresponsável libera-o para as alucinações, para todas as associações de formas e ideias. Ao bordar palavras, o que Bispo e tantos outros artistas brutos que fizeram uso do verbo buscavam era demolir esse edifício que é a linguagem, não para construir outro em seu lugar, mas para reunir, bizarramente, seus destroços, suspendendo a significação convencional das palavras, subvertendo as convencionais funções da linguagem, agindo sobre a sintaxe como anarquistas, anulando os sentidos, embaralhando a expressão, desvalorizando a semântica da qual eram vítimas. O resultado é um conjunto de palavras que não estão a serviço da realidade nem de qualquer escuta; giram em torno delas mesmas como que enlouquecidas, afinal seus autores não tinham nada a ganhar ou a perder.

Por analogia à noção de arte bruta, inventada por Jean Dubuffet, Thévoz (1978) propõe a de "escritos brutos" para designar a produção de textos que escapam à tradição literária. Essa noção se justifica mediante a relevante produção de material escrito por pacientes de hospitais psiquiátricos e por presidiários. Muitos artistas brutos são autores de textos brutos, e, tal como ocorre na produção de muitos artistas profissionais — particularmente após as experiências cubistas —, palavras, textos e/ou signos gráficos estão, por vezes, presentes nos seus trabalhos plásticos, outras vezes constituem material à parte. Bispo está mais próximo das experiências vanguardistas; seus textos foram bordados em painéis e estandartes em toda a sua plasticidade.

Na estranheza da escritura bruta de Bispo reside uma inversão de poder; então era ele que classificava e ordenava as coisas, ele quem detinha o verbo. Porém, sua escrita revela mais "a angústia e o prazer de uma linguagem em crise" (Thévoz, 1978, p.153), prazer de brincar com a linguagem — aventura comum na infância e neutralizada pela educação, logo, análoga àquela da criação plástica — do que um discurso de poder, porque não era destinada nem aos olhos nem à leitura do outro. Muitos afirmam que a criação artística não pode nascer sem a ideia de um interlocutor ao qual ela se endereça. Sobre essa questão, Dubuffet (1966a, p.125) explica, a partir de sua própria experiência, que se existe a necessidade de um destinatário para escrever uma carta, ele será fabricado conforme a conveniência daquele que escreve e, portanto, terá uma existência idealizada. Assim, prossegue o autor, o autista só gosta de ter compromisso com suas próprias fantasias. Escravo de Deus, só havia um interlocutor para os trabalhos de Bispo: o próprio Deus. Mas, como ele era criador e criatura, suas mensagens destinavam-se a um único receptor: ele mesmo — da mesma forma que Jeanne Tripier[16], que escrevia mensagens endereçadas a Joana D'Arc, seu "duplo fluídico".

**16** Jeanne Tripier (18691944) produziu dentro do hospital psiquiátrico Maison Blanche, em Paris, entre 1935 e 1939. Seus trabalhos consistem em bordados, desenhos e escritos, que chegaram às mãos de Jean Dubuffet em 1948. Tal como Bispo, ela é encarregada por instâncias superiores de organizar, na Terra, os preparativos para o dia do julgamento final. Para obter maiores informações sobre essa artista, consultar Dubuffet (1966b), Thévoz (1981, p.190-4) e Lusardy et al. (1999, p.144-6).

## Escritos brutos

> EU VOU PASSAR REVISTA CORPOS HOMES CAHIDOS CARBONIZADOS E OS MORTOS REVERTER VOSSOS CORPOS JUNTOS VOSSOS ESPIRITOS LADOS VOS SEJA LAGRIMAS SANGRI NOME FILHO DO HOME A VOZ PAI CRIADOR EU EXCETO VOSSA NICENCIA FILHO ENCHU-GO EM NUVES ESPECIAES FORMAS BORDADA UM METRO PROXIMO EU FILHO VIII PALMOS ALTURA DA TERA FICA TREIS DIAS AOS MEUS CRITERIO EXPRI-
> VATIVO E SUBIDA DOS QUE SEUS INTIMOS CHAMAR FILH TODOS AQUELES TIVERAM GUIAS CULTOS A EXCEÇÃO DOENTES ESPIRITUAL LOUCOS HOSPICIO SUAS IMAGES DECE AS PROFUNDA VEM ENGANCHADOS DAS DUAS MÃOES TOMEM LUGARES JA DETERMINADO PARAR NAS CINCOENTA POLEGADAS CHAMOS PELAS GUIAS CONHE-CEM DESINGANCHO TENHO ORDENS PAI [...]
>
> VENHA AS VIRGEM EM CARDUMES [...]
>
> COMO E VOLTO IMEDIATAMENTE OS ANJOS VÃO ARRIANDO A FORMOSA FINA PLUMA ESPUMA ESPONJA POR ONDE SAHI O VERBO ESTRONDU
>
> QUE EU VOU DEIXA ESTE GLOBO ESPLENDO GIRAN-DO EM TORNO SEU EIXO GRECIA COBERTO NEVOEIRO DIURNO NOTURNO AS MAIS LINDA HUMANIDADE REIS PRINCIPE CHEFES NAÇÕES PAI ONIPOTENTE UNIVERSO PALACIOS LUXUOSOS GOVERNADORES ESTADOS CASAS CONSTRUÇÃO
>
> EU JA TERA COM PODERE E GLORIAS

Este texto foi bordado no estandarte *Venham as virgens em cardumes* (Fig. 46), um painel de tecido bordado, e colocado sobre estrutura de madeira e papelão. Diferente de um texto literário, em que o estilo revela a subjetividade consciente do autor e a língua revela a matriz objetiva dos significantes, nesse escrito bruto deparamos com outra situação. A escritura é a estrutura da língua tal como ela é interiorizada pelo seu utilizador; ela é material preexistente, pré-subjetivo. É sobre esse material que os autores cultivados imprimem sua marca pessoal, seu estilo. Se o estilo é o homem, explica Delacampagne (op. cit., p.160), a escritura é uma certa imagem de ambos e cujos significantes apresentam-se na sua dupla materialidade: escritural e fonética.

Nesse escrito, Bispo subverteu tanto a língua como a escritura para que houvesse certa mediação entre a primeira e a sua subjetividade[17], certo afrouxamento dos condicionamentos sociais presentes na linguagem convencional.

17 O esforço para suspender a subjetividade foi expresso, com todas as palavras, pelo artista bruto Adolf Wölfli (18641930): "Eu me esforço para tudo esquecer" (apud Delacampagne, op. cit., p.161).

Sua forma de escrever tem clara influência do seu trabalho na Marinha, no qual utilizava, nas mensagens que enviava (e que era utilizada nas que recebia), linguagem fragmentada, minimizada, à semelhança da que utilizamos em nossos telegramas. A noção de "escrito bruto" não sugere espontaneidade, falta de elaboração ou de sentido. Tal como nas suas outras obras plásticas, o texto de Bispo não se caracteriza pela ausência de regras, mas pela substituição, pois um novo jogo de regras entra no lugar do convencional. O Bispo renascido é um outro homem, com uma nova visão do mundo e das coisas, com uma nova percepção das realidades interior e exterior. Por isso, requeria nova atitude frente ao código, nova maneira de tratar a língua. Tudo isso implicou numa nova escritura, capaz de subverter os aspectos úteis e bem fixados pela linguagem.

Na invenção de sua nova escritura, Bispo suprimiu letras das palavras: HOMES em vez de homens; TERA em vez de Terra; IMAGES em vez de imagens. Outras vezes, não sabemos se ele teria acrescentado letras ou se teria retirado: CHAMOS em vez de chamo ou chamamos; ESPLENDO em vez de esplêndido ou esplendoroso; PODERE em vez de poder ou poderes. Talvez tanto a supressão como a inclusão de letras nas palavras não tenha sido um ato deliberado, a grafia pode ser o resultado de sua formação escolar (ou da falta dela).

Um novo conjunto de vocábulos também se fez necessário. Encontramos vários neologismos cuja formação se dá por um mecanismo semelhante àquele que Freud encontrou na linguagem dos sonhos: o trabalho de condensação[18]. É o caso de EXPRIVATIVO, condensação de "expressão privada", referindo-se ao seu próprio autismo. NICENCIA é outro neologismo, não se trata de uma condensação mas de uma "palavra-valise"[19], onde estão guardadas várias significações. Ela está relacionada a substantivos que designam o ser maior dentro de uma hierarquia: excelência, eminência, etc. Também a qualidade de grandioso deste ser maior: magnificência; e/ou a sua generosidade: munificência. Para expressar a ideia de que a sua missão é uma consumição, Bispo criou CONSULMISSÃO, outro neologismo condensador. Eis o trabalho de invenção lexical do ex-marinheiro.

As associações entre as palavras às vezes resultam em poética musicalidade: "OS ANJOS VÃO ARRIANDO A FORMOSA FINA PLUMA ESPUMA ESPONJA". A sensação de leveza expressa nesse conjunto de palavras, como uma poesia aérea, reside na combinação entre o significado das palavras e o fonema dos significantes. Nesse caso, Bispo partiu da ideia em direção à palavra, ou do significado em direção ao significante. Mas essa não é uma regra. No jogo estabelecido pelo artista, às vezes a livre associação entre as palavras parecia interessar mais do que as ligações semânticas entre elas: "COBERTO NEVOEIRO DIURNO NOTURNO".

Praticamente no centro do painel, encontramos uma palavra ilegível, bordada com letras caligráficas. No lado esquerdo da parte inferior podemos

18 Sobre o "trabalho de condensação", consultar Freud (2001, p.278-302).

19 "Palavra-valise" é um termo criado por Lewis Carroll para designar a junção de duas palavras que carrega, como uma valise, ideias complexas (cf. Delacampagne, op. cit., p.164).

reconhecer um grande "R", cuja perna direita se estende num movimento para cima — uma espécie de monograma. Logo abaixo encontramos um círculo ao redor da palavra "reino". Outras formas, que se situam a meio caminho entra a letra e o desenho geométrico, estão presentes, bem como duas figuras: uma em forma de cone, situada no centro da obra, e outra, que lembra um cilindro, cuja abertura é preenchida com uma espiral feita em linha vermelha. Os enigmas são muitos.

Houve uma época, entre os séculos XV e XVI, em que a escritura era aberta a todos os desregramentos, chegando a ser acusada por muitos historiadores de "escritura louca". Segundo Roger Druet e Herman Gregoire, os copistas amontoavam palavras, faziam abreviações, adornos; enfim, soltavam as rédeas de sua imaginação, e o resultado era um texto muitas vezes ilegível (apud Thévoz, 1978, p.84-5). Mas, desde o início do Renascimento até hoje, a história da escritura passou a ser a história de uma normatização. A letra deixou, gradualmente, a impressão do gesto de quem escreve para ser estandardizada pela tipografia e, hoje, pela digitação (Thévoz, 1978). Cada vez mais, esses aspectos que encontramos no texto de Bispo e de outros brutos nos parecem estranhos.

Prinzhorn (1984) denominou de *"verbigeration en image"* esse tipo de escrita secreta que apresenta restos de frases ou frases inteiras mal-encadeadas, alterações da estrutura sintática, deformações silábicas, neologismos, mistura confusa de letras, linhas, números e fragmentos figurativos — uma espécie de verborragia incompreensível associada a figuras. Ele reconhece que essas características se apresentam em obras de artistas que não são "doentes mentais", todavia os trabalhos destes apresentariam maior complexidade e a predominância de todas as tendências que derivam da pulsão do jogo, pulsão orientada para nenhum objetivo. No entanto, enfatiza, não é possível assimilar essas características a um sintoma psíquico (Prinzhorn, op. cit., p.71-7; 318-9)[20]. Bobon (apud Hulak, 19851986, p.97) denominou esse fenômeno de "salada de signos", e seria observado em estados de destruição da consciência.

O sujeito do texto de *Venham as virgens em cardumes* não é totalmente ausente, mas ambíguo. Quem ditava as palavras, Deus ou Bispo? A língua é uma instituição social marcada por categorias metafísicas próprias à ideologia da representação, que opõe o real, a ciência, a positividade, ao imaginário, à arte e à gratuidade. A ideologia da representação implica num "olho fixo", num foco visual único, numa linguagem unívoca; toda ideologia da representação (seja ela econômica, política, linguística, etc.) visa manter a distância toda matéria caótica em proveito de um sistema fechado, pacificado à custa da riqueza dos múltiplos pontos de vista. Essa indeterminação entre o duplo especular de Bispo e Deus, produtos de seu universo delirante, multiplica os pontos de fuga, escapando, assim, da orientação de um sentido unívoco. Essa multiplicidade de pontos de fuga é um trabalho contra a compreensão. Os sentimentos, as imagens que atribuímos ao texto, são como simulacros ou artifícios do discurso contra a inteligibilidade. Tal como

**20** Prinzhorn (op. cit., p.319-20) explica a diferença entre a pulsão do jogo no indivíduo normal e no doente. Segundo ele, em um indivíduo de "boa saúde" toda atividade lúdica revigora a energia e a vitalidade; o doente procura descobrir, nos produtos de uma imaginação desenfreada, símbolos que traduzem uma realidade essencial. Nos casos por ele analisados (na sua maioria, esquizofrênicos), o jogo é uma finalidade em si, quando não é o objetivo quase exclusivo de uma vida. Entretanto, o autor hesita em tomar as várias características que observou na produção de psicóticos como sintomas de algum distúrbio psíquico.

a "salada de signos", o autismo, a falta de coerência, a ambivalência, a despersonalização, a dissolução do Eu e outras características presentes nesse texto constituem, há mais de um século, objetos de estudo da Psiquiatria. Esses estudos partem de um ponto de vista normativo e, consequentemente, tomam toda irregularidade linguística como um sintoma de morbidez.

Szasz, conhecido crítico da Psiquiatria institucional, se opõe a toda pretensão de examinar a expressão verbal de um ponto de vista normativo (Szasz apud Thévoz, 1978, p.47). Afinal, a imposição das normas linguísticas é forjada por fatores extra-linguísticos (a predominância de um poder político, de uma classe social, de determinada forma literária, por exemplo). Além disso, o que é o modernismo literário senão uma tentativa de ruptura com a linguagem convencional? Logo, o desvio linguístico ultrapassa não só o quadro dos sintomas mas, também, o da própria literatura (Thévoz, 1978, p.48). Segundo André Malraux (apud Thévoz, 1978, p.54),

> O verdadeiro louco, [...], possui, autenticamente, um domínio comum com o artista: aquele da ruptura [...]. Mas o louco é prisioneiro do drama ao qual ele deve sua aparente liberdade: sua ruptura, que não é conquista sobre outras obras de arte — que lhe é imposta — não é orientada. [...] a ruptura do artista é um socorro e um momento de seu gênio, aquela do louco é uma prisão.

Essa opinião é compartilhada por muitos psiquiatras, escritores, leigos. A incoerência verbal é tida como incapacidade de controle do pensamento sobre as palavras, e a "verdadeira" obra só pode emanar de um Eu autêntico e soberano. No entanto, na opinião de Valéry (1999, p.203):

> Um poeta é, a meu ver, um homem que, a partir de um incidente, sofre uma transformação oculta. Ele se afasta de seu estado normal de disponibilidade geral e vejo construir-se nele um agente, um sistema vivo, produtor de versos.

Se do ponto de vista do discurso médico e/ou psicanalítico a "subversão" da linguagem pode ser um sintoma de morbidez, nada impede que, do ponto de vista estético, ela seja considerada original. As características consideradas como sintoma de morbidez podem ser, também, aquelas da criação poética. Francis Ponge, por exemplo, considera (segundo Thévoz, 1978, p.89) que a elaboração poética é produzida segundo as regras de uma emoção que colocam o alfabeto em desordem. O fato é que o processo de criação, seja naquele tido como insano, seja no poeta ou escritor, é análogo, e, nesse caso, as palavras bordadas por Bispo constituem uma agressão inventiva contra a linguagem, uma subversão às convenções da sintaxe.

Valéry (op. cit., p.200) explica que "a linguagem pode produzir duas espécies de efeitos completamente diferentes". O primeiro efeito é a tendência de "provocar o que é preciso para anular inteiramente a própria linguagem", a saber, o entendimento. No emprego prático da linguagem, "a forma, ou seja, o físico, o sensível e o próprio ato do discurso não se conserva; não sobrevive à compreensão; desfaz-se na clareza; agiu; desempenhou sua função; provocou a compreensão; viveu" (Valéry, op. cit., p.201). Mas, no caso contrário, quando não há total compreensão,

> [...] essa forma sensível adquire, através de seu próprio efeito, uma importância tal que se imponha e faça-se respeitar; e não apenas observar e respeitar, mas desejar e, portanto, retomar [...] ou seja, nada do que se passar nesse estado estará resolvido, acabado, abolido por um ato bem determinado. Entramos no universo poético. (idem, ibid.).

Para Valéry, esse universo é uma mistura de excitações auditivas e psíquicas incoerentes: "Cada palavra é uma montagem instantânea de um *som* e de um *sentido*, [...]. Cada frase é um ato tão complexo que ninguém, creio eu, pôde até agora dar uma definição sustentável" (idem, p.202). Somos, então, responsáveis pelo que compreendemos do texto de Bispo. Mas, pouco importa saber o que ele escreveu exatamente, até porque aquilo que está bordado também é desconhecido para o seu autor: "Você não risca nada isto/ que você vive somente lhe/ risca na medida onde isto que você/ vive é desconhecido de todos/ mesmo de você" (Palanc apud Thévoz, 1978, pl. VIII)[21]. Sobre essa questão, Valéry (apud Thévoz, 1978, p.152), mais uma vez, esclarece: "Pouco me importa saber o que o Autor diz. O meu enganar-se é que é o Autor!".

O texto do estandarte *Venham as virgens em cardumes* não é de todo incompreensível. A ideia de que o "louco é guiado por um espírito morto" reaparece de outra forma: "DOENTES ESPIRITUAL LOUCOS HOSPICIO SUAS IMAGES DECE AS PROFUNDA VEM ENGANCHADOS DAS DUAS MÃOS". O texto de Bispo, como seu discurso oral, revela a estratégia da qual já falei na segunda parte deste livro: a antecipação simbólica da morte do seu Eu, que ficou "enganchado" nas profundezas das águas oceânicas. Nessa obra, pensamento, sujeito e discurso se excedem, enlouquecem; a linguagem é transgredida, não é nem discurso nem silêncio total, nem morte nem vida. Pode-se dizer que "Seus escritos não são outra coisa, finalmente, que sua morte colocada em suspenso, como um acordo não solucionado" (Thévoz, 1978, p.180).

Sua imagem especular, sempre grandiosa e superior, está nas seguintes expressões: NICENCIA; VERBO ESTRONDU; REINO; REIS PRINCIPE CHEFES NAÇÕES PAI (grifado) ONIPOTENTE UNIVERSO PALACIOS LUXUOSOS GOVERNADORES; PODERE. Lacan (op. cit., p.113) explica que a imagem especular é "funcionalmente essencial no homem", pois é ela "que lhe dá o complemento ortopédico dessa insuficiência nativa, desse desconcerto, ou desacordo constitutivo, ligado a sua prematuração no nascimento"; ela constitui "uma função

21 Francis Palanc (1928), confeiteiro e artista bruto, passou anos investindo numa nova escrita a partir de um alfabeto pessoal. Esse texto foi executado com serragem sobre pano, onde palavras e figuras se desenvolvem simultaneamente e se embaraçam como que num traço único (cf. Thévoz, 1978).

psíquica original". Ainda que Bispo tenha sido um outro (ou outros) que estivesse preso nas profundezas, o impulso de afirmação da vida, em meio aos escombros da linguagem, aparece de forma simbólica em substantivos e adjetivos relacionados à ideia de "poder", de "potência".

*Bricoleur* de formas plásticas, *bricoleur* de ideias, *bricoleur* da escritura. Se Bispo pretendia comunicar alguma coisa, deixar alguma mensagem, ela está bordada em *A história universal* (Fig. 47). Segundo ele: "Eu passei com letras maiúsculas pra eu e os outros poder ver. É a minha biografia" (Bispo apud Hidalgo, op. cit., p.190). Nesse estandarte, Bispo transcreveu o texto do anúncio de uma coleção de livros publicado na revista *Veja* de 26 de março de 1986. Sagrada escritura que "confirma" sua origem divina:

> UMA OBRA TÃO IMPORTANTE QUE LEVOU 1986 ANOS PARA SER ESCRITA DOCUMENTADA E FOTOGRAFADA POR HOMENS QUE DEDICAM SUAS VIDAS À PESQUISA E AO ESTUDO DA PASSAGEM DO FILHO DE MARIA SANTÍSSIMA NA TERRA E REALIZADA POR ARTISTAS QUE DERAM O SEU TALENTO PARA QUE ELA SE TORNASSE A MAIS RICA E BELA MENSAGEM SOBRE O REI DOS REIS A MAIOR OBRA SOBRE A HISTÓRIA DE JESUS CONTADA EM FASCÍCULOS RICAMENTE ILUSTRADOS QUE SERÃO ENCADERNADOS E GRAVADOS EM OURO FORMANDO VOLUMES QUE VÃO ENRIQUECER AINDA MAIS A SUA BIBLIOTECA UM LEGADO DE FÉ BELEZA E CULTURA QUE VOC E SUA FAMÍLIA NÃO PODEM DEIXAR DE TER A PALAVRA DOS CIENTISTAS PESQUISADORES CONSULTORES ESPECIALISTAS CATEDRÁTICOS AS MAIORES AUTORIDADES NO ASSUNTO REALIZARAM ESTA OBRA INÉDITA E INIMITÁVEL UM DOCUMENTO QUE TESTEMUNHA A PASSAGEM DE JESUS PELA TERRA DE UMA FORMA DEFINITIVA EM CADA FASCÍCULO COMPLETO CADA FASCÍCULO CONTERÁ UM TEMA SOBRE A VIDA DE JESUS TRATADA SOBRE VÁRIOS ÂNGULOS PARA QUE OS FATOS SEJAM COMPREENDIDOS E ANALISADOS NUM CONTEXTO GLOBAL INFORMA-ÇÕES BÍBLICAS HISTÓRICAS ARQUEOLÓGICAS E ARTÍSTICAS PARA VOC ENTENDER O MUNDO NO QUAL JESUS TRANSMITIU SUA MENSAGEM E QUE NUNCA MAIS DEIXOU DE SER OUVIDA [...] PERPETUANDO O MAIS SAGRADO DOS SENTIMENTOS A FÉ JESUS NA ARTE [...] VOC ENCONTRARÁ UMA AUT NTICA OBRA DE ARTE AO TÉRMINO DA COLEÇÃO VOC IRÁ ENCADERNÁ-LAS FORMANDO UM VOLUME ESPECIAL JESUS NA ARTE ONDE A VIDA E AGONIA... (Rosário apud Hidalgo, op. cit., p.190-1)

Filho de Deus e visionário! A atitude de Bispo é a de um ladrão, pois se apropria do que não é seu — "Eu só rendo homenagem àquela revista que publicou esta forma que vai ali" (idem, ibid.) —, raptou palavras e textos subvertendo seu sentido, simulando sua história. Nos termos de Thévoz (1978, p.13), mais do que uma criação *ex nihilo*, é necessário falar de uma bricolagem linguística.

No estandarte *Dicionário de nomes — letra A*, I (Figs. 48 e 49), diferente do que ocorre em outros bordados, o espaço não é totalmente preenchido. Bispo demonstra total controle sobre o espaço da obra, onde nomes próprios iniciados com a letra A foram organizados no canto superior esquerdo do estandarte, formando um triângulo irregular decrescente e finalizado com o nome ARTHUR.

Em *Dicionário de nomes — letra A*, II (Fig. 50), como em outros trabalhos, o espaço é tomado, quase na sua totalidade, pelos nomes bordados. O preenchimento obsessivo, com formas ou escritura em todo o espaço da obra, é tido como uma das características da expressão esquizofrênica: o horror do vazio. Para Prinzhorn (op. cit., p.318), não é possível elucidar, empiricamente, se esse "horror ao vazio" é uma espécie de angústia diante dos espaços livres ou uma necessidade desenfreada e lúdica de deixar as marcas da experiência vivida. Antes de tomar essa organização como característica estilística do autor ou sintoma mórbido, é preciso lembrar que os trabalhos analisados por Prinzhorn, e que hoje constituem a Coleção de Heidelberg[22], assim como os de Bispo, Aloïse e tantos outros, não contavam com o apoio material que hoje existe nos chamados "ateliês de arte-terapia". Esses criadores agiam na clandestinidade e deparavam com a dificuldade de obter os materiais necessários para sua criação, logo, cada espaço em branco deveria ser bem utilizado, explorado ao máximo. A dificuldade material associada ao tempo livre do paciente talvez explique melhor o chamado "horror ao vazio".

Nos dicionários de nomes próprios, fichários e outros trabalhos como *Sireno de Jesus, escrevente* (Fig. 51) e *Astrubal de Moraes* (Fig. 52), a estrutura da frase — sujeito, verbo, predicado — é desprezada em proveito de uma estrutura de lista ou de enumeração de nomes. As palavras não estão ligadas às coisas, o significado é o próprio significante, valem por si mesmas, pelo seu poder encantatório. Liberado da designação,

> [...] o nome próprio reverbera sobre si mesmo. A palavra desgarrada do sentido ganha pura intensidade: aparece em sua materialidade; essa coisa: a palavra. Algo que vibra numa outra realidade não significante ou a-significante. Sopros, sussuros (sic) ou simplesmente o efeito ótico da massa de texto. Aberta, rachada, liberta, a palavra pode evocar outros mundos, outras dimensões, outras densidades, 'do sentido subsiste apenas aquilo com que dirigir as linhas de fuga'. (Burrowes, 1999, p.78; citando Deleuze e Guattari)

**22** Essa coleção é propriedade da Clínica Psiquiátrica da Universidade de Heidelbergue (Alemanha), e nasceu da iniciativa do professor Karl Wilmanns, diretor da clínica nos anos que se seguiram à Primeira Guerra Mundial, mas foi Hans Prinzhorn, médico e doutor em Filosofia, o responsável pelo agenciamento da coleção, que hoje conta com mais de cinco mil obras, sendo que quatrocentas e cinquenta são de pacientes internados em Heidelbergue.

Entre os trabalhos que implicavam a atividade de bordar, encontram-se os cetros e as faixas de miss, objetos que, à semelhança dos fichários e dicionários de nomes, têm caráter de listagem. Cada cetro e cada faixa são dedicados a um país ou a um estado do Brasil (Fig. 53). No exterior e no interior das faixas, foram bordados nomes das principais cidades de vários países ou de estados brasileiros; esses trabalhos são uma espécie de representação geográfica do mundo, "um simples guia que deverá mostrar a um Deus ignorante como a humanidade é dividida por países e cidades" (Quinet, op. cit., p.5).

O que distingue os escritos brutos de Bispo de uma escrita cultivada, já que esta também pode romper com as normas linguísticas? Segundo Thévoz (1978), o escritor parte da própria linguagem instituída para nela instituir uma outra; não facilita a comunicação para não banalizar a escritura, mas também não pode torná-la totalmente hermética. Em outras palavras, "a instância social está presente em cada transgressão, e a ruptura é sempre hiperbólica, como a dúvida de Descartes: ela se efetua somente sob a garantia de um reconhecimento final, ainda que seja póstumo" (Thévoz, 1978, p.59). A obra de Bispo, tanto no que concerne à sua produção plástica como à sua escritura, não passava pelo crivo do público e também não esperava o reconhecimento de ninguém, salvo do Criador, que, em última instância, era o próprio Bispo.

## Figuras, "escritemas e figuralidade"

Na sua vida, Bispo bordou textos, palavras e figuras sobre lençóis e em um cobertor, sobre pedaços de pano de segunda-mão, muitas vezes com fios desfiados de seu uniforme manicomial, atitude similar à da artista bruta Marguerite Sir (18901957), que confeccionou um vestido de casamento com linhas desfiadas de pedaços de panos usados, porém obtendo resultado estético bem diverso daquele de Bispo[23].

Desde os trabalhos de tramar, trançar, costurar ou bordar de sociedades tribais da América do Norte, os quais cabiam às mulheres (Lévi-Strauss, 1997, p.134), passando pelos ornamentos bordados e pelas tapeçarias profanas da Idade Média até as tapeçarias e tecelagens da Bauhaus, o trabalho com fios e agulhas quase sempre foi reservado às mulheres. Muitas artistas brutas conservam essa íntima e antiga relação com esses materiais e instrumentos. Nahum-Adamsbaum (1999, p.97) constatou que, entre os 24 brutos que utilizavam fios e agulhas por ela pesquisados, vinte eram mulheres.

Atividade tradicionalmente feminina — a ponto de Fraisse (apud Nahum-Adamsbaum, op. cit., p.71) afirmar que "A espada, a pena e a matéria de um lado, a agulha, o bilro e a roca do outro, cada sexo tem suas armas e seus instrumentos, ou melhor, a arma e o instrumento são uma mesma

23 Sobre a obra de Marguerite Sir, ver Dubuffet (1966c).

coisa, alguma coisa como o instrumento do sexo mesmo" —, a produção de bordados ocupa lugar importante no conjunto da obra de Bispo. Não é por acaso: no passado, Japaratuba ficou conhecida pelo trabalho de suas bordadeiras, e pode ter sido com essas mulheres que ele, de alguma forma, descobriu e apreendeu os movimentos da mão a criar novas tramas sobre a trama do tecido.

O caráter subversivo de sua escrita não se revela apenas no uso de materiais nada convencionais — o tecido, a linha e a agulha —, reminiscência e recriação do artesanato de sua terra natal; ele também está presente na utilização da linguagem. Da mesma forma que manipulava os materiais, Bispo manipulou as palavras, ou seja, como substâncias mágicas.

Embora a catalogação esteja presente no conjunto da obra de Bispo, inclusive na produção de bordados, alguns de seus estandartes parecem reunir todos os elementos de seu cosmo em construção, uma espécie de recapitulação de tudo o que ele catalogou. Na verdade, não se sabe se esses estandartes precedem ou não as vitrines, as miniaturas, os fichários e outros objetos. Na minha opinião, Bispo produzia várias coisas ao mesmo tempo, pois sabe-se que seu manto levou muitos anos para ser concluído e que foi sendo elaborado simultaneamente a outras peças.

Exemplo desse tipo de registro é um de seus estandartes, que traz, no lado direito do tecido, *Recordações* (Figs. 54 e 55), e, no avesso, *Galeria esportiva* (Figs. 56 e 57). Nos dois lados, o plano do tecido apresenta divisões verticais (às vezes sugeridas pela própria emenda do tecido) cujos limites não são rigorosamente respeitados. Predominam as figuras, não o texto; este aparece em segundo plano, como complementação das imagens, acrescentando informações sobre elas ou substituindo os ícones, como fez na parte inferior de *Recordações*: em vez de representar iconicamente todas as barracas da feira, ele as substituiu pela palavra que representa a coisa no registro da diversidade de mercadorias: farinha de mandioca, aipim, maxixe, coco, toucinho, tomate, feijão, ovos, etc.

A distribuição dos elementos no interior desse estandarte indica uma ordem das coisas: elas se organizam de cima para baixo, da direita para a esquerda, e lembram o *Estandarte real de Ur* — substrato cultural da civilização suméria, referente à primeira metade do século III a.C. —, objeto retangular de duas faces, apoiado por um suporte triangular, no qual, com a utilização de materiais como plaquetas de lápis-lazúli, que compõem o fundo azul-escuro, além de pedaços de conchas e areia, os sumérios representaram, por imagens, cenas de guerra numa das faces e, na outra, cenas relacionadas à sua vitória, dispostas em três registros paralelos (Lopera, 1995, p.31-4). Tanto nesse antigo estandarte sumério quanto no de Bispo, as imagens formam uma espécie de narrativa — narrativa de sua mítica epopeia. A artista bruta Anaïs também misturava, em seus bordados, figuras e escrita — ambas ligadas, a princípio, aos eventos de sua vida —, mas sem se privar, como fazia Bispo, de inserir, a seu bel prazer, toda espécie de alusão que passava pela sua cabeça.

Em *Recordações* encontramos carros de boi, feiras-livres, marias-fumaças, imagens de uma Japaratuba distante no tempo e que a memória tenta resgatar e a mão, fixar sobre o tecido. Mas também encontramos elementos imaginários, como as referências a países distantes, lugares visitados por Bispo em suas viagens telúricas na sua nave imaginária; cenas referentes ao meio rural, atividades lúdicas as mais diversas: jogos, brinquedos, brincadeiras e, ainda, homenzinhos com bandeirolas — referendando a atividade de sinaleiro —, algumas figuras representando nações, que são identificadas pelas bandeiras e pelos nomes dos países, representação de um mundo que devia ser reorganizado para ser apresentado a um Deus que nada sabia sobre a pluralidade de lugares, de povos e suas culturas.

Na face *Galeria esportiva*, a intervenção do acaso, num golpe rápido, inseriu um elemento estranho no estandarte ao mesmo tempo em que o nomeou. Bispo acrescentou um pedaço de papel cartão retirado de alguma embalagem ou anúncio, com uma mensagem que sintetiza um conjunto de representações que lembram uma "galeria esportiva".

À semelhança da oposição entre o escudo de Aquiles e o catálogo de naus de guerra descrito por Homero, esse estandarte se contrapõe às vitrines, aos fichários e a outros objetos, os quais experimentam novas formas de organização cujo caráter taxionômico é evidente; não é uma espécie de "poética da forma acaba". O estandarte, por sua vez, também não o é, porém encontramos nele uma alegria e uma ludicidade que remetem a um mundo festivo e harmonioso. Uma espécie de compilação de todas as suas outras representações (o tabuleiro de xadrez, o carrossel, a mesa de ping-pong, embarcações, sapatos, bandeirolas, currais e bois, etc.), reunião de coisas que estavam isoladas, um esforço em direção à representação da totalidade das coisas que faziam parte da sua vida. Seria esse o mundo sonhado por Bispo?

No estandarte *Eu preciso destas palavras escrita* (Figs. 58 e 59), em cujo avesso do tecido está *Desenhos geométricos* (Figs. 60 e 61), uma figura humana masculina, Cloves, é representada como se estivesse numa redoma. Em torno desta, descrições de partes do corpo humano e, embaixo da figura, uma frase, no mínimo, inquietante: "EU PRECISO DESTAS PALAVRAS ESCRITA".

O Deus de Bispo era um dos seus duplos, e sua existência estava, portanto, atrelada ao seu discurso delirante. Todavia, Ele era o abonador do seu ser; sem Deus, Bispo não seria "o escolhido". A ambiguidade entre um e outro era necessária tanto quanto a rivalidade, pois não poderia haver completa fusão entre ambos, caso contrário o mundo de Bispo se dissolveria na bebida dionisíaca, não haveria mais a missão que o alimentava e o preparava para o dia da "passagem". Era Apolo (ou, se preferirmos expressões mais freudianas, "Eros" ou "pulsão de vida") que o impelia a escrever para que não ocorresse uma fusão aniquiladora; enquanto trabalhava, fosse na catalogação das partes do corpo humano ou de outras coisas do mundo, fosse no registro dos acontecimentos que marcaram sua iniciação, distraía Deus, impedindo-o de ser por ele (Bispo) reabsorvido.

Além de um "passa tempo" e de um antídoto contra a embriaguez dionisíaca, o ato de escrever bordando parece que organizava os pensamentos do artista ou os arquivos de sua memória. Em *Eu preciso destas palavras escrita*, Bispo narrou, à direita, seu êxtase iniciático, o dia em que viu e ouviu os anjos anunciarem sua missão. O registro da narração de seu mito é a tentativa de esquecimento de um Bispo que "morreu", afirmação de uma nova identidade que deveria ser inserida no seu arquivo particular como uma memória artificial. Esta é construção do passado através da invenção do presente. Não é a subjetividade de Bispo que está exposta aqui, mas a sua negação, e esta encontra, nas palavras, um meio dotado de poderes mágicos que reafirma uma nova identidade: "Eu tinha me transformado no que não pode ser entendido" (Rosário apud Castello, op. cit., p.296).

*Desenhos geométricos* (Figs. 60 e 61) não é simplesmente a reorganização do mapa político do Brasil ou a simples representação de desenhos geométricos, como seu título sugere; ele apresenta algo de novo (Fig. 61).

Tanto Leroi-Gourhan (1965) quanto Lacan (op. cit.) supõem que a escrita é herdeira do desenho. Signos traçados e pintados, tanto os mais antigos como aqueles encontrados em culturas "sem escrita", foram interpretados por Leroi-Gourhan como referências abstratas que serviam para memorizar relatos ou como indicações para encantamentos. Supõe-se que esses traços subentendem um discurso; não se tratam de anotações que asseguram significações, e sim ritmos. Os traços eram, então, mantidos a serviço da voz; não eram objeto de leitura, mas desenhos que faziam falar. A partir dos estudos de Leroi-Gourhan e de um procedimento criado por ele para interpretar esse tipo de inscrição — o mitograma —, hoje sabemos que as letras de nosso alfabeto não constituem unicamente um sistema de signos exprimindo sons isolados da língua. As letras teriam uma origem pictográfica há muito esquecida e/ou rejeitada.

Durante a Idade Média cristã, a inscrição de letras foi um gênero artístico de fundamental importância, tão relevante quanto a escultura ou a pintura, afirma Pereira (1976). A partir da Renascença, o costume de expressar-se por meio de associações entre imagens e letras foi sendo marginalizado, ao contrário do que, persistentemente, ocorreu nas culturas do Extremo Oriente. Entre o século XV e o XIX, assistimos à distinção entre o signo verbal e a representação visual; o primeiro passou a ser monopólio das técnicas literárias e o segundo, das artes plásticas. Quando estavam presentes numa mesma obra, sempre ocorria subordinação ou hierarquização entre eles. Mas, desde o final do século XIX e início do XX, simultaneamente às primeiras grandes crises do referido sistema de figuras, os signos gráficos voltaram (Pereira, 1976, p.1-6). Contemporaneamente, no Ocidente, a escrita nas artes visuais voltou a exercer fascínio sobre os artistas plásticos, que passaram a incorporá-la em quadros, desenhos, gravuras, *assemblages*, colagens e objetos, o que levou Massin (apud Pereira, op. cit., p.6) a afirmar que "nenhum dos movimentos artísticos que se sucederam desde o cubismo negligenciou o problema das relações entre a letra e a imagem".

Entre os autores da arte bruta, são vários os que misturaram a escrita e o desenho num mesmo trabalho. E não devemos nos surpreender, pois tanto o desenho como a escritura têm por origem a mesma pulsão e, como suporte, um mesmo instrumento. Leroi-Gourhan (op. cit.) afirma que a arte figurativa tem a sua origem diretamente ligada à linguagem e que está muito mais próxima da escritura do que da obra de arte. A nossa cultura dissociou radicalmente a escrita do desenho, mas os artistas brutos reencontram ou perpetuam essa polivalência, a qual encontramos também nos esquemas gráficos das crianças. Bispo não escrevia simplesmente, mas bordava palavras, frases, textos; não "desenhava" simplesmente, mas bordava figuras com "linhas" (ver Fig. 52), tudo em um mesmo suporte, com a mesma desenvoltura de outros artistas que se utilizam da caneta, do lápis e do papel.

Fora do campo da arte profissional, a indiferenciação entre desenho e palavra, ícone e signo gráfico, é objeto de preocupação dos psiquiatras. *Ein Geisteskranker als künstler: Adolf Wölfli,* de Walter Morgenthaler, é um dos primeiros estudos sobre a passagem da escritura ao desenho e do desenho à escritura na obra pictural de "doentes mentais" (Hulak, op. cit., p.118-23). Segundo Morgenthaler, a passagem da escrita ao desenho indica que o indivíduo perdeu o interesse pela escritura como veículo do pensamento e passou a se interessar somente por sua forma, e, assim, estaríamos frente a um processo de degradação e desagregação do Eu, do indivíduo. A passagem do desenho à escrita indicaria "construção" porque tratar-se-ia da transformação de desenhos em escritura pictográfica, transformação similar àquela que ocorre na criança. De Morgenthaler aos dias de hoje, quase nada mudou na posição da Psiquiatria diante de tal fenômeno.

A escrita fonética é um dos elementos mais característicos da "natureza moderna". Qualquer experiência cotidiana, mesmo numa cidade como o Rio de Janeiro pós-década de 1930, está radicalmente vinculada a uma contínua excitação ótica que provém, ao menos em certo grau, de letras, frases ou textos reproduzidos em cartazes de rua, manchetes de jornais, sinais de trânsito, luminosos, revistas em quadrinho, rótulos, etc. Essa experiência contribuiu na elaboração do universo plástico de Bispo tanto quanto na elaboração de vários movimentos contemporâneos, como a Pop Art ou o Novo Realismo[24].

O que encontramos em *Desenhos geométricos* é resultado da passagem da escrita ao desenho, sem que se constitua uma linguagem oculta ou misteriosa; ela não pede para ser decifrada porque nada quer comunicar; é puro exercício de inventividade. Ao transformar a escrita em desenho (passagem observada, ainda que timidamente, em *Venham as virgens em*

**24** Sobre a influência da escrita na pintura contemporânea, podem ser citados os chamados "expressionistas abstratos": Mark Tobey, Georges Mathieu, Yves Klein, Willem de Kooning, Jackson Pollock, entre outros. Quanto à relação desenho/escrita, podemos observá-la na poética, entre outras, do brasileiro Leonilson.

*cardumes*, mas que não indica, necessariamente, que *Desenhos geométricos* seja uma forma evoluída daquela), Bispo fazia com que a linguagem deixasse de ser uma unidade de informação linguística, esvaziava-a como elemento destinado à nossa leitura e convocava, em seu lugar, as formas plásticas. Essas formas nos desafiam a uma complicada visão/leitura; não sabemos mais, ao certo, se devemos ler ou se devemos ver. Não há qualquer possibilidade de leitura ou de visão independentes. Tratam-se de "escritemas".

Escritema é um neologismo proposto por Pereira para designar o resultado de operações estéticas onde os termos grafema, signos, unidades ou elementos da escrita afiguram-se impróprios; o termo é o resultado das transmutações do semântico em elementos puramente formais (Pereira, op. cit., p.27-9). As formas que engendram esses corpos particulares que são os escritemas são chamadas de "figuralidade":

> A figuralidade é destarte *une chose à voir*, uma coisa a ver, como diz Lyotard; uma forma que se exibe à nossa percepção visual: volumes, vazamentos, estímulos cromáticos, espessuras, incisões, ritmos que nos excitam objetivamente, patenteando enfim as suas implícitas energias espaciais. (idem, p.30)

A fonte das significações dos escritemas de Bispo não se encontra no seu suposto desinteresse pela escrita como veículo do pensamento e também não pode ser localizada na escrita ou na imagem, mas na confluência de ambas. A totalização de escritema/figuralidade é a desconstrução de dois sistemas simultaneamente, o da escrita e o do ícone. Nesse caso, não se trata de uma bricolagem, de reminiscências do estágio originário da escrita fonética, de regressão atávica ou adaptação elementar. Trata-se de uma nova prática, que me parece coerente com a nossa sociedade, onde os meios de comunicação de massa nos bombardeiam com imagens e informações escritas. A desconstrução desses dois sistemas revela um sintoma: aquele de uma relação criativa e nada pacífica que Bispo mantinha com sua época e com a cultura de massa.

*Colônia Juliano Moreira* (Figs. 62 e 63) é um estandarte que apresenta o complexo do hospital psiquiátrico a partir de dois tipos de registro: iconográfico e escrito. Bispo mostra o complexo do hospital psiquiátrico visto de cima, como uma planta-baixa, mas também descreve, em detalhes, a sua organização espacial[25]. Além da escrita e das figuras bordadas, há dois grupos de escritemas, simulacro de escrita secreta que coloca em crise as relações entre significado e significante.

Exclusão, transgressão, magia e simulacro são as palavras-chave para penetrar nesse universo bordado.

**25** Segundo seu depoimento no documentário de Hugo Denizart, ele teria subido até o ponto mais alto da Colônia, uma grande pedra que se impõe em meio à paisagem da Mata Atlântica, e de lá pôde observá-la.

## *As Embarcações e o Complexo de Jonas*

Bispo nunca abandonou, "por completo", o navio. As embarcações, de todos os tipos, são objetos que permitem ao indivíduo ficar sobre a água, flutuar sobre ela, proteger-se para não sucumbir ao canto das sereias[26], que habitam nas suas profundezas. Nos tantos navios, fragatas, navios de guerra, barquinhas, porta-aviões, destróieres, veleiros ou outros tipos de embarcação que criou, seja em forma de bordado sobre tecido, seja em forma de objeto, Bispo era sempre um misto de tripulante e passageiro. Tripulante que tentava tomar a direção do timão para não naufragar em águas profundas que tudo diluem; passageiro que, entorpecido pelo chamado que ecoa desde o fundo abissal, esperava desembarcar num novo — e desconhecido — destino.

Em *Grande veleiro* (Fig. 64), as mãos do *bricoleur* estão tão presentes quanto as mãos daquele que recobria as coisas com fios azuis, que cortava o tecido, costurava e bordava. Bispo era criador e colecionador de embarcações; o universo do brinquedo e do mundo miniaturizado estão aqui presentes.

Suas naves (foram muitas as que construiu ao longo de sua vida) estão intimamente ligadas aos devaneios relacionados ao arquétipo do aventureiro, à simbologia da água e à da morte maternal. Todos, devaneios ligados ao complexo de Jonas[27], que viveu no ventre da baleia que o engoliu, como um viajante no porão de um navio.

As embarcações de Bispo são como ventres maternos que flutuam na água, elemento "que possui a maior 'profundidade' do inconsciente" (Bachelard, 1990, p.114); alojá-las é retornar à vida embrionária, à vida aquática, é regressar ao tempo em que, como diz o poeta, podíamos dormir no mar: "e, como nos tempos antigos,/ poderias dormir no mar" (Éluard apud Bachelard, 1997, p.119).

O simbolismo que as embarcações fornecem exprime certa tendência do inconsciente sensível ao jogo dialético dos valores contrários. Se, por um lado, Bispo parece ter sido o eterno passageiro, prisioneiro da passagem, portanto prisioneiro das embarcações, ao exteriorizá-las, ao transformá-las em obra, ele simbolicamente parece sair do ventre materno, porque o trabalho da mão no enfrentamento dos materiais (sobras de madeira, tecido, plástico, fios e todo tipo de "restos") constituía uma experiência de conhecimento e domínio sobre o objeto — embarcações. Fazê-las era dar forma ao disforme, era dar um sentido material e objetivo ao desconhecido; trabalho que permitia regressar à vida, uma vida que queria uma nova consciência. É próprio do complexo de Jonas, segundo Baudouin (apud Bachelard, 1990, p.123), a relação com o mito do novo nascimento: "'O herói'", diz ele, "'não se contenta em voltar ao ventre materno, mas se liberta dele novamente, como Jonas sai da baleia ou Noé da Arca'".

A fascinação do marinheiro pelas naus revela sua paixão pelo mar. Porém,

**26** Conforme Bachelard (1990, p.119), a "imagem da sereia se relaciona com as regiões inconscientes da matriz das águas".

**27** Jonas é um personagem do Antigo Testamento cuja história inspirou muitas outras, como *Moby Dick*, de Herman Melville. O hebreu Jonas, para fugir da presença de Deus, embarcou numa nau. Deus lançou sobre o mar forte tempestade enquanto Jonas encontrava-se adormecido no porão. Os marinheiros, em desespero, lançaram a sorte e ela caiu sobre ele, que pediu que fosse lançado ao mar, pois sabia que a tempestade sobreveio por sua culpa. Jonas foi lançado ao mar e tragado por um grande peixe enviado por Deus; no ventre do peixe, ficou três dias e três noites, e lá orou a Deus, sendo, depois, vomitado na terra pelo ser aquático.

> O mar-realidade, por si só, não bastaria para fascinar, como o faz, os seres humanos. O mar canta para eles um canto de duas pautas, das quais a mais alta, a mais superficial, não é a mais encantatória. É o canto profundo... que, em todos os tempos, atraiu os homens para o mar. (Bonaparte apud Bachelard, 1997, p.120)

Esse canto profundo não é outro senão a voz materna. O amor de Bispo pelo mar, materializado em suas naves, é a ilustração do amor filial. E este é, segundo Bachelard (1997, p.120), "o primeiro princípio ativo da projeção das imagens, é a força propulsora da imaginação, força inesgotável que se apossa de todas as imagens para colocá-las na perspectiva humana mais segura: a perspectiva materna".

A *Cama de Romeu e Julieta* (Fig. 65) foi planejada para a encenação da peça *Romeu e Julieta*, de Shakespeare — Bispo no papel de Romeu e Rosângela Maria, a estagiária de Psicologia, no de Julieta. Esse objeto, uma cama de madeira com suporte para mosquiteiro, colchão de capim coberto por uma colcha (não confeccionada por ele) e protegida por um véu decorado com fios, fitas e pequenas flores de crochê, possui rica simbologia.

Mais do que leito nupcial, essa obra é um leito de morte, lugar onde os personagens de Shakespeare cairiam num sono ambíguo, misto de morte passageira e sono eterno. O leito é a urna funerária que abriga a morte passageira de todas as noites, pois dormir é se ausentar "deste mundo", ainda que por algumas horas; é morrer para renascer revigorado. Berço que abriga a nova vida, leito que acaricia a morte, porque dormir "é fechar-se em si mesmo" (Bachelard, 1990, p.125). Berço que embala os sonhos, nave-leito que o transportaria para o além-mundo. Vestido com leve véu e tendo colchão de capim, o leito é o ninho da noite. Segundo Bachelard (1997, p.138), para Novalis a noite "é uma matéria que nos leva, um oceano que embala a nossa vida" — nas palavras deste último: "A Noite leva-te maternalmente" (Novalis apud Bachelard, 1997, p.138). O leito é "cavidade" coberta, semelhante ao túmulo e ao ventre materno, lugar de restauração do sono e da alimentação de quem busca um repouso tranquilo: "Era para se aconchegar/ Que ele queria morrer" (Rigueurs apud Bachelard, 1990, p.125).

Leito com véu, sarcófago e ventre materno são aqui três imagens relacionadas à "maternidade onírica da morte" (Bachelard, 1990, p.125). Nessa obra de Bispo, vida e morte são equivalentes porque ela está associada à morte maternal, que expressa a imagem de um ser que se quer protegido, escondido e restituído à profundidade de seu mistério, mas que um dia renascerá. Nesse sistema simbólico ele *re-uniu* o que nos é apresentado como distinto e separado, a saber, a morte e a vida. A morte maternal e a morte-renascimento encontram-se aqui fundidas, num trabalho de afirmação da vida.

A *Cama de Romeu e Julieta* é peça fundamental na organização da "morte de si mesmo", nave que o transportaria em direção à sua redenção messiânica e o devolveria ao mar, que o devolveria à Mãe.

**Figura 3**
Exemplos de Orfas: à esquerda, *Maca*, s/descrição; à direita, *Chocalho de boi*, 17cm diâmetro, 9cm altura, alça 26cm.

**Figura 4**
*Carrinho de criança*, Orfa, 13x26x20cm.

**Figura 5**
Exemplos de miniaturas (à direita, *Grelha*, Orfa, 37x14x7cm).

**Figura 6**
*Escada dupla*, Orfa, 56x17cm (cada um dos lados).

**Figura 7**
*Martelo*, madeira pintada, 17cm; e outras ferramentas (miniaturas) em madeira pintada.

**Figura 8**
Orfas: à esquerda, *Balizamento de porto*, 29x15cm; no centro, *Rua Alvaro Alvim*, 23x13cm; à direita, *Rua 19 de Fevereiro*, s/medidas.

**Figura 9**
*Moinho de cana*, Orfa, 17x21cm.

**Figura 10**
*Foice*, lâmina de metal com cabo de madeira, 22cm; e outros instrumentos em madeira pintada (miniaturas).

**Figura 11**
À esquerda, *Biombo de três faces*, madeira, papelão e Orfa, 35x25cm; no centro, *Muleta*, Orfa, 44x11cm; à direita, *Maca*, Orfa, s/descrição.

**Figura 12**
*Ping-pong*, madeira, tampão em fórmica e rede de plástico, 40x2x19cm; *Alteres*, madeira, concreto e metal, 48cm; *Treino de dedo*, Orfa e metal, 8x14cm.

**Figura 13**
*Carro de boi*, madeira, 60x30x30cm.

**Figura 14**
*Boi no cercado*, madeira, bambu, metal e fio de nylon, 28x24x26cm.

**Figura 15**
*Cavalinho*, madeira, base 30x6cm, altura 25cm.

**Figura 16**
*Ioiô*, madeira e barbante, 7cm diâmetro; *Pião*, Orfa, 13cm diâmetro, 1,5cm altura.

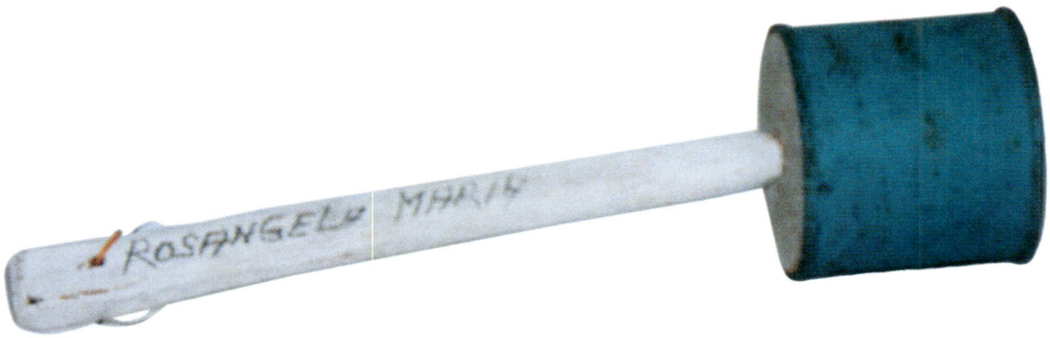


**Figura 17**
*Chocalho*, madeira e metal, sem descrição.

**Figura 18**
*Carrossel*, madeira, tecido, cordas e cavalinhos em Orfa. Diâmetro do toldo: 60cm. Altura: 55cm.

**Figura 19**
À esquerda, objeto sem descrição; no centro, *Colher*, metal e Orfa, 47cm; à direita, *Ralador*, metal, 30x10cm.

**Figura 20**
Canecas, *assemblage* com 32 canecas de alumínio, suporte de madeira e papelão, 110x47cm.

**Figura 21**
*Botas*, *assemblage* com seis botas de borracha, suporte de madeira e papelão, s/medidas.

**Figura 22**
*Congas e havaianas*, *assemblage* com 36 congas e seis chinelos havaianas, suporte de madeira, s/ medidas.

**Figura 23**
*Sapateira masculina*, *assemblage* com quatro pares de sapatos e um par de botas de borracha, suporte de madeira, 102x49cm.

**Figura 24**
*Talheres, assemblage* com 49 colheres de sopa, dez colheres de chá, quatro de café, cinco de sobremesa, dez garfos e seis facas em metais diversos, suporte de madeira e papelão, 197x70cm.

**Figura 25**
*Butões para paletó, sobretudo e pereline, assemblage* com quatro cartelas de papel e plástico com botões variados, presos por linha; largura superior 18cm, inferior 22cm, comprimento 105cm.

**Figura 26**
*Butões para paletó, sobretudo e pereline*: detalhe da parte inferior.

**Figura 27**
*Cestas e canecas coloridas*, *assemblage* com cestas, canecas e outros objetos, na sua maioria de plástico, suporte de madeira e papelão, 197x70cm.

**Figura 28**
*Macumba*, *assemblage* com diversos objetos de rituais religiosos (colares, estátuas de gesso, etc.), suporte de madeira, plástico e papelão, 193x71cm.

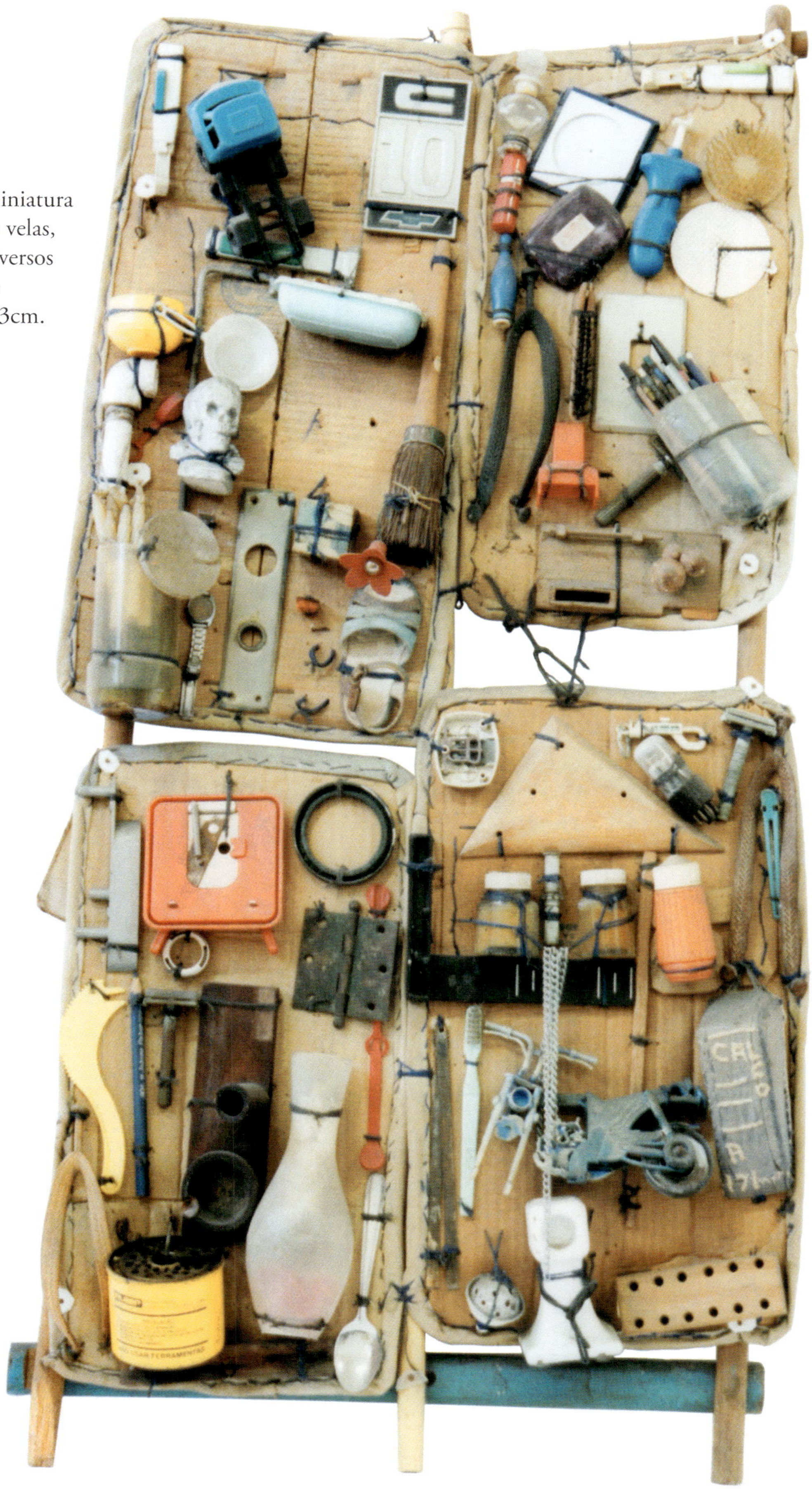

**Figura 29**
*Crânio*, *assemblage* com miniatura de crânio de plástico, oito velas, saboneteira, um Orfa e diversos outros objetos, suporte de papelão e madeira, 113x53cm.

**Figura 30**
*Roda da fortuna*. Roda de ferro com números sobre base de madeira. Base 9x29,5x21cm, altura 66,5cm, roda 51cm diâmetro.

**Figura 31**
*Roda da fortuna.* Detalhe da parte externa da roda, onde podem ser vistos os números.

**Figura 32**
*Roda da fortuna:* capa confeccionada por Bispo para a *Roda da fortuna*.

**Figura 33**
Vista frontal da *Caixa dos escolhidos*, objeto de madeira caiada contendo fichas de papelão e linholene com o nome dos "escolhidos", 52x37x15cm.

**Figura 34**
*Caixa dos escolhidos*: no detalhe, as fichas.

**Figura 35**
*Vaso sanitário*, caixa de madeira contendo urinol em plástico e tampo de vaso sanitário em plástico, 41x29x32cm.

**Figura 36**
*Vaso sanitário:* detalhe do urinol em plástico em seu interior.

**Figura 37**
*Carrilhão*, rélogio carrilhão de mesa, fora de funcionamento, 12x63x10cm.

**Figura 38**
*Gaiola*, gaiola de metal com ninho de palha e bebedouro de plástico com etiqueta de metal onde se lê "2030 – GAIOLA DE PASSARINHO", base 19x24cm, diâmetro lateral 10cm.

**Figura 39**
*Talcos*, coleção de latas de talco de marcas variadas guardada em balde de alumínio, altura 30cm, base e diâmetro 30cm.

**Figura 40**
*Super-Cid*, coleção de latas do inseticida Super-Cid guardada em recipiente de madeira com alça, 31x15x33cm.

**Figura 41**
À esquerda, *Bolsa a tiracolo*, costura, bordado e tecido, 17x15cm; à direita, *Babador*, 15x17cm.

**Figura 42**
*Podium I*, objeto de madeira caiada e fórmica, base 32x17x7cm.

**Figura 43**
*Vitrine-fichário*, tiras de linholene com o nome dos "escolhidos", suporte de papelão, s/medidas.

**Figura 44**
*Tiras numeradas*, montagem com coleção de tiras de papel numeradas sobre carrinho de madeira com rodas, 110x50x103cm. Vista frontal.

**Figura 45**
*Tiras numeradas*, vista lateral.

**Figura 46**
*Venham as virgens em cardumes*, bordado sobre tecido, suporte de madeira e papelão, s/ medidas.

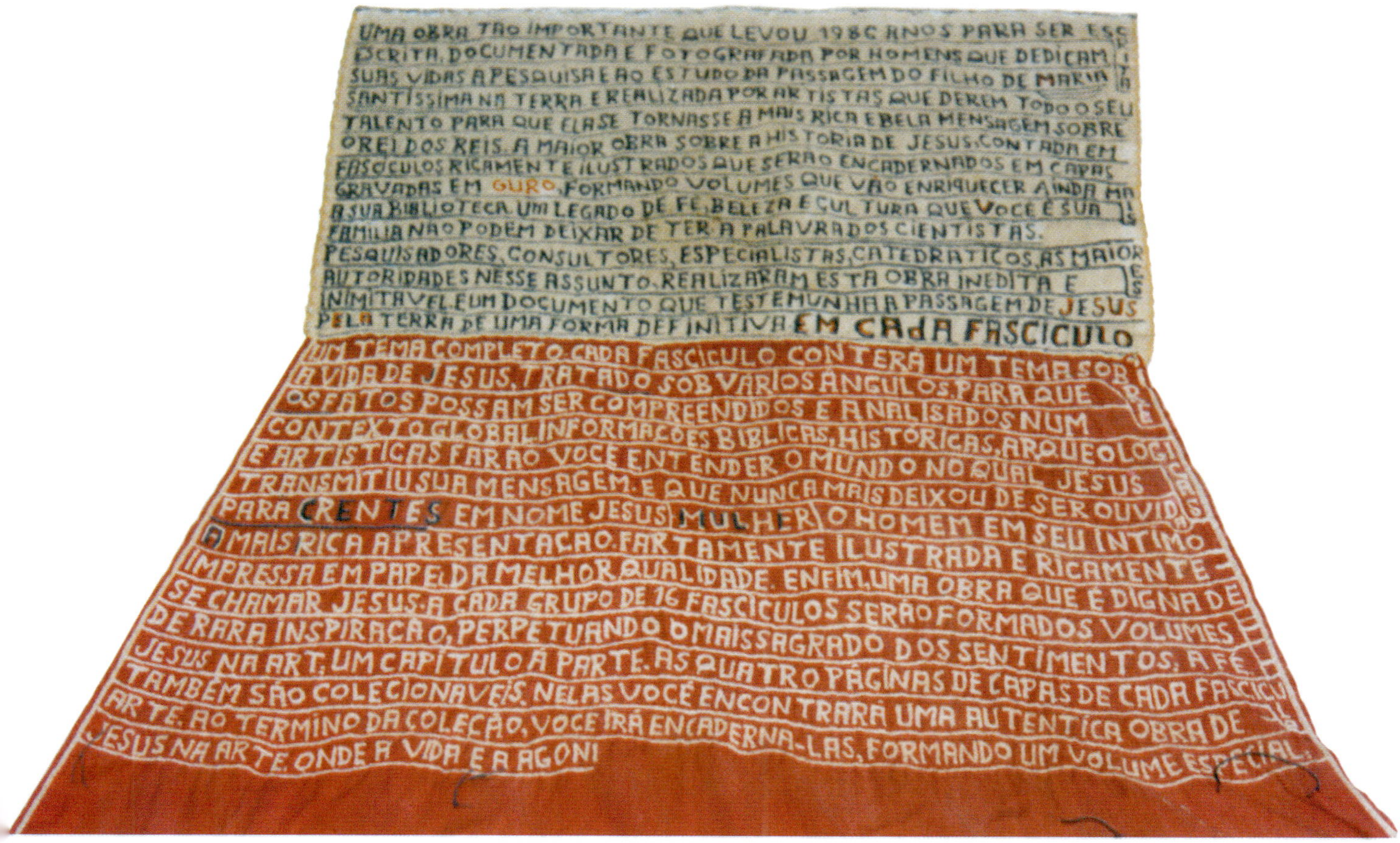


**Figura 47**
*A história universal*, bordado sobre tecido,
138x189cm.

**Figura 48**
*Dicionário de Nomes – Letra A*, I, bordado sobre tecido, 129x205cm.

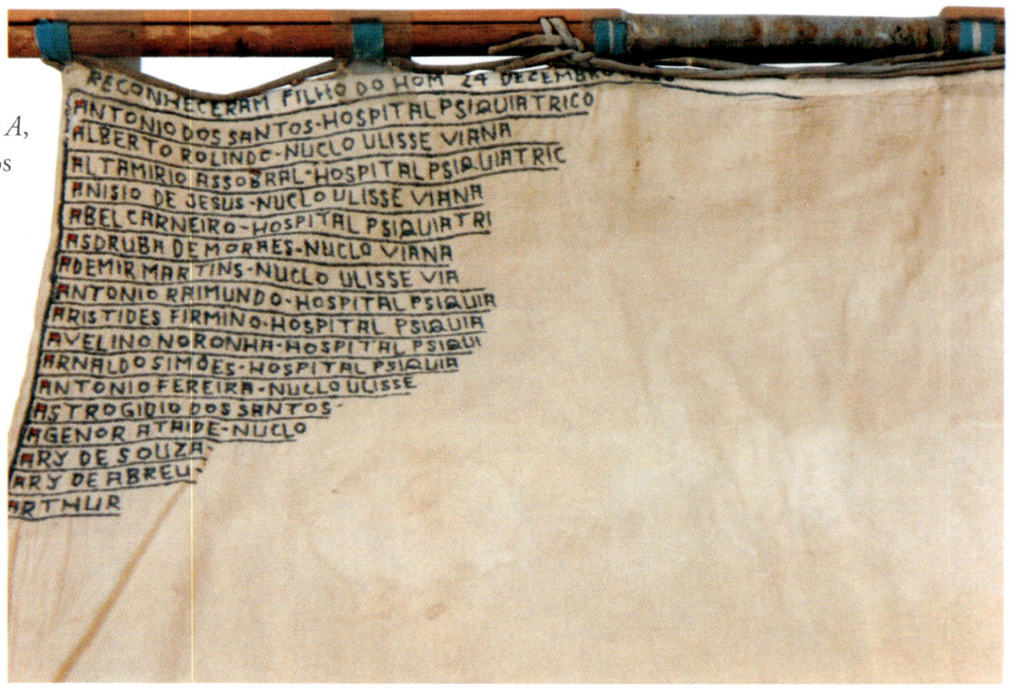


**Figura 49**
*Dicionário de Nomes – Letra A*, I. No detalhe, nomes escritos no estandarte.

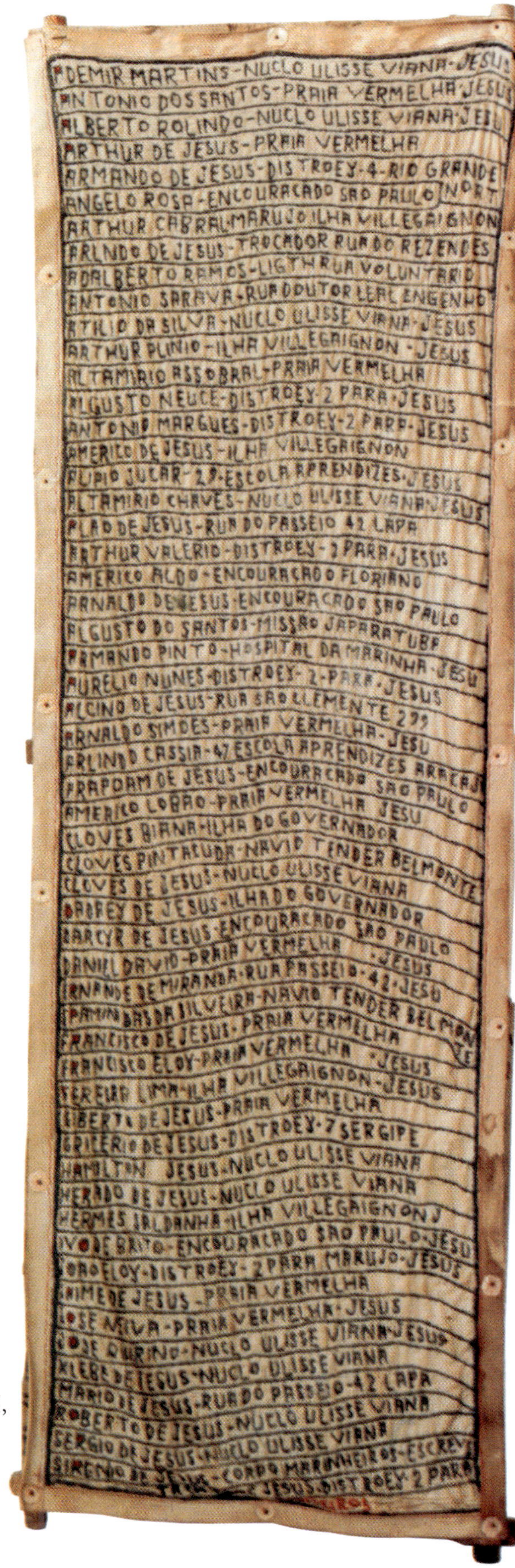


**Figura 50**
*Dicionário de nomes – letra A*, II, bordado sobre tecido, suporte de papelão e madeira, s/ medidas.

**Figura 51**
*Sireno de Jesus, escrevente*, bordado sobre tecido, suporte de papelão, tríptico, 66x32cm.

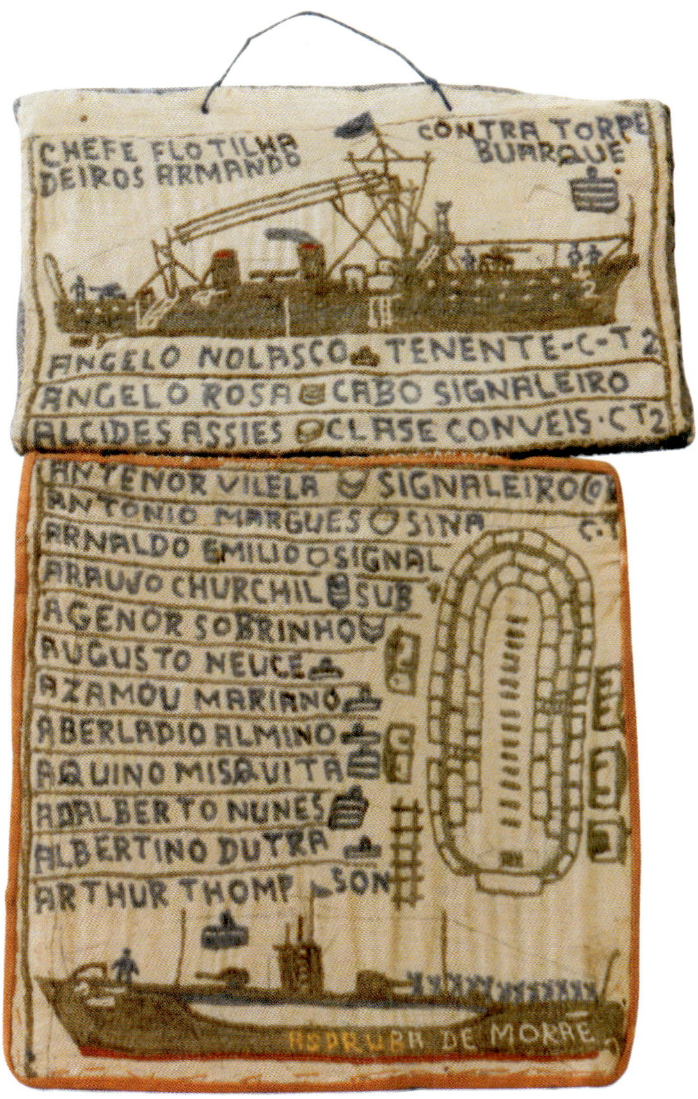


**Figura 52**
*Astrubal de Moraes*, bordado sobre tecido, suporte de papelão, díptico, 63x41cm.

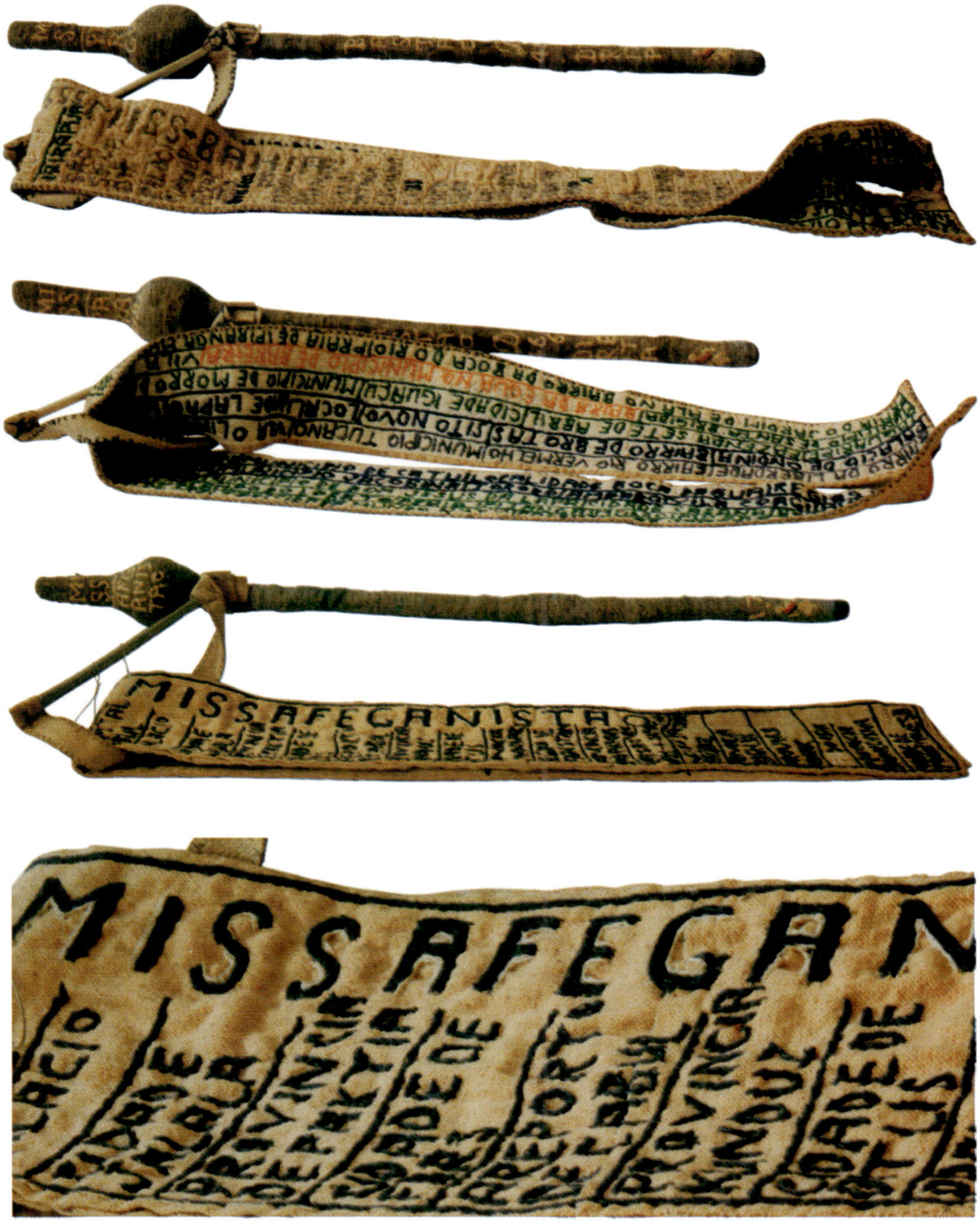


**Figura 53**
De cima para baixo: *Cetro* (Orfa) e *Faixa de Miss Bahia*, costura, bordado, tecido, 71x10cm; vista da parte interna da *Faixa de Miss Bahia*; *Cetro* (Orfa) e *Faixa Miss Afeganistão*, costura, bordado, tecido, 67x13cm (faixa), 71cm (cetro); *Faixa Miss Afeganistão:* detalhe.

**Figura 54**
*Recordações* (lado direito de *Galeria esportiva*), bordado sobre tecido, 132x192cm.

**Figura 55**
*Recordações*: detalhe mostrando que em seu preenchimento predominam as figuras.

**Figura 56**
*Galeria esportiva* (avesso de *Recordações*), bordado sobre tecido, 132x192cm.

**Figura 57**
*Galeria esportiva:* detalhe mostrando que, como em *Recordações*, em seu preenchimento predominam as figuras.

**Figura 58**
*Eu preciso destas palavras escrita* (lado direito de *Desenhos geométricos*), bordado sobre tecido, 120x189cm.

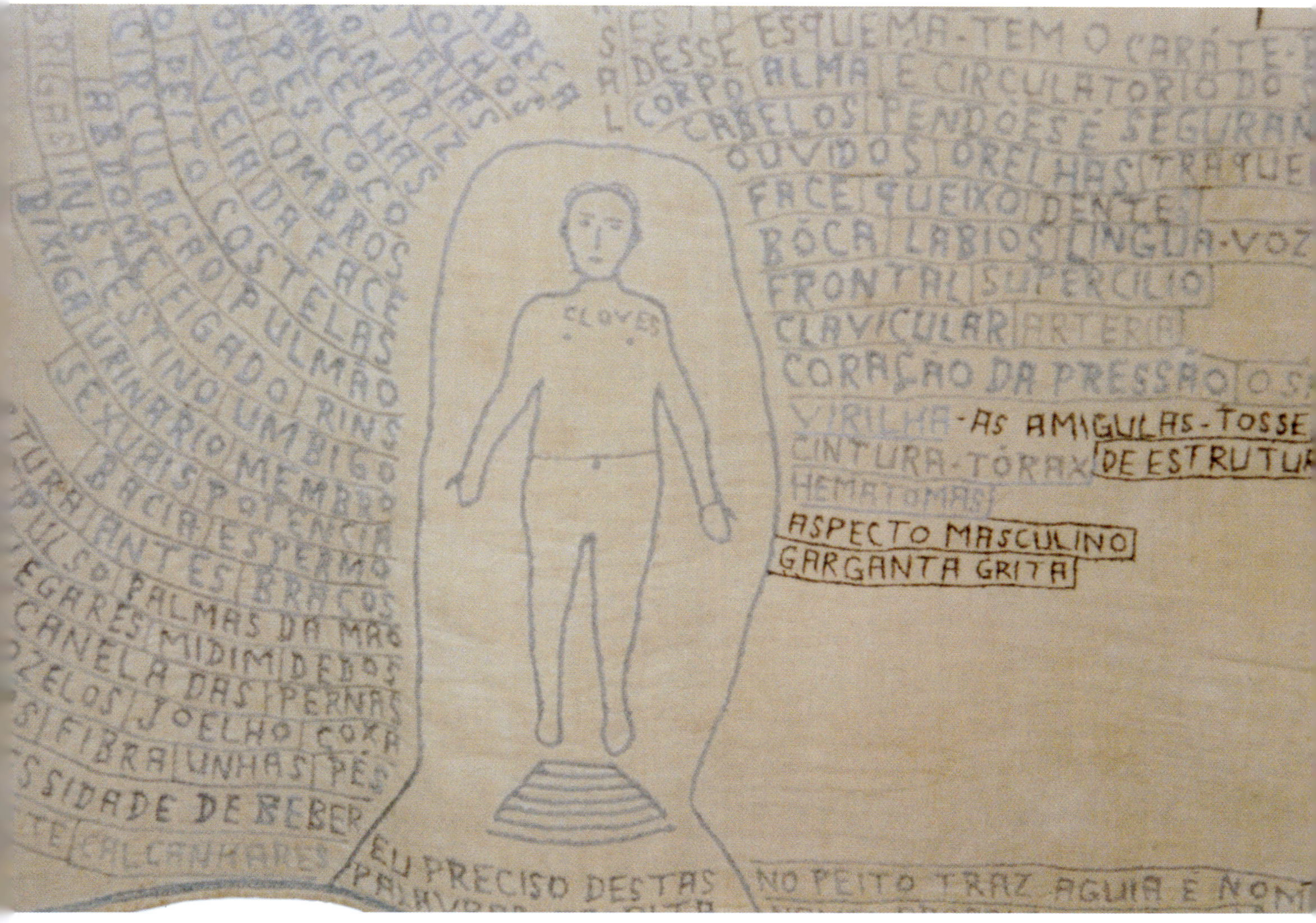


**Figura 59**
*Eu preciso destas palavras escrita:* no detalhe, alguns escritos e a figura masculina, Cloves.

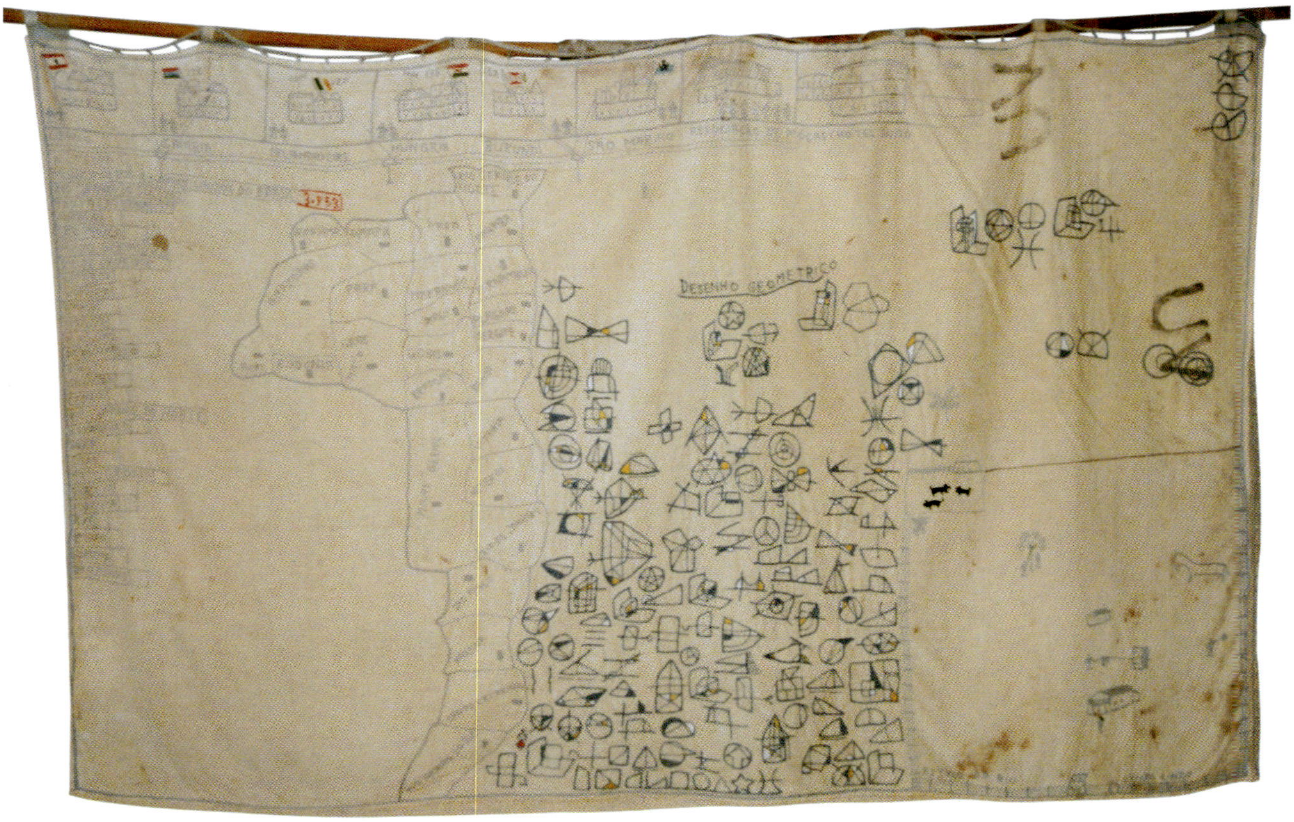


**Figura 60**
*Desenhos geométricos* (avesso de *Eu preciso destas palavras escrita*), bordado sobre tecido, 120x189cm.

**Figura 61**
*Desenhos geométricos:* detalhe.

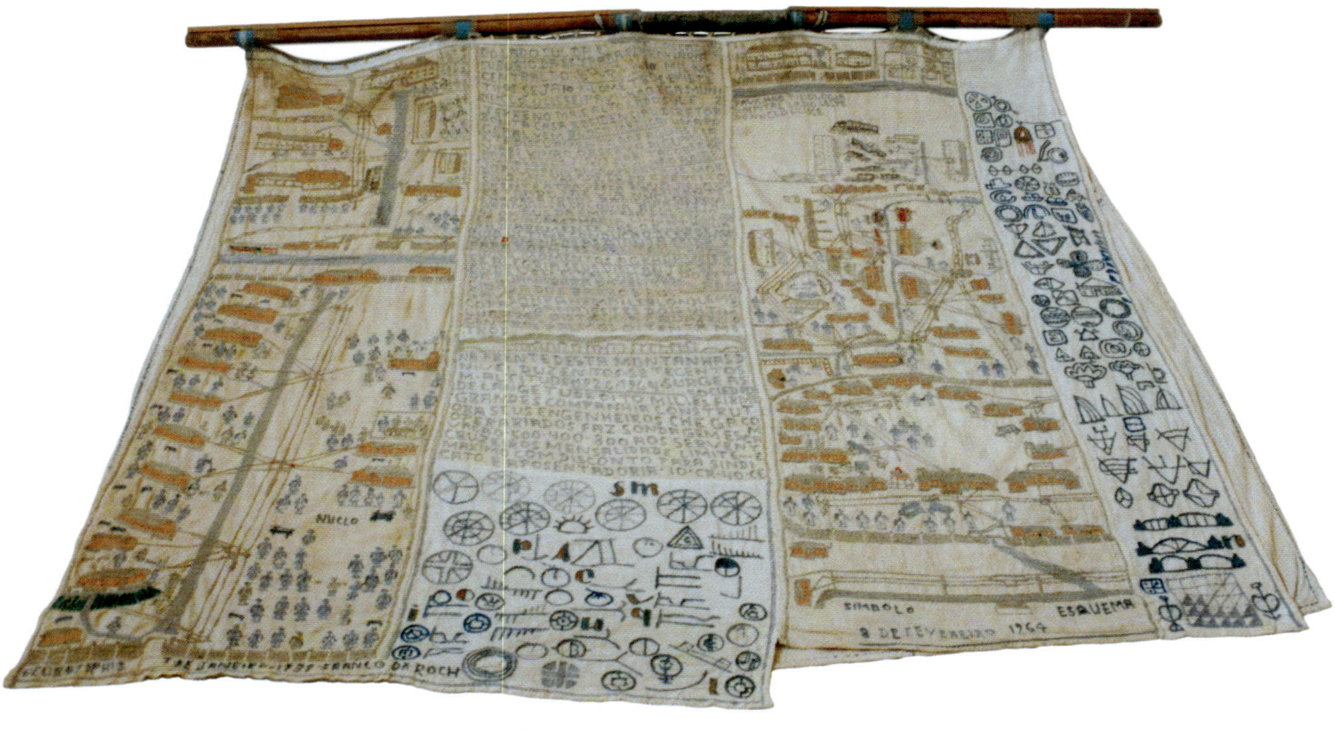


**Figura 62**
*Colônia Juliano Moreira*, bordado sobre tecido, 134x133cm. O estandarte representa o complexo psiquiátrico de mesmo nome visto de cima.

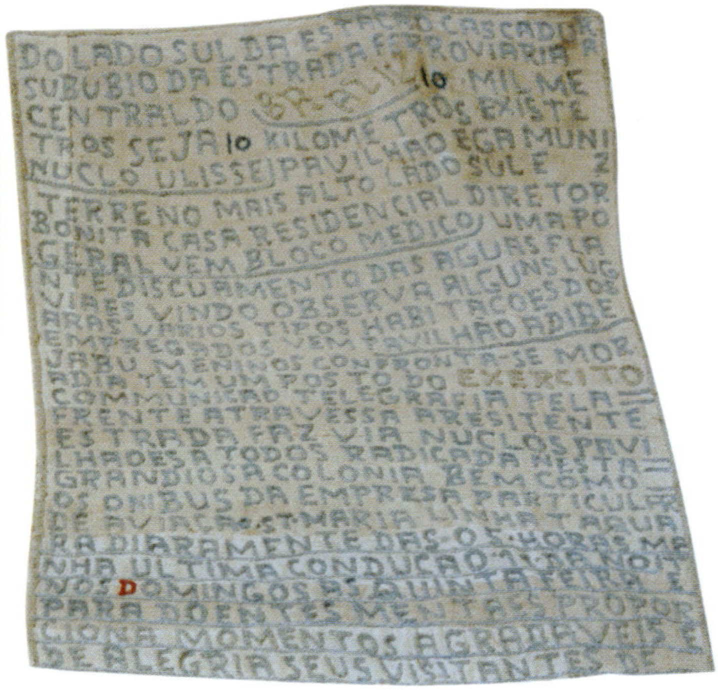

**Figura 63**
*Colônia Juliano Moreira:* detalhes das diversas formas de preenchimento utilizadas por Arthur Bispo do Rosário (acima, à direita, texto que descreve a organização espacial e geográfica da Colônia Juliano Moreira).

**Figura 64**
*Grande veleiro*, madeira, tecido, papelão, cordames, metal, isopor, lâmpada e plástico, 145x60x100cm, sobre carrinho de madeira com rodas, 70x33x20cm.

**Figura 65**
*Cama de Romeu e Julieta*, construção/montagem escultórica. Madeira, tecido e colchão de capim forrado com lençol e colcha. Está adornada por mosquiteiro de tule e algodão, enfeitado por galões, fitas e pequenas flores de crochê. Cama: 192x78x78cm. Suporte do mosquiteiro: 210x56cm.

## *O* Manto da Apresentação*: a Mágica Aglutinadora*

Arthur Bispo do Rosário foi artista múltiplo. Na teatralização do seu drama, ele tudo elaborou: texto, encenação, cenografia e vestuário. Estilista apocalíptico, criou algumas peças de vestuário: vestes (espécies de jaquetas utilizadas por oficiais) (Figs. 66-69) e um manto, o *Manto da apresentação* (Figs. 70-82). As vestes são símbolos de distinção, poder, hierarquia, respeito; fazem parte de um mundo regido pelo princípio de hierarquia e pela ordenação. Também são fantasias, objetos que encobrem o corpo "original"; objetos-fetiche. Ao mesmo tempo em que indicam que Bispo é o "filho" escolhido por Deus, lembram a Deus que ele é o seu filho. Mas, de todas as suas peças de vestuário, o *Manto da apresentação*[28] é o que mais se destaca, seja pela riqueza de seu colorido e de seus bordados, seja pelo seu alcance simbólico.

O manto de Bispo envolvia o seu corpo, e este incorporava o manto — uma verdadeira poética do instante e do gesto. Tal qual os *Parangolés*[29] de Hélio Oiticica, a estrutura da obra é o próprio ato expressivo, e este se produzia à medida que a obra (no caso, o *Manto da apresentação*) era utilizada. O manto permitia a Bispo a incorporação mágica de todos os elementos nele bordados; estes não estariam mais distanciados dele no espaço, no ambiente, mas incorporados nessa estrutura-extensão do corpo, uma espécie de vivência total da potência que o manto simbolizava. Essa "transmutação expressivo-corporal" (Favaretto, 1992, p.106), dada pelo vestir, o movimentar-se, o penetrar, o carregar, o andar e o dançar é possibilidade constitutiva da obra (do *Manto* e dos *Parangolés*) desses dois artistas brasileiros; sua semelhança permite a apropriação da fala de Oiticica, na tentativa de esclarecimento sobre o trabalho de Arthur Bispo, o "estilista apocalíptico": "Não se trata, [...] do corpo como suporte da obra; pelo contrário, é a total 'in(corpo) ração'. É a incorporação do corpo na obra e da obra no corpo. Eu chamo de 'in-corporação'" (Oiticica apud Favaretto, op. cit., p.107).

Mas os *Parangolés* são a descoberta do corpo e da dança, a recuperação do dionisíaco no apolíneo; eles prefiguram uma nova expressão — a antiarte. Significam a transmutação da arte em vida e são a continuação das pesquisas anteriores de Oiticica. Fruto da necessidade de desintelectualização, da livre expressão, Oiticica apropriou-se do e assimilou o samba, com sua dança, o ritmo do Morro da Mangueira. O *Manto* de Bispo, por sua vez, já nasceu sob o signo do dionisíaco, é a "memória do corpo", dos movimentos ancestrais que pulsavam ao som dos tambores. É a conexão entre a expressão individual e o coletivo, característica imanente ao *bricoleur* que constrói estruturas a partir de testemunhas fósseis da sua história e/ou de um grupo; os *Parangolés*, ao contrário, estabelecem "a conexão entre o coletivo e a expressão individual", ou seja, busca a "primitividade construtiva popular"

**28** Durante a minha pesquisa, encontrei informações apenas de duas outras artistas que criaram vestimentas cuja produção estilística se aproxima da de Bispo. *La robe dite de Bonneval [O vestido nomeado de Bonneval]* é um vestido executado em torno de 1940 por uma mulher anônima, internada no hospital psiquiátrico de Bonneval desde os 35 anos. O vestido, no qual ela trabalhava escondida, é feito de pedaços de tecidos usados, tem mangas longas, cauda de muitos metros e é acompanhado por um chapéu. Sobre ele, bordou motivos que lembram plumagens de pássaros, silhuetas de homens e animais, e símbolos sexuais. Sua execução começou após a morte de seu marido, e durou dez anos. Essa mulher tinha ideias de grandeza, e o vestido era a materialização dessas ideias. A outra artista é Agnes Richter, e, infelizmente, não se conhece praticamente nada sobre sua história: nasceu em 1873, foi internada por motivo de demência precoce numa casa de saúde e lá produziu uma veste de mangas longas, fechada com vários botões; sobre a veste, Agnes bordou, com fios coloridos, textos autobiográficos (Nahum-Adamsbaum, op. cit., p. 82-5). Sua veste lembra as jaquetas/fardas de Bispo.

**29** Justino (1998, p.44), falando sobre os *Parangolés*, diz que estes "têm suas significações particularmente nas capas, panejamentos mágicos que envolvem o participante fazendo-o experimentar sensações. Através do movimento, capa e participante constroem o ambiente. As capas são elaboradas a partir de tecido ou plástico, com pinturas ou poemas, com as quais o participante se envolve de maneira diversa, como uma espécie de artifício que dá possibilidade à fantasia".

**Figura 66**
*Semblantes*, japona de lã azul-marinho, gola de veludo lilás, com nomes e ornamentos bordados e, numa das mangas, escala de cores: a indumentária vista de frente.

**Figura 67**
*Semblantes*: costas da indumentária.

**Figura 68**
*Semblantes:* detalhe da manga.

**Figura 69**
Sem título. Japona em tecido azul com ornamentos bordados.

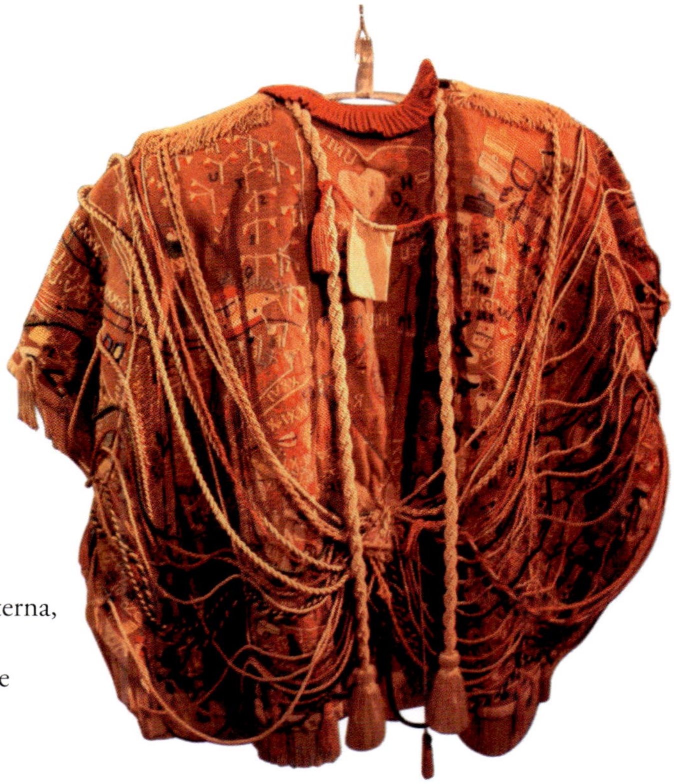

**Figura 70**
*Manto da apresentação*, face externa, frente, bordado sobre tecido (cobertor) com superposição de cordas de cortina.

**Figura 71**
*Manto da apresentação*: face externa, costas.

**Figura 72**
*Manto da apresentação*:
face externa, frente.

**Figura 73**
*Manto da apresentação*:
detalhe da face externa,
frente.

**Figura 74**
*Manto da apresentação*: detalhe da face externa, frente.

**Figura 75**
*Manto da apresentação*:
detalhe da face externa,
frente.

**Figura 76**
*Manto da apresentação*: detalhe da face externa, frente.

**Figura 77**
*Manto da apresentação*: detalhe da face externa, frente.

**Figura 78**
*Manto da apresentação*: face externa, costas, e vista da parte interna.

**Figura 79**
*Manto da apresentação*:
detalhe da face externa,
costas.

**Figura 80**
*Manto da apresentação*: detalhe da face externa, costas.

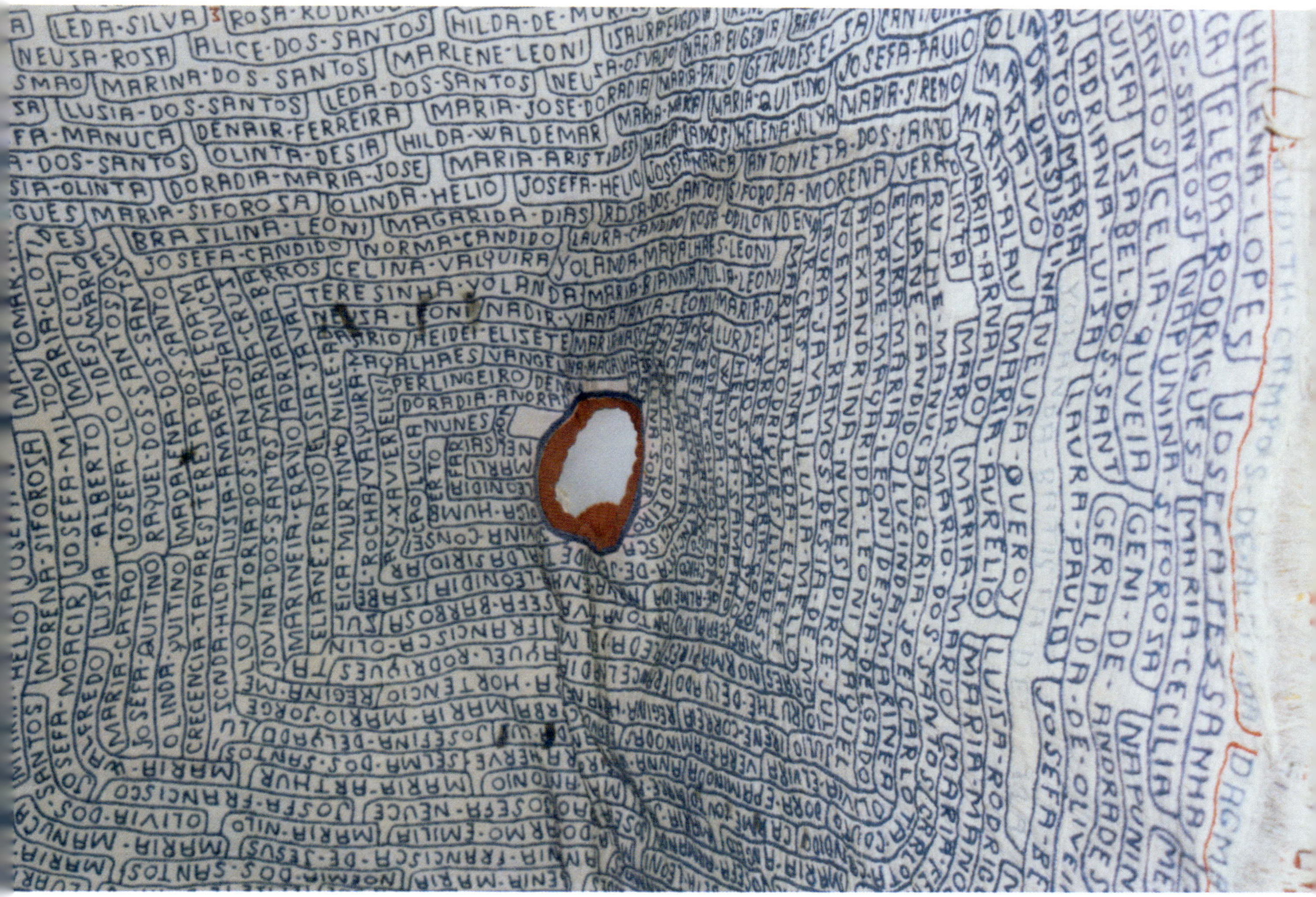


**Figura 81**
*Manto da apresentação*: face interna.

**Figura 82**
*Manto da apresentação*, face interna: detalhe dos nomes bordados.

(idem, p.116). Com os *Parangolés*, Oiticica realiza a desmaterialização do objeto de arte, cria um *não objeto*. O *Manto* é, "naturalmente", um não objeto que, devido o seu grau de inventividade, pode ser tomado como objeto de arte. Como não objetos, tanto aqueles quanto este não necessitam da contemplação do espectador, mas, enquanto a "transmutação expressivo corporal" da obra de Oiticica depende do espectador que foi abolido em prol do participante, o *Manto* é objeto mágico e lúdico que permitia a transmutação de Bispo em rei dos reis. Em *Parangolés* é a arte que enriquece a vida; em Bispo, a vida foi transformada em arte.

Confeccionado em dois tipos de tecido, apresenta, na face externa, feita de um cobertor, palavras, símbolos, números e figuras bordados em fios de lã, distribuídos quase que circularmente; alamares e cordas de cortina servem como adornos. Na face interna (avesso), sobre tecido branco, nomes de mulheres, organizados em forma de espiral irregular em direção à abertura da cabeça, foram bordados, na sua maioria, com fios de cor azul (Fig. 81). Esse manto foi confeccionado para cobrir o corpo de Bispo no dia da sua "passagem", o dia do julgamento final. Ao vesti-lo, seria reconhecido por Deus e carregaria o mundo nos ombros; junto, carregaria todos aqueles que considerava "seus" .

Na parte frontal da face direita do manto, logo abaixo da abertura da cabeça, alguns elementos bordados se destacam. Há um coração, bordado em fio branco, entre as palavras FIO HOM e UNIVERSO — que, na interpretação de Quinet (op. cit.. p.8), significa: "Bispo, que se diz Jesus Cristo, o filho do Homem que ama o universo, ou: Bispo tem no coração o universo". Mais abaixo há uma balança, símbolo tradicional da Justiça e que, naturalmente, diz respeito ao julgamento final; à direita da balança, bordada em fio preto, está a palavra TREVAS; à esquerda, VOS CEU (Fig. 74). Segundo Quinet, de um lado temos a voz que o ordena a criar, a voz do céu, de Deus; do outro, o que é criado e as trevas. Acima da balança está bordada a palavra PAI, o Pai que julga com o auxílio de uma balança que pende, ligeiramente, mais do lado da voz e do céu. As vozes, seus duplos nascidos do seu delírio, salvaram-no das trevas. O manto representa um sistema simbólico impossível de ser completamente entendido, mas certamente se trata de um objeto mágico:

> A peça central de seu fazer é o manto da apresentação confeccionado para o encontro com Deus no Dia do Juízo Final. No interior, os nomes de centenas de conhecidos estão bordados. Bispo se perfilaria diante do Criador como procurador de muitos compatriotas. No exterior, luzindo no tecido vermelho, ardem os fios amarelos capazes de ofuscar o tribunal divino. Estilista maior da arte cristã no final do milênio, o artista não deixa de ser pagão pela liberdade carnavalesca com que tece a indumentária. Pretende adentrar o Paraíso com traje de almirante de um potentado oceânico em dia de gala. (Aguilar, op. cit., s/p)

O manto possui uma liberdade carnavalesca, uma inventividade tropical barroca que sujeita a forma à sua fantasia, que se oferece mais ao regozijo dos sentidos do que ao comprazimento espiritual.

O barroco, no Brasil, é o resultado da conciliação entre o mundo da tradição cristã-católica-europeia e as formas de sensibilidade e percepção das outras culturas que entraram em contato com ele ou que foram por ele incorporadas: a indígena e a africana. Segundo Sevcenko (2000, p.44), foram as alianças iniciadas "entre os portugueses e a realeza do Congo" que, desde o século XVI, "introduziram elementos de intersecção entre representações e simbolismos bantos e cristãos", dando origem a uma cultura alicerçada em apoios materiais e visuais de grande impacto sensorial.

Ao adaptar-se ao Novo Mundo, o barroco resultou em uma variedade quase infinita de articulações, de formações imprevisíveis, o que deu origem a uma produção original e aderente às exigências das novas estruturas sociais, produção esta de extraordinária assimilação e disponibilidade a uma contínua renovação. Segundo a historiografia mais recente, o barroco dos países latino-americanos é a primeira forma de arte co-natural, legítima, autóctone e originária desses países; no Brasil, é expressão de uma arte popular porque seus temas e motivos, ainda que extraídos da convenção da elite, aderiram sintática e morfologicamente a uma sensibilidade popular, a uma sociedade heterogênea (Averini, 1997).

No primeiro documento impresso que se reportou ao triunfo eucarístico, maior festa da sociedade colonial brasileira do século XVIII[30], o autor, Simão Ferreira Machado, detém-se na descrição dos pormenores da composição coreográfica dessa festa barroca: a fusão das sugestões místicas e profanas, os trajes e alegorias, os efeitos visuais e sonoros das danças e das músicas, as bandeiras coloridas estampadas com a imagem de Nossa Senhora do Rosário, os estandartes, os letreiros, as insígnias, o colorido do ritual religioso, a versatilidade cromática das indumentárias, os detalhes da bordadura — enfim, toda a pompa da festividade. Uma efusão de alegria e exuberância lúdica que antecipou o carnaval carioca e sinalizou o êxito da miscigenação e do sincretismo que alimenta a magnificência tropical e dionisíaca da cultura brasileira[31]. Nos séculos seguintes, a Igreja, com seu calendário litúrgico e suas festividades, promoveu a *circularidade*[32] de componentes culturais e artísticos marcados pelo caráter persuasório e lúdico de fundo residual barroco, o que explica a presença de barroquismos na atualidade, pois no Brasil o barroco não foi um estilo artístico passageiro, mas a substância básica de toda uma nova síntese cultural[33]:

> Se há um traço que perpassa as diferentes manifestações da cultura brasileira, é justamente esse barroquismo latente, com as vibrações e ressonâncias que lhe são típicas: extremos da fé, cupidez do poder, anseios messiânicos, ilusão de grandeza, impulso da contradição, exaltação dos sentidos, êxtase da festa, convivência das disparidades, atração das vertigens, mágica das palavras, sonho da glória, pendor

30 Intitulado *Triunfo eucharísitico*, publicado em Lisboa em 1734, descreve as festividades que, em 1733, marcaram a inauguração da Igreja Matriz Nossa Senhora do Pilar, construída em Vila Rica, e a transladação, para ela, da eucaristia, provisoriamente depositada na Igreja de Nossa Senhora do Rosário.

31 A respeito da festa do triunfo eucarístico como síntese do projeto de uma possível nacionalidade brasileira, ver Ávila (1980, 2004).

32 Ávila utiliza o conceito de circularidade pra referir-se à difusão de formas e de funções de representação de mentalidade, de religiosidade e de componentes culturais e artísticos. Sobre a circularidade de componentes culturais e artísticos de fundo residual barroco, ver Ávila (2004, 2006).

33 Há anos o barroco vem sendo redefinido. Vários autores o abordam para além de um estilo de época que exprime o espírito da Contra-Reforma e/ou do Absolutismo, e enfatizam suas especificidades no Brasil e na América Latina. Entre esses autores estão Carpeaux (1943), Sevcenko (2000, p.36-66) e, particularmente, Ávila (1978, 1994, 1997, 2004, 2006).

para o exuberante e o monumental, gosto da tragédia, horror da miséria e compulsão à esperança. (Sevcenko, op. cit., p.39)

O *Manto da Apresentação* constitui-se, dessa forma, num objeto vivo da nossa cultura, pois apresenta resíduos barrocos que ainda atuam na especificidade da cultura brasileira: uma arte de primado visual fundamentada no excesso, no êxtase e nas permanentes contradições (o bem e o mal, a opulência e a carência) e que é, ao mesmo tempo, festiva e trágica.

No estado de Sergipe, ao menos até o período em que Arthur Ramos escreveu *O folclore negro no Brasil* (1954), o festejo da coroação dos reis do Congo era "evidentemente fragmentações do antigo auto dos *Congo-cucumbis*" (Ramos, 1954, p.79), onde, em procissão, três negras vestidas de rainhas, com seus mantos e coroas douradas, eram ladeadas de duas alas de congos vestidos de branco e armados de espada e que, de tempos em tempos, lutavam entre si, disputando a coroa da rainha principal. As confrarias religiosas dos afro-brasileiros, particularmente a de Nossa Senhora do Rosário, proliferou por todo o Brasil e permitiu a sobrevivência de preceitos africanos profanos justapostos a preceitos religiosos da fé católica. Mas o essencial dessas confrarias negras é a sua íntima conexão com as cerimônias de coroação dos reis negros:

> [...] Estas festas populares de reis africanos no Brasil têm, pois, várias origens: resultado de esfacelamento de autos, como o dos *Congo-cucumbis*, que evocam acontecimentos históricos dos reis congos; cerimônias totêmicas ligadas ao patriarcado, com suas festas cíclicas de coroação; sobrevivência dos fastos africanos das embaixadas e cerimônias processuais; as festas peninsulares do ciclo das janeiras, saídas de velhas tradições, onde era costume a escolha de um rei ou de uma rainha; autos ameríndios correspondentes. (idem, p.82)

No nosso passado recente, os escravos, os descendentes do Congo principalmente, reuniam-se e elegiam o seu rei; após a eleição, era feita a cerimônia de coroação e posse, no mesmo dia da festa de Nossa Senhora do Rosário. A sobrevivência da coroação de reis africanos está presente, também, em antigos festejos[34], hoje praticamente extintos, como o maracatu, bailado carnavalesco tradicional de Pernambuco, assim descrito por Ramos (op. cit., p.89-90):

> Rompe o préstito um estandarte ladeado por archeiros, seguindo-se em alas dois cordões de mulheres lindamente ataviadas, com seus turbantes ornados de fitas de côres variegadas, espelhinhos e outros enfeites, figurando no meio dêsses cordões vários personagens, entre os quais os que conduzem os fetiches religiosos, — um galo de madeira, um jacaré empalhado e uma boneca de vestes brancas com

34 Segundo Araujo (1973, p.43), outros bailados são o moçambique, o ticumbi e a congada. A respeito desta última, "o estudo dos fatos do passado, das canções, das gestas, apontam-nos que a Congada não é de origem africana, mas é uma reminiscência da 'Chanson de Roland' sabiamente aproveitada pelo catequista", que incorporou a coroação dos reis negros.

> manto azul; — e logo após, [...] figuram-se os dignatários da côrte, fechando o préstito, o rei e a rainha.
>
> Êstes dois personagens, ostentando as insígnias da realeza, como coroas, cetros e compridos mantos sustidos por caudatórios, marcham sob uma grande umbela e guardados por archeiros.
>
> No coice vêm instrumentos: tambores, buzinas e outros de feição africana, que acompanham os cantos de marcha e danças diversas com um estrépito horrível.

O manto de Bispo, bem como os seus cetros e estandartes, também é elemento residual e de atualização simbólica da tradição da coroação de reis negros, motivo dominante nos festejos afro-brasileiros, herança de um costume histórico africano repetido e modificado em nosso país.

O *Manto da apresentação* é a obra maior desse artista: "De todas, a mais impactante e verdadeira síntese das preocupações de Bispo, é o 'manto do reconhecimento', isto é, a roupa que o identificaria no momento em que se apresentasse a Deus" (Morais, op. cit., p.20). Ele é ressonância e recriação de elementos das festividades religiosas e populares brasileiras, nas quais o negro, num momento de êxtase festivo, é coroado e cortejado como rei dos reis; momento de inversão de valores e de condição social, abolição do passado, afrouxamento de si nos movimentos do corpo que dança, dissolução e união com as divindades. Ele é a síntese de toda a sua mitopoética. Espécie de rebelião através do jogo porque converte a propensão lúdica em instrumento de afirmação criadora, de libertação subjetiva perante o escoar do tempo, o espaço agônico entre a materialidade transitória das coisas e a transcendente perenidade do espírito (Ávila, 1980, p.29-34). É tanto a tentativa de fundar uma outra realidade — a autônoma realidade da arte — quanto de fixar o espetáculo que passa e que, por isso, representa uma postura existencial diante do impacto da angústia ante a efemeridade da vida. Fruto da visão trágica do mundo, revela, por meio do artifício, da potência do falso, que a vida é ilusão e desilusão. Obra centrada na imaginação, de natureza aglutinadora, envolvente e sintética, é a encarnação do sacrifício e da salvação, da dor e do êxtase, da infâmia e da glória. No ser submetido à brutalidade e à privação, ela tem o poder de restituir a dimensão dos impulsos afetivos e deve ser apreciada com os olhos da alma porque "o que nela se manifesta aponta para o invisível, o impalpável, o inefável" (Sevcenko, op. cit., p.46).

Símbolo maior da mágica aglutinadora da obra de Arthur Bispo do Rosário, o *Manto* se insere na dialética do maravilhoso e do noturno, do dentro e do fora, do individual e do coletivo. Entretanto, não pode ser concebido senão como parte constituinte de sua poética do delírio.

# BIBLIOGRAFIA

ABADIE, D. (Org.). *Le nouveau réalisme.* Paris: Éd. du Jeu de Paume, 1999.

AGAMBEN, G. *L'homme sans contenu.* Dijon-Quetgny: Circé, 1996.

AGUILAR, N. Extravasar os limites. In: FUNDAÇÃO BIENAL DE SÃO PAULO. *Brasil em Veneza:* Arthur Bispo do Rosário, Nuno Ramos. São Paulo: Fundação Bienal de São Paulo, 1995. (Texto produzido para a XLVI Bienal de Veneza)

ALQUIÉ, F. *Philosophie du surréalisme.* Paris: Flammarion, 1955.

AMOSSY, R. Délire paranoïaque et poésie. Breton et Dali: le tournant des années trente. *Europe* André Breton. Paris: Centre National des Lettres, mar. 1991.

ARAUJO, A.M. *Cultura popular brasileira.* São Paulo: Melhoramentos, 1973.

ARIÈS, P. *História social da criança e da família.* 2.ed. Rio de Janeiro: Guanabara Koogan, 1981.

______. *Sobre a história da morte no Ocidente desde a Idade Média.* Trad. Pedro Jordão. 2.ed. Lisboa: Teorema, 1989.

ARMAN, C. L'archeologie du futur. In: GALERIE NATIONALE DU JEU DE PAUME. *Arman.* Paris: Galerie Nationale du Jeu de Paume, 1998. Entrevista concedida a Daniel Abadie. (Catálogo da exposição Arman)

ARNAUD, A., EXCOFFON-LAFARGE, G. *Bataille.* Paris: Seuil, 1978. (Écrivains de toujours)

ARTAUD, A. *Van Gogh, o suicidado da sociedade.* Trad. Aníbal Fernandes. Lisboa: Hiena, 1993a.

______. *O teatro e seu duplo.* São Paulo: Martins Fontes, 1993b.

______. *A arte e a morte.* Trad. Aníbal Fernandes. Lisboa: Hiena, 1993c.

______. *Linguagem e vida.* São Paulo: Perspectiva, 1995.

AVERINI, Riccardo. Tropicalidade do barroco. In: ÁVILA, A. (Org.). *Barroco:* teoria e análise. São Paulo: Perspectiva, 1997. p.23-9.

ÁVILA, A. *O lúdico e as projeções do mundo barroco.* 2.ed. rev. São Paulo: Perspectiva, 1980.

______. *O lúdico e as projeções do mundo barroco II.* 3.ed. rev. e ampl. São Paulo: Perspectiva, 1994.

______. Apresentação. In: ÁVILA, A. (Org.). *Barroco:* teoria e análise. São Paulo: Perspectiva, 1997. p.9-13.

______. *Circularidade da ilusão e outros textos.* São Paulo: Perspectiva, 2004.

______. *Resíduos seiscentistas em Minas:* textos do século do ouro e as projeções do mundo barroco. Belo Horizonte: Secretaria do Estado de Cultura de Minas Gerais/Arquivo Público Mineiro, 2006. v.1.

BACHELARD, G. *A poética do espaço.* Trad. Antonio de P. Danesi. São Paulo: Martins Fontes, 1989.

______. *A terra e os devaneios do repouso:* ensaio sobre as imagens da intimidade. Trad. Paulo Neves da Silva. São Paulo: Martins Fontes, 1990.

______. *A água e os sonhos:* ensaio sobre a imaginação da matéria. Trad. Antonio de P. Danesi. São Paulo: Martins Fontes, 1997.

BARRETO, W. A contemporaneidade de um extemporâneo. In: MUSEU DE

ARTE CONTEMPORÂNEA-GOIÁS. *Arthur Bispo do Rosario.* [Goiânia]: Museu de Arte Contemporânea - Goiás, 1999. (Catálogo da exposição Eu vim)

BASTIDE, R. *As religiões africanas no Brasil.* São Paulo: Pioneira, 1971. v.2.

______. *Le rêve, la transe et la folie.* Paris: Flammarion, 1972.

______. *Estudos afro-brasileiros.* São Paulo: Perspectiva, 1973.

BATAILLE, G. *L'art, exercice de cruauté.* Paris: Gallimard, 1988. (Oeuvres complets, 9)

BAUDRILLARD, J. *L'échange symbolique et la mort.* Paris: Gallimard, 1976.

BENJAMIN, W. *Reflexões:* a criança, o brinquedo, a educação. Dir. Fanny Abramovich; Trad. Marcus Vinicius Mazzari. São Paulo: Sumus, 1984.

______. A obra de arte na era de sua reprodutibilidade técnica. In: ______. *Magia e técnica, arte e política.* São Paulo: Brasiliense, 1986. v.1.

BIBLIA SAGRADA. 2.ed. Trad. João Ferreira de Almeida. São Paulo: Sociedade Bíblica do Brasil, 1993.

BLANCHOT, M. Continuez autant qu'il vous plaira. In: AUDOIN, P. et al. *Les critiques de notre temps et Breton.* Paris: Éditions Garnier, 1974.

BRAGA, A. *A reinvenção da arte:* Arthur Bispo do Rosário – Michel Duchamp. Disponível em: <http://www.alfredo-braga.pro.br/ensaios/reinvencao.html>. Acesso em: 25 set. 2002. 8p.

BRANDÃO, J. de S. *Mitologia grega.* 12.ed. Petrópolis: Vozes, 2001a. v.1.

______. *Mitologia grega.* 12.ed. Petrópolis: Vozes, 2001b. v.2.

BRANDÃO, T. *Folguedos natalinos:* reisado. Maceió: Universidade Federal de Alagoas, [19--].

BRENOT, P.H. *Le génie et la folie en peinture, musique, littérature.* Paris: Plon, 1997.

BRETON, A. Le message automatique. *Minotaure,* Paris, n.34, p.55-65, 1933.

______. *Le surréalisme et la peinture.* Nouvelle édition révue et corrigée. Paris: Gallimard, 1979.

______. *Manifestos do surrealismo.* Trad. Luiz Forbes. São Paulo: Brasiliense, 1985.

______. *Nadja.* Lisboa: Estampa, 1987.

______. *La beauté sera convulsive.* Paris: Éditions du Musée National d'Art Moderne-Centre Georges Pompidou, 1991.

BRETON, A., ÉLUARD, P. *L'immaculée conception.* Paris: Édition Segheres, 1961.

BROCA, R. La fonction de l'écrit dans la psychose. In: HULAK, F. (Dir.). *La mesure des irreguliers*: symptôme et création. Nice: Z'Éditions, 1990.

BURROWES, P. *O universo segundo Arthur Bispo do Rosário.* Rio de Janeiro: Ed. FGV, 1999.

CABANNE, P. *Marcel Duchamp:* engenheiro do tempo perdido. 2.ed. Trad. José Paulo Amaral. São Paulo: Perspectiva, 1997.

CANGUILHEM, G. *Le normal et le pathologique.* Paris, PUF, 1999.

CARPEAUX, O.M. *Origens e fins.* Rio de Janeiro: Casa do Estudante do Brasil, 1943.

CASCUDO, L.C. *Folclore do Brasil.* Rio de Janeiro: Fundo de Cultura, 1967.

______. *Geografia dos mitos brasileiros.* 2.ed. Rio de Janeiro/Brasília: José Olympio/ INL, 1976.

CASTELLO, J. Arthur Bispo do Rosário: o mordomo do apocalipse. In: ______. *Inventário das sombras.* Rio de Janeiro: Record, 1999.

CAZENEUVE, J. *La mentalité archaïque.* Paris: Armand Colin, 1961.

______. *Sociologie du rite.* Presses Universitaire de France, 1971.

CAZIER, P. (Org.). *Mythe et création.* Lille: Presses Universitaires de Lille, 1994.

CHARBONNIER, G. *Arte, linguagem, etnologia:* entrevistas com Claude Lévi--Strauss. Trad. Nícia Adan Bonatti. Campinas: Papirus, 1989.

COELHO, T. A arte não revela a verdade da loucura, a loucura não detém a verdade da arte. In: ______. ANTUNES, E.H., BARBOSA, L.H.S., PEREIRA, L.M. de F. *Psiquiatria, loucura e arte*: fragmentos da história brasileira. São Paulo: Edusp, 2002.

CORR A, D.A. *Inventário das obras de Arthur Bispo do Rosário.* Rio de Janeiro: Colônia Juliano Moreira-Museu Nise da Silveira, 1992. 68p.

CORR A, D.A. *Arthur Bispo do Rosário:* sua trajetória como artista plástico. Dissertação (Mestrado em Artes Visuais) - Universidade Federal do Rio de Janeiro, Rio de Janeiro, 2002.

COSTA, Jurandir Freire. *História da psiquiatria no Brasil.* Rio de Janeiro: Campus, 1981.

COUTINHO, F., CARVALHO, M., MOREIRA, R. (Orgs.). *A vida ao rés-do--chão.* Rio de Janeiro: 7 Letras, 2007.

DANCHIN, L. *Jean Dubuffet, peintre-philosophe.* Lyon: La Manufacture, 1988.

DE MICHELI, M. *As vanguardas artísticas do século XX.* Trad. Pier Luigi Cabra. São Paulo, 1991.

DELACAMPAGNE, C. L'écriture en folie. *Poétique*, n.18, p.160-75, Paris: Seuil, 1974.

______. *Outsiders:* fous, naïfs et voyants dans la peinture moderne (1880-1960). Paris: Mengés, 1989.

DETIENNE, M. *Dioniso a céu aberto.* Trad. Carmem Cavalcanti. Rio de Janeiro: Zahar, 1986.

DONNARS, J. Possession, transe et psychothérapie. In: ROUCH, J. et al. *Transe, chamanisme, possession.* Nice: Edition Serre et Nice-Animation, 1986.

DOROEUX, D. (Org.). *Fleury Joseph Crépin.* Paris: Idée'Art, 1999.

DUBUFFET, J. Broderies d'Elisa. *L'Art Brut*, Paris, n.5, p.21-43, 1965.

______. Anaïs. *L'Art Brut*, Paris, n.6, p.123-31, 1966a.

______. Messages et clichés de Jeanne Tripier. *L'Art Brut*, Paris, n.8, p.5-71, 1966b.

______. Robe Nupciale et tableaux brodés de Marguerite. *L'Art Brut*, Paris, n.6, 1966c.

______. *L'homme du commum à l'ouvrage.* Paris: Gallimard, 1973.

______. *Prospectus et tous écrits suivants.* Paris: Gallimard, 1986a. v.1.

______. *Prospectus et tous écrits suivants.* Paris: Gallimard, 1986b. v.2.

______. *Asphyxiante culture.* Paris: Éditions de Minuit, 1992.

DUPRÉ, L. L'intériorisation du temps dans la représentation religieuse. In: CASTELLI, E. et al. *Temporalité et aliénation.* Paris: Aubier, 1975.

DURANÇON, J. *Georges Bataille.* Paris: Gallimard, 1976.

DURKHEIN, É. Regras relativas à distinção entre o normal e o patológico. In:______. *Durkhein.* 2.ed. Seleção de textos por José A. Giannotti; trad. Carlos Alberto Ribeiro. São Paulo: Abril Cultural, 1983. (Os pensadores)

DUROZOI, G., LECHERBONNIER, B. *El surrealismo.* Madrid: Guadarrama, 1974.

DYPRÉAU, J. Pop art, nouveau réalisme, assemblage, affinités et contrastes. In: HODIN, J.P. et al. *Depuis 45.* L'art de notre temps. Bruxelles: La Connaissance, 1970. v.2.

ECO, U. Sur Arman. In: GALERIE NATIONALE DU JEU DE PAUME. *Arman.* Paris: Galerie Nationale du Jeu de Paume, 1998. (Catálogo da exposição Arman)

EHRENZWEIG, A. *L'ordre caché de l'art:* essai sur la psychologie de l'imagination artistique. Paris: Gallimard, 1974.

ELIADE, M. *O sagrado e o profano:* a essência das religiões. Trad. Rogério Fernandes. Lisboa: Edições Livros do Brasil, [19--].

______. *Aspects du mythe.* Paris: Gallimard, 1963.

______. *Histoire des croyances et des idées religieuses.* Paris: Payot, 1976.

______. *Le chamanisme et les techniques archaïques de l'extase.* Paris: Payot, 1978.

ESSLIN, M. *Artaud.* São Paulo: Cultrix, 1978.

FAVARETTO, C. *A invenção de Hélio Oiticica.* São Paulo: Edusp, 1992. (Texto e arte, 6)

FERRAZ, M.H.C. de T. *Arte e loucura:* limites do imprevisível. São Paulo: Lemos Editorial, 1998.

FERREIRA, A.B.H. *Dicionário aurélio eletrônico* - século XXI. versão 3. Rio de Janeiro: Nova Fronteira, 1999. 1 CD ROM.

FORTINI, F. *O movimento surrealista.* Lisboa: Presença, 1965.

FOUCAULT, M. Préface à la transgression. *Critique* hommage à Georges Bataille, n.195-196, p.751-69, aou/sep. 1963.

______. *Isto não é um cachimbo.* 2.ed. Trad. Jorge Coli. Rio de Janeiro: Paz e Terra, 1989.

______. *Doença mental e psicologia.* 5.ed. Trad. Lilian Rose Shalders. Rio de Janeiro: Tempo Brasileiro, 1994.

______. *História da loucura na Idade Clássica.* 5.ed. Trad. José Teixeira Coelho Netto. São Paulo: Perspectiva, 1997.

______. *A ordem do discurso.* 4.ed. Trad. Laura Fraga de A. Sampaio. São Paulo: Edições Loyola, 1998.

FRANÇA, M.I. *Psicanálise, estética e ética do desejo.* São Paulo: Perspectiva, 1997.

FRANCBLIN, C. Arman: au-delà de l'objet, une esthétique. In: ABADIE, D. *Le nouveau réalisme.* Paris: Éd. du Jeu de Paume, 1999.

FRANCO, R. *Itinerário político do romance pós-64:* a Festa. São Paulo: Ed. UNESP, 1998.

FRAYZE-PEREIRA, J. A loucura antes da história. In: RIBEIRO, R.J. *Recordar Foucault.* São Paulo: Brasiliense, 1985.

______. *O que é loucura.* São Paulo: Brasiliense, 1988.

______. A propósito dos vestígios de Arthur Bispo do Rosário. *Folha de S.Paulo.* São Paulo, 15 set. 1990, Caderno Letras, p.4-5.

______. Loucura: entre história e estética. *Arteria,* Santos, v.1, n.0, p.24-32, jan. 1990.

______. *Olho d'água:* arte e loucura em exposição. São Paulo: Escuta, 1995.

FRAZER, J.G. *Les origines magiques de la royauté.* Paris: Geuthner, 1920.

FREUD, S. *Totem e tabu e outros trabalhos.* Dir. Jayme Salomão; trad. José Octávio de Aguiar Abreu. Rio de Janeiro: Imago, 1969a. (Edição standard brasileira de Obras completas de Sigmund Freud, 12)

______. Notas psicanalíticas de um caso de paranoia (*dementia paranoides*). In: ______. *O caso de Shreber:* artigos sobre técnica e outros trabalhos. Dir. Jayme Salomão; trad. José Octávio de Aguiar Abreu. Rio de Janeiro: Imago, 1969b. (Edição standard brasileira de Obras completas de Sigmund Freud, 12)

______. *Leonardo da Vinci e uma lembrança de sua infância.* Rio de Janeiro: Imago, 1970. (Obras completas, 1)

______. *Freud.* Seleção de textos Jayme Salomão; trad. Durval Marcondes. São Paulo: Abril Cultural, 1978. (Os pensadores)

______. *A interpretação dos sonhos.* 2.ed. Dir. Jayme Salomão. Rio de Janeiro: Imago, 1987. v.1.

______. *O mal-estar na civilização.* Trad. José Octávio de Aguiar Abreu. Rio de Janeiro: Imago, 1997.

GILLIBERT, J. *Folie et création.* Seyssel/France: Champ Vallon, 1990.

GOFFMAN, E. *Manicômios, prisões e conventos.* 5.ed. Trad. Dante Moreira Leite. São Paulo: Perspectiva, 1996.

GRAVES, L. Transgressive traditions and art definitions. *The Journal of Aesthetics and Art Criticisme.* v.56, n.1, p.39-48.

GROF, S.; HALIFAX, J. *Le rencontre de l'homme avec la mort.* Monaco: Éd. du Rocher, 1982.

GROSRICHARD, A. D'Lacan "Minotaure", surréalistes rencontre. In: LAPAIRE, C. (Dir.). *Regards sur minotaure:* la revue à tête de bête. Genève: Musée d'Art et d'Histoire, 1988. (Catálogo da exposição Regards sur minotaure: la revue à tête de bête)

GULLAR, F. *Relâmpagos* dizer o ver. São Paulo: Cosac & Naify, 2003.

HIDALGO, L. *Arthur Bispo do Rosario:* o senhor do labirinto. Rio de Janeiro: Rocco, 1996.

HULAK, F. *L'inscription trait d'union entre l'art des fous et l'art brut (de Prinzhorn a Dubuffet).* Thèse (Doctorat en Psychologie) - Université Paris V - René Descartes. Paris, 1985-1986.

______. (Dir.). *Folie et psychanalyse dans l'experience surréaliste*. Nice: Z'Éditions, [19--].

______. (Dir.). *La mesure des irregulières:* symptôme et création. Nice: Z'Éditions, 1990.

JANET, P. *L'automatisme psychologique:* essai de psychologie expérimentale sur les formes interieures de l'activité humaine. Paris: Félix Alcan, 1989.

JEFFREY, D. *Jouissance du sacré:* religion et postmodernité. Paris: Armand Colin, 1998.

JUSTINO, M.J. *Seja marginal, seja herói:* modernidade e pós-modernidade em Hélio Oiticica. Curitiba: Ed. UFPR, 1998.

KANT, I. Resposta à pergunta: o que é "esclarecimento". In: ______. *Textos seletos*. 2.ed. Petrópolis: Vozes, 1985.

KLEIN, M. *A psicanálise de crianças*. Trad. Liana Pinto Chaves. Rio de Janeiro: Imago, 1997.

KLIBANSKY, R., PANOFSKY, E., SAXL, F. *Saturno y la melancolia*. Madrid: Alianza Editorial, 1991.

KRIS, E. *Psicanálise da arte*. Trad. Marcelo Corção. São Paulo: Brasiliense, 1968.

LACAN, J. O problema do estilo e a concepção psiquiátrica das formas paranóicas da experiência. In: ______. *Da psicose paranóica em suas relações com a personalidade*. Trad. Aluisio Menezes, Marco A.C. Jorge, Potiguara M. da Silveira Júnior. Rio de Janeiro: Forense-Universitária, 1987.

______. *O seminário*. Livro 3: as psicoses. 2.ed. rev. Trad. Aluísio Menezes. Rio de Janeiro: Jorge Zahar, 1988.

LAING, R.D. *La politique de l'experience*. Paris: Stock, 1971.

LAMBOY, B. *La mort reconciliée*. La Varene Saint-Hilaire: Éditions Seveyrat, 1989.

LÁZARO, W. (Org.). *Arthur Bispo do Rosário:* século XX. Rio de Janeiro: Papel e Tinta, 2006.

LE GOFF, J. *A bolsa e a vida*. Trad. Rogério Silveira. São Paulo: Brasiliense, 1989.

LE QUEAU, P. Le sens des réalités. *Sociétés L'imaginal*, Paris, n.57, p.23-33, 1997.

LEROI-GOURHAN, A. *Le geste et la parole*. Paris: Albin Michel, 1965.

LÉVI-STRAUSS, C. *O pensamento selvagem*. Trad. Maria Celeste da Costa e Almir de Oliveira Aguiar. São Paulo: Nacional, 1970a.

______. Valemos nós mais que os selvagens? In: LÉVI-STRAUSS, C. et al. *Mito e linguagem social:* ensaios de antropologia estrutural. Rio de Janeiro: Tempo Brasileiro, 1970b.

______. *As estruturas elementares do parentesco*. Trad. Mariano Ferreira. Petrópolis: Vozes, 1976.

______. *Olhar, escutar, ler*. 1 reimpr. São Paulo: Companhia das Letras, 1997.

______. *Antropologia estrutural*. 5.ed. Rio de Janeiro: Tempo Brasileiro, 1996.

LIBIS, J. *L'eau et la mort*. Dijon: Editions Universitaires de Dijon, 1993.

LOPERA, J.A. et al. *História geral da arte*. Pintura I. Madrid: Ediciones del Prado, 1995.

LOREAU, M. L'art, la culture et la subversion. *L'arc* Dubuffet: culture et subversion, n.35, p.92-9, 1968.

LUSARDY, M. et al. *Art spirite, mediumnique, visionaire:* messages d'autre-monde. Paris: Halle Saint-Pierre, 1999.

MAcGREGOR, J.M. *The discovery of the art of the insane*. Princeton: Princeton University Press, 1992.

MACHADO, R. *Nietzsche e a verdade*. Rio de Janeiro: Graal/Paz e Terra, 1999.

MAFFESOLI, M. A repetição e o trágico. In: ______. *A conquista do presente*. Rio de Janeiro: Rocco, 1984.

______. Exil et réintégration. *Sociétés L'imaginal*, Paris, n.57, p.5-26, 1997.

MALDINEY, H. Crise et temporalité dans l'existence et la psychose. In: ______. *Penser l'homme et la folie*. Grenoble: Éditions Jérôme Million, 1991.

MÂLE, É. La fin de l'histoire L'apocalypse: le jugement dernier. In: ______. *L'art religieux du XIIIe siècle en France:* étude sur les origines de l'iconographie du Moyen Âge. Paris: Armand Colin, 1958.

MARTON, S. *Nietzsche:* a transvaloração dos valores. São Paulo: Moderna, 1996.

MEICHES, M.P. *A travessia do trágico em análise*. São Paulo: Casa do Psicólogo, 2000.

MELATTI, J.C. O mito e o xamã. In: LÉVI-STRAUSS, C. et al. *Mito e linguagem social:* ensaios de antropologia estrutural. Rio de Janeiro: Tempo Brasileiro, 1970.

MORAES, E.R. *O corpo impossível:* a decomposição da figura humana, de Lautréamont a Bataille. São Paulo: Iluminuras, 2002.

MORAIS, F. A reconstrução do universo segundo Arthur Bispo do Rosário. In: MUSEU DE ARTE DE BELO HORIZONTE. *Arthur Bispo do Rosário:* registros de minha passagem pela terra. Belo Horizonte: Museu de Arte de Belo Horizonte/ Secretaria Municipal de Cultura/ Prefeitura Municipal de Belo Horizonte, 1990. (Catálogo da exposição Arthur Bispo do Rosário: registros de minha passagem pela terra)

MOREL, G. L'acte de faire naître une existence de rian. In: HULAK, F. (Dir.). *La mesure des irreguliers*: symptôme et création. Nice: Z'Éditions, 1990.

MORGENTHALER, W. Adolf Wölfli. *L'Art Brut*, Paris, n.2, 1964.

______. De l'artistique chez Wölfli et em géneral. In: HULAK, F. (Dir.). *La mesure des irreguliers*: symptôme et création. Nice: Z'Éditions, 1990.

MORIN, E. *O homem e a morte*. 2.ed. Trad. João Guerreiro Boto, Adelino dos Santos Rodrigues. Lisboa: Europa-América, 1976.

MOULIN, R. De l'object à l'oeuvre. In: GALERIE NATIONALE DU JEU DE PAUME. *Arman*. Paris: Galerie Nationale du Jeu de Paume, 1998. (Catálogo da exposição Arman)

MULLER, J. Le nouveau réalisme. In: ______. *L'art et non-art*. Paris: Aimery Somagy, 1970.

NADEAU, M. *História do surrealismo*. Trad. Geraldo de Souza. São Paulo: Ática, 1985.

NAHUM-ADAMSBAUM, E. *L'art brut et les femmes*. Thèse (Doctorat en Histoire de l'Art) - Université Paris I - Panthéon Sorbonne. Paris, 1999.

NASIO, J.D. *Cinq leçons sur la théorie de Jacques Lacan*. Paris: Payot & Rivages, 1994.

______. *Os 7 conceitos cruciais da psicanálise*. Trad. Vera Ribeiro. Rio de Janeiro: Jorge Zahar, 1995.

NIETZSCHE, F.W. *A gaia ciência*. Trad. Márcio Pugliesi. São Paulo: Hemus, 1976.

______ *Friedrich Nietzsche*. 2.ed. Trad. Rubens Rodrigues Torres Filho. São Paulo: Abril Cultural, 1978. (Obras incompletas)

______. *O nascimento da tragédia ou helenismo e pessimismo*. 2.ed. Trad., notas e prefácio J. Guinsburg. São Paulo: Companhia das Letras, 1992a.

______. *Além do bem e do mal*. Trad. Paulo César de Souza. São Paulo: Companhia das Letras, 1992b.

______. *Genealogia da moral:* uma polêmica. Trad. Paulo César de Souza. São Paulo: Companhia da Letras, 1998.

OLIVEIRA, P. de S. *Brinquedo e indústria cultural*. Petrópolis: Vozes, 1986.

______. *O que é brinquedo*. 2.ed. São Paulo: Brasiliense, 1989.

OURY, J. *Création et schizophrénie*. Paris: Galilée, 1989.

PAZ, O. *Marcel Duchamp ou o castelo da pureza*. São Paulo: Perspectiva, 1977.

______. *O arco e a lira*. Trad. Olga Savary. Rio de Janeiro: Nova Fronteira, 1982.

______. *Os filhos do barro*. Trad. Olga Savary. Rio de Janeiro: Nova Fronteira, 1984.

______. André Breton ou a busca do início. In: ______. *Signos em rotação*. São Paulo: Perspectiva, 1996.

PEDROSA, M. *Forma e percepção estética:* textos escolhidos II. Organização de Otília Arantes. São Paulo: Edusp, 1996.

PEREIRA, W.J. *Escritemas e figuralidade nas artes plásticas contemporâneas*. Assis: Faculdade de Filosofia, Ciências e Letras de Assis, 1976.

PERESTRELLO, M. O artista e a psicanálise. *Rev. Bras. Psicanal.*, v.31, n.3, p.565-79, 1997.

PESSIS-PASTERNAK, G. *Do caos à inteligência artificial*. 2.reimpr. Trad. Luiz Paulo Rouanet. São Paulo: Ed. UNESP, 1993.

PESSOTI, I. *A loucura e as épocas*. Rio de Janeiro: Ed. 34, 1994.

PIERRE, J. *André Breton et la peinture*. Lausanne: L'Age d'Homme, 1987.

PIETTE, A. Les hommes et leurs croyances. In: ROUCH, J. et al. *Transe, chamanisme, possession*. Nice: Edition Serre et Nice-Animation, 1986.

PORRET-FOREL, J. *Aloïse et le théâtre de l'univers*. Genève: Skira, 1993.

PORTER, R. *Uma história social da loucura*. Trad. Angela Melim. Rio de Janeiro: Zahar, 1990.

PRIGOGINE, I., STENGERS, I. *A nova aliança*. 3.ed. Trad. Miguel Faria e Maria Joaquina Machado Trincheira. Brasília: Ed. UnB, 1997.

PRINZHORN, H. *Expressions de la folie*. Paris: Gallimard, 1984.

QUINET, A. *Bispo, le tailleur de lettres*. Lausanne, 1998. 13p. Mimeo. (Conferência no Musée de L'Art Brut Lausanne, 25 fev.)

RAGON, M. *Du côte de l'art brut*. Paris: Albin Michel, 1996.

______. De Fénéon a Dubuffet. *Libertárias*, São Paulo, n.2, p.27-9, dez. 1997/jan.

1998.

RAMOS, A. *O folclore negro no Brasil.* 2.ed. Rio de Janeiro: Livraria Editora da Casa do Estudante do Brasil, 1954.

RÉJA, M. *L'art chez les fous.* Nice: Z'Éditions, 1994.

RESTANY, P. Table Ronde. In: ABADIE, D. (Org.). *Le nouveau réalisme.* Paris: Éd. du Jeu de Paume, 1999. (Mesa redonda com Michel Baudson, Pierry Restany, Bertrand Lavier, Olivier Mosset)

REUT, T. *Arman:* la traversée des objets. Château de Villeunuve: Éditions Hazan, 2000.

RHODES, C. *Le primitivisme et l'art moderne.* Trad. Mona de Pracontal. Paris: Thames & Hudson, 1997.

______. *L'art outsider:* art brut et création hors normes au XXe siècle. Paris: Thames & Hudson, 2001.

RIBEIRO, R.J. (Org.). *Recordar Foucault.* São Paulo: Brasiliense, 1985.

RIMBAUD, A. Nouvelle poétique. La lettre dite "du voyant". In: ______. *Pages choisies.* Textes explicatives: Étiemble. Paris: Larousse, 1957. (Classiques Larousse)

RODRIGUES, J.C. *O tabu do corpo.* 4.ed. Rio de Janeiro: Dois Pontos, 1986.

ROSSET, C. *Le réel et son double.* Paris: Gallimad, 1976.

ROUCH, J. et al. *Transe, chamanisme, possession.* Nice: Edition Serre et Nice--Animation, 1986.

RUBIN, W. (Dir.). *Le primitivisme dans l'art du 20e siécle:* les artistes modernes devant l'art tribal. Paris: Flammarion, 1991. v.1.

______. Comment situer Arman?. In: GALERIE NATIONALE DU JEU DE PAUME. *Arman.* Paris: Galerie Nationale du Jeu de Paume, 1998. (Catálogo da exposição Arman)

SANT'ANNA, D.B. *Corpos de passagem:* ensaios sobre a subjetividade contemporânea. São Paulo: Estação Liberdade, 2001.

SANTOS, M.A. Costurando memórias: *Arthur Bispo do Rosário e a recriação do universo.* Dissertação (Mestrado em Memória Social) - Universidade Federal do Estado do Rio de Janeiro, Rio de Janeiro, 2007.

SCHUHL, P-M. *Le merveilleux, la pensée et l'action.* Paris: Flammarion, 1952.

SCHWARZ, A. De la poétique duchampienne à celle du nouveau réalisme. In: ABADIE, D. (Org.). *Le nouveau réalisme.* Paris: Éd. du Jeu de Paume, 1999.

SCHREBER, Daniel Paul. *Memórias de um doente dos nervos.* São Paulo: Paz e Terra, 1995.

SEGAL, H. *Sonho, fantasia e arte.* Trad. Belinda Haber Mandelbaum. Rio de Janeiro: Imago, 1993.

SEVCENKO, N. *Pindorama revisitada:* cultura e sociedade em tempos de virada. São Paulo: Peirópolis, 2000. (Brasil cidadão)

SILVA, J.A. *Arte e loucura:* Arthur Bispo do Rosário. São Paulo: Educ, 1998.

SILVA, V.A. *A história da loucura:* em busca da saúde mental. Rio de Janeiro: Edições de Ouro, 1979.

SILVEIRA, N. *Imagens do inconsciente.* 4.ed. Brasília: Alhambra, 1981.

______. Crise e tentativas de mutação na psiquiatria atual. In: ______. *O mundo das imagens*. São Paulo: Ática, 1992.

STAROBINSKI, J. Freud, Breton, Myers. In: EIGELDINGER, M. (Org.). *André Breton*. Neuchatel: Ed. de la Baconnière, 1970.

STEFANETTO, P. Entretien avec Michel Thevóz: l'art brut peut-on en parler?. In: ______. *Artension*, Rouen, n.1, p.13-5, déc. 1987.

SUZUKI, M. *O gênio romântico*. São Paulo: Iluminuras, 1998.

SZASZ, T.S. *A fabricação da loucura:* um estudo comparativo entre a inquisição e o movimento de saúde mental. Trad. Dante Moreira Leite. Rio de Janeiro: Guanabara, 1971.

THÉVOZ, M. *Art, folie, graffiti, LSD etc.* Paris: Editions de L'Aire, [19--].

______. *Le langage de la rupture*. Paris: PUF, 1978.

______. *L'art brut*. Genève: Skira, 1981.

______. *Dubuffet*. Genève: Skira, 1986.

______. *Art brut, psychose et médiumnité*. Paris: La Différence, 1990.

______. Le miracle de la rose. In: PORRET-FOREL, J. *Aloïse et le théatre de l'univers*. Genève: Skira, 1993.

______. *Requiem pour la folie*. Paris: La Différence, 1995.

TIFFENEAU, D. (Org.). *Mythes et répresentation du temps*. Paris: Centre National de la Recherche Scientifique, 1985.

VALÉRY, P. *Variedades*. Org. João Alexandre Barbosa; trad. Maiza Martins de Siqueira. São Paulo: Iluminuras, 1999.

VERGER, P.F. *Orixás*. Deuses iorubás na África e no Novo Mundo. Salvador: Corrupio, 1981.

VINCHON, J. *L'art et la folie*. Paris: Librairie Stock, 1950.

WEBER, M. Note sur l'émergence de "l'art des fous". In: HULAK, F. (Dir.). *La mesure des irreguliers*: symptôme et création. Nice: Z'Éditions, 1990.

WITTKOWER, R., WITTKOWER, M. *Nascidos bajo el signo de Saturno:* genio y temperamento de los artistas desde la Antiguedad hasta la Revolución Francesa. Madrid: Cátedra, 1988.

WUNENBURGER, J-J. Principes d'une imagination mytho-poïétique. In: CAZIER, P. (Org.). *Mythe et création*. Lille: Presses Universitaires de Lille, 1994.

**Vídeo**

DENIZART, H. *Prisioneiro da passagem*. Rio de Janeiro, 1982. Documentário. 1 videocassete, VHS.

**SOBRE O LIVRO**

| | |
|---|---|
| *Formato*: | 21 x 28 cm |
| *Mancha*: | 41,3 x 56,6 paicas |
| *Tipologia*: | Garamond 12/15 |
| *Papel*: | Couche Fosco 115 g/m$^2$ (miolo) |
| | Cartão Supremo 300 g/m$^2$ (capa) |
| *1ª edição*: | 2009 |
| *5ª reimpressão*: | 2023 |

**EQUIPE DE REALIZAÇÃO**

| | |
|---|---|
| *Produção Gráfica* | Ivani Cocus |
| *Tratamento de imagens* | Smart Print Bureau |
| *Capa* | Ronam Bomfim (sobre foto de Fernanda Magalhães) |
| *Projeto para captação de recursos* | Ana Maria Aromatario |

**FOTOS**

Waldir Barreto (*Cama de Romeu e Julieta* - p.191)
Lucas. W. Schmitt (*Manto da apreciação* - p. 195)
Fernanda Magalhães (demais fotos)

MUNDIALGRÁFICA
www.mundialgrafica.com.br